20世纪国际格局的演变
与大国关系互动研究丛书

"十二五"国家重点图书出版规划项目

鞠维伟 ／ 著

从敌人到盟友

—— 英国对德政策研究
(1943-1955)

From Enemy to Ally:
British Policies towards Germany
(1943-1955)

社会科学文献出版社
SOCIAL SCIENCES ACADEMIC PRESS (CHINA)

本书为国家社科基金重大项目"20世纪国际格局的演变与大国关系互动研究"（11&ZD133）的阶段性成果

总　序

　　本套丛书研究的是 20 世纪国际格局的演变与大国关系的互动之间的关系。其中既要考察 20 世纪主要大国之间关系的发展变化，也要探讨大国之间的关系变化对国际格局演变的影响，以及在一定历史时期内相对稳定的国际格局对大国关系形成的反作用。

　　之所以选择研究这个课题，主要有以下几点考虑。

　　第一，大国关系与国际格局的演变密切相关。自近代民族国家产生以来，大国之间的关系始终是最重要的国际关系，对世界历史的发展、国际格局的变动、国际秩序的构建、各民族国家的命运，都产生过十分重要的影响。特别是 20 世纪以来，世界历史发生的各种重大事件以及国际格局从欧洲中心到两极格局、再到多极化趋势发展的巨大变化，无不与大国之间关系的发展变化紧密相连。换句话说，大国和大国集团的力量对比和关系变化构成了世界格局的重要基础，是国际格局变动的决定性力量。与此同时，国际格局也实际影响并制约着一定历史时期内的国际秩序，并进而影响着一国的战略选择和政策制定。

　　第二，加强对 20 世纪国际格局的演变与大国关系的互动研究是当今国际形势发展及中国国力增长的需要。进入 21 世纪以来，国际形势发生了深刻变化，经济全球化迅速发展，世界多极化不可逆转。但是，在今天的世界上，民族国家仍然是国际行为的主体，因此，民族国家如何在国际竞争中有效地维护自己的国家主权，捍卫自己的国家利益，如何在国际合作中取得双赢和多赢的结果，仍然是每一个民族国家面临的重要问题，也是正在崛起的中国面临的重大问题，更是一个关系到中国长远稳定和平发展的重大战略问题。可以预见，随着中国改革开放政策的稳步推进，随着中国国力不可阻挡地快速发展，随着中国在国际经济、政治、军事、文化等领域的重要性不断提升，在今后几十年时间里，中国与外部世界特别是与一些大国之间的关系必将呈现出更多的冲突、摩擦、竞争与合作的错综复杂的局面。因此，研究英国、美国、法国、德国、日本、俄国/苏联等大国在构建有利于自己的国际格局、国际体系时所做出的外交努力，研究 20 世纪国际格局的变动与大国关系变化之间的互动，对于当今中国如何在大国关系演变、国际格局和国际秩序的变革中发挥负责任大国的作用，构建有利于中国的国际格局和国际体系，有着重要的参考价值和借鉴作用。

第三，研究这一课题是学术发展的需要。鉴于大国关系与国际格局的重要性，国内外的学者在历史学领域和国际政治学领域的相关研究已有颇多建树。

在历史学领域的研究，主要是运用历史学的实证方法，通过对档案资料的研究和解读，或对双边或多边大国关系中的具体个案进行微观的深入探讨，或从外交史出发对大国关系进行通史性论述，以揭示主要大国之间的错综复杂的关系发展。一些著作已经涉及 20 世纪的国际格局、国际体系、国际秩序等问题，对国际组织的活动也有所探讨。这些成果，为我们提供了重要的研究基础。但是这些研究仍然比较缺乏宏观的视野、辩证的思考和应有的理论深度。西方学者的研究成果虽然有许多可取之处，但是其基本主导思想是以西方特别是以美国的理念来改造世界（尽管美欧之间也有分歧），建立西方主导的国际格局和国际秩序，并维护这种秩序，因此只具有借鉴意义。

在国际政治学领域的研究，主要是依据欧美大国关系的发展历史和处理国际关系的经验而发展出来一系列国际关系理论，通过对历史案例的解读和相对宏观的论述，说明大国之间的关系以及对国际格局、国际秩序的影响，以此分析当今的国际问题和国际形势发展趋势，并提出对策。这种把国际政治学和国际关系史结合起来的研究方法，以及通过对当前的国际问题的研究为中国外交提出对策的视角，对本课题的研究具有重要的启发和借鉴作用。但是这些研究较缺乏基于原始资料的历史考察，以及缺少对大国关系的发展与国际格局、国际秩序的建立和演变之间互动关系的历史研究。西方学术界运用其国际关系理论来看待 20 世纪国际格局和大国关系的发展，带有很大的片面性，往往把西方大国崛起时的对外扩张视为普遍真理，并以此来看待正在发展的中国，宣扬"中国威胁论"，这是我们不能接受的。

因此，将历史学与国际政治学二者结合起来、将微观研究与宏观考察结合起来，具体探讨国际格局、国际体系、国际秩序的构建和演变与大国之间关系变化的互动关系，是本课题研究的学术发展空间。

　　第四，与近年来国外大量新解密的原始档案资料特别是外交档案资料相比，中国国际关系史的资料建设相对落后，一些整理汇编的资料集多以 20 世纪 50～70 年代翻译的资料为主，严重制约了中国的国际关系史研究。因此，本课题在进行研究的同时，将密切跟踪不断解密的国内外档案文献，精选、翻译、编辑一些重要的国际关系史料并陆续出版。

　　鉴于国际格局的演变是一个比较长期的过程，要经过许多重大的事件导致国际关系特别是大国之间的关系发生一系列变化的量化积累，最后才会导致国际格局发生质变，因此本课题的研究着眼于 20 世纪的较长时段，突出问题意识，以唯物史观为基本指导，运用历史学与国际政治学的交叉研究方法，以历史学的微观探究为手段，以国际政治学的宏观战略高度为分析视角，通过对 20 世纪重要大国之间关系发展的一系列重大问题的专题实证研究，力图深层次多角度揭示大国关系的发展及其与国际格局、国际秩序演变之间的互动关系，为今天正在和平发展的中国如何处理与其他大国的关系，包括如何处理与目前由大国主导的国际组织的关系、如何在当今世界积极发挥自己作为负责任大国的作用，从而构建有利于中国发展的国际格局、国际体系、国际秩序、国际机制和国际安全环境，提供历史借鉴、重要启示和基本的理论与现实支持。与此同时，本课题的研究也希望能够在培养具有世界眼光、了解大国之间关系发展的历史、知晓国际关系的复杂性和曲折性、具有对世界多元文化的认知与理解力，从而能够在纷繁复杂的国际关系现实中处变不惊的人才方面，有所贡献。

　　为了将本课题的研究成果集中呈现，首都师范大学国际关系研究中心和社会科学文献出版社联合推出这套"20 世纪国际格局的演变与大国关系互动研究"丛书。这套丛书包括专著、资料集和论文集等若干种，这些成果也是国家社科基金重大项目"20 世纪国际格局的演变与大国关系互动研究"（项目号：11&ZD133）的组成部分。

徐　蓝

2014 年 4 月

目　录

绪 论

一 选题意义

第二次世界大战改变了整个国际关系格局。战后美国和苏联的实力大增，英国和法国被严重削弱，德国成为盟国的"阶下囚"。如何对待战后的德国重新成为世界主要大国，特别是英国，要面临的重大问题。二战后，德国问题日趋复杂，在冷战背景下德国成为东西方争夺的焦点。二战结束10年后，联邦德国（西德）正式被纳入西方同盟，完成了从"敌人"到"盟友"的转变。在这一转变过程中，英、美、苏、法等大国之间相互斗争、博弈，根据各自的需求力图使德国问题的解决朝着有利于自己的方向发展。这其中既有东西方两大阵营之间的对抗，也有西方同盟内部之间的协调，对战后德国问题的研究可以充分理解二战后欧洲政治格局的变化与大国关系的互动。

英国曾经是世界一流的资本主义大国，但是经过第二次世界大战，英国的世界一流大国地位已经不复存在，摆在它面前的是进行自身的重建以及在最大范围内维护昔日"帝国荣誉"的任务。二战结束后，冷战接踵而来，在东西方开始走向对抗的历史背景下，英国在对德政策上又面临新的情况和挑战。当冷战开始的征兆越来越明显的时候，英国和苏联在德国问题上的矛盾愈加激烈。从二战结束至德国的正式分裂，英国政府在对苏冷战和德国分裂的过程中起到的作用不可忽视。德国的分裂标志着欧洲进入冷战的高潮，联邦德国在军事上对西方阵营有着重大的意义，重新武装联邦德国成为英国政府必须考虑的问题。最终在英国的积极参与下，联邦德国加入北大西洋公约组织（以下简称"北约"），真正完成了入盟西方的步骤，这对冷战格局的发展产生了重要影响和作用，本书从英国外交政策的制定、讨论和实施的角度，对1943—1955年英国与德国的关系进行深入的研究。

　　之所以选择这样的角度和时间段作为本书的研究对象，主要有以下几点考虑。

　　首先，研究英国在二战后期至冷战初期的对德政策及英德关系，可以使我们更加清晰地了解当时英国政府应对复杂的国际关系所采取的政策和所实行的措施，这对于我们认识英国政治、经济、军事和外交政策的讨论、制定与实施过程，以及弄清楚资产阶级民主国家的战略决策出发点和实质，有着重要的现实意义。此外，通过对英国在战争后期和战后初期如何处置德国的政策研究，还可以更深层次地揭示，在不同的国际形势和国内政局的背景下，英国、苏联、美国及其他欧洲国家如何在大国关系的互动中选择联盟与对抗政策，以实现本国的最大利益。这样的研究，也有着重要的借鉴意义。

　　其次，从国内学术研究情况来看，对某个国家的外交政策的研究，往往注重的是这个国家处在上升期中的外交政策以及行为，而本书研究的对象英国，是在其国家实力已经被严重削弱，同时在美苏两个大国从战时合作到冷战对抗这样的历史背景下，开展对德处置政策的讨论、制定和实施的。可以说，本书关注的是一个老牌大国在"日薄西山"的情况下怎样进行自身的外交活动。这样的研究既能够弥补以往学术研究的一些不足，也可以为国际关系史的研究提供某些新的启示。

　　再次，对英国在战后西欧一体化，特别是军事一体化进程中所起到的作用进行深入研究。以联邦德国与法国为主导的西欧一体化进程，一方面，在经济上，组建以舒曼计划为核心的欧洲煤钢联营；另一方面，在军事上，法国出台了普利文计划，意图建立类似舒曼计划的超国家的欧洲一体化军事组织——欧洲防务共同体。但是，最终法德之间并没有建立起军事一体化组织，联邦德国也加入了北约这一主权国家联合体。英国作为北约的创始国之一以及战后欧洲实力较强的国家，其在西欧一体化特别是军事一化进程中发挥的作用一直是国内外学术争论的焦点。学术界对于英国在西欧一体化中所起的作用和产生的影响有着不同的看法，因此深入研究英国对联邦德国加入北约的政策，可以进一步搞清楚英国在开启西欧一体化进程中的国家战略目的和相关政策，从而更深刻地理解西欧一体化这一重要的历史进程。

　　复次，英国对联邦德国这样的战败国的相关政策，尤其是军事方面的政策可以为维护某一地区的稳定与和平提供借鉴和参考。作为二战的战败国，联邦德国在建立后五年之内就恢复了大部分主权，并且得以重新武装。可以说战后联邦德国的恢复与发展是西欧维持稳定和繁荣的重要保障，英国在联邦德国发展中起到了重要的推动作用。在这一过程中，英国怎样处理西方同盟国之间的利益关系，消除对德国潜在实力的恐惧，并在机制上遏制未来德国军事复兴可能带来的威胁等等，对这些问题的研究可以为协调不同国家利益关切点，解决国与国之间的历史积怨和现实矛盾提供很好的历史经验。

最后，本书之所以将1943年作为研究的起点时间，主要是考虑到这一年欧洲战场已经出现重大转折，盟国击败纳粹德国已经是毫无悬念，因此英、美、苏等大国都开始关注战后处置德国的问题。就英国来说，1943年8月，英国外交大臣艾登的《德国的未来》备忘录的出台标志着英国政府开始全盘考虑战后德国问题。本书之所以把1955年作为研究的下限时间，主要是考虑到这一年的5月，《巴黎协定》正式生效，联邦德国加入北约，正式成为西方阵营的成员。德国不仅被分裂，而且东、西德在各自阵营的支持下进入政治、经济、军事的全面对峙。

二　研究现状

1. 国外主要研究状况

国外对于英国在二战期间以及战后对德政策的研究，就研究领域和深度来说，比国内要更广泛和深入。需要说明的是，由于受到语言、资料获取途径等客观条件的制约，本书对国外研究状况的考察主要集中在美英两国学术界的研究成果。

早在20世纪50年代，由英国历史学家阿诺德·汤因比主编的《第二次世界大战史大全》（11卷）（上海译文出版社，1995）就已出版。这套丛书原译为《国际事务概览1939—1946年》[①]，后来安徽大学外语系对其中的战时编进行了重新翻译，并由上海译文出版社出版。这套丛书中就有关于战时和战后初期盟国对德政策的介绍。其中的两本，即威廉·哈代·麦克尼

[①]　Royal Institute of International Affairs, *Survey of International Affairs* (London: Oxford University Press, 1924 - 1977). 该套书由英国伦敦皇家国际事务学会负责编纂，共46卷，分为三个部分：“战时编”（1939—1946年，共11卷），“战前编”（1920—1938年，共21卷，另有特卷2卷）和“战后编”（1947—1973年，共12卷）。“战前编”按照年代编写，“战时编”按专题编写，“战后编”又按年代编写。该套书由上海译文出版社于20世纪70年代末至90年代出版和发行。

尔所著的《美国、英国和俄国：它们之间的合作和冲突，1941—1946 年》和麦克尔·鲍尔弗、约翰·梅尔所著的《第二次世界大战史大全（10）：四国对德国和奥地利的管制，1945—1946 年》，对于二战期间和战后初期三大盟国关于德国问题的讨论以及产生的矛盾有一些零散的论述。另外，国际学术界对战后初期四国分区占领德国政策的制定和执行，以及对德国进行各种改造的过程等也有一定研究。埃德温·哈特里奇所著的《第四帝国的崛起》（世界知识出版社，1982）记述了自己作为美国驻德国记者在战后西占区的见闻，以及当时西占区内实行的各种政治、经济改革情况。哈特里奇认为，战后西占区进行的各种改革以及冷战的到来，使德国（西德）的经济迅速恢复，联邦德国在短短 20 年的时间内就从废墟上重新站立起来，成为欧洲的超级经济大国。

20 世纪 50 年代，联邦德国重新武装以及加入北约相关问题和政策还在讨论和制定的过程中，欧美学术界就有了很多关注。如艾克赛尔·布施所写的《德国的重新武装：希望和恐惧》[1] 一文分析了当时联邦德国在重新武装这一问题上面临的各种机遇和挑战，对当时联邦德国的境遇进行了深入分析。邓恩伯格的《重新武装与德国的经济》[2] 一文则分析了当时联邦德国重新武装后给自己带来的经济问题。瓦伊格的《德国人民和重新武装》[3] 一文讨论了当时联邦德国以及民主德国人民对联邦德国重新武装问题的态度。类似这样的时事评论的文章还有很多，在此不一一列举。总之，这些文章都是当时欧美学者，特别是德国、英国以及法国等国家的政治和国际关系方面的学者对该问题的看法和意见。

20 世纪七八十年代，随着大批英美档案的解密，很多冷战史学者从档案入手，深入研究了英国战后对德政策这一课题。安妮·戴顿所著的《不可能的和平——英国、德国的分裂和冷战的起源》[4] 一书研究了自二战结束后至 1948 年期间英国在战后德国问题上的政策制定和调整。本书主要是围绕三次外长会议（巴黎外长会议、莫斯科外长会议和伦敦外长会议），论证英国是怎样在德国问题上联合美国与苏联针锋相对，互不妥协的。该书作者认为，英国一心防范苏联向西欧的扩张，因而把德国看成遏制苏联的前

---

① Axel von dem Bussche, "German Rearmament: Hopes and Fears," *Foreign Affairs* 1 (1953).

② H. J. Dernburg, "Rearmament and the German Economy," *Foreign Affairs* 4 (1955).

③ T. W. Vigers, "The German People and Rearmament," *International Affairs* 2 (1951).

④ Anne Deighton, *The Impossible Peace: Britain, the Division of Germany, and the Origins of the Cold War* (New York: Oxford University Press, 1990).

沿阵地，试图把德国纳入西方阵营中来，为此不惜将德国分裂。

维克多·罗斯维尔所著的《英国与冷战，1941—1947》[1] 一书，对于二战时期和战后初期英国的对德政策做了一定的论述。该书作者的主要看法是：早在1941年苏德战争爆发之前，英国政府一直独自在欧洲抗击纳粹德国的进攻，在这样的情况下英国政府不接受与德国达成妥协的和约，同时英国政府对战后如何处置德国的问题也有两种不同的看法：一部分人不主张严惩德国；另一部分人却主张战后对德国采取严厉的惩罚措施。1943年以后，以艾登为首的外交部仍然坚持战后相对温和的对德政策。但是到二战末期，当英国政府与苏联、美国在雅尔塔、波茨坦等国际会议上共同商讨战后处置德国的政策时，英国与苏联出现越来越大的分歧，只是由于要维护战时的同盟关系，英国不得不做出妥协。然而战争结束后，英美与苏联的矛盾进一步加深，英国在与苏联协商制定对德政策的时候态度也更加强硬，并放弃了此前与苏联达成的对德政策。冷战开始后，英国把共产主义看作西方世界的最大威胁，并在德国对苏联采取了遏制政策。

由伊恩·特纳主编的《战后德国的重建：英国的占领政策与西占区，1945—1955》[2] 一书收集了他本人及其他英国外交史和冷战史专家，如安妮·戴顿、温迪·卡琳（Wendy Carlin）、马克·罗斯曼（Mark Roseman）、芭芭拉·马歇尔（Barbara Marshall）等人关于战后英国对德政策方面的研究论文。这些论文涉及英国对西占区的经济政策、英国对战后德国的民主化改造，以及英国与德国的政治党派和团体的关系等方面，对研究英国战后对德国的政治、经济政策有很大的借鉴和参考意义。

关于联邦德国重新武装问题，S. 多克里尔所著的《英国对西德重新武装的政策（1950—1955）》[3] 一书使用了大量相关的英国档案文件，对英国在20世纪50年代前半期联邦德国重新武装中所起的作用和使用的政策进行了论述。该书是较早使用英国解密外交档案作为研究资料的专著，对英国战后工党政府以及后来上台的保守党政府在联邦德国重新武装以及加入北约的政策方面进行了比较详细的论述。但是该书侧重英国政府与法、美等国在外交方面的斡旋，对英国政府的相关政策形成的梳理较为薄弱。

------

[1] Victor Rothwell, *Britain and the Cold War*, *1941 - 1947* (London: Jonathan Cape, 1982).

[2] Ian D. Turner, ed., *Reconstruction in Post-War Germany*: *British Occupation Policy and the Western Zones*, *1945 - 1955* (Oxford: Berg Publishers, 1989).

[3] Saki Dockrill, *Britain's Policy for West German Rearmament*, *1950 - 1955* (London: Cambidge University Press, 1991).

斯宾塞·莫比所著的《遏制德国：英国与联邦德国的武装》① 一书研究了 1949—1955 年英国对于联邦德国重新武装的各项政策，在这一历史过程中，英国政府相关政策进行了多次调整，但是英国在对德政策上的目标没有改变，那就是在西方军事体系和框架内控制联邦德国的军事力量。

关于英国对德政策的论文涉及的主题比较多，大致有以下几类。

（1）从总体上研究战后英国有关肢解德国的政策。这样的文章有基斯·塞恩斯伯里所写的《二战结束时英国对德国统一体的政策》②，该文论述了二战期间英国政府内部对于战后是肢解德国，还是保留一个统一的德国的讨论。该文认为，二战期间，英国政府是不想就肢解德国的问题表明自己的态度的。这是因为丘吉尔和艾登在对德问题上都想通过削弱德国使欧洲回到战前的状态，而不是彻底地肢解德国，但是苏美两大盟国想要肢解德国，这使英国政府不得不与它们进行妥协。英国长久以来的外交传统，即欧洲协调政策、大陆均势政策是导致其对德政策制定、转变和最终确定的重要因素。弗兰克·金所写的《盟国关于肢解德国的谈判》③ 一文分析了二战末期英、美、苏三大国在肢解德国政策上的讨论和达成的决议，认为英国政府内部一开始就有很多人反对肢解德国，因为这会导致德国的激烈反抗，同时也会给英国政府带来沉重的财政负担。苏联一开始想要肢解德国，但是随着形势的发展，苏联的主要考虑是战后将整个德国纳入其西部的防御体系，因此也不想彻底肢解德国。美国立场的变化比较大。一开始，罗斯福非常热衷于将德国肢解，但是遭到霍普金斯和萨姆纳·威尔斯等人的反对。之后，罗斯福绕开国务院直接让主张严惩德国的摩根索制定战后对德政策，由此肢解方案再次获得支持。雷弗·伯里奇所写的《二战结束时英国与德国的肢解》④ 一文指出，英国战时内阁认为未来英国的安全政策是避免与苏联发生对抗，英国外交部认为苏联在战后会寻求与西方合作的政策，苏联最担心的是德国的复兴，并且与西欧联合。因此，英国的外交

① Spencer Mawby, *Containing Germany: Britain and the Arming of the Federal Republic* (New York: St. Martin's Press, 1999).

② Keith Sainsbury, "British Policy and German Unity at the End of the Second World War," *The English Historical Review* 373 (1979): 786 – 804.

③ Frank King, "Allied Negotiations and the Dismemberment of Germany," *Journal of Contemporary History* 3 (1981): 585 – 595.

④ Trevor Burridge, "Great Britain and the Dismemberment of Germany at the End of the Second World War," *The International History Review* 4 (1981): 565 – 579.

政策应该是与德国划清界限，并尽量削弱德国，同时与苏联合作，实现世界安全。但是英国军方的态度与外交部的态度不一样，军方最大的担忧是德国倒向苏联一边，从而威胁到英国的利益，英国参谋长委员会的意见是：在英、美、苏三大国同盟的掩盖下，将德国控制在英国手中，并将其纳入西欧的范围。

（2）关于战后英国在德国分裂上所起到的作用。安妮·戴顿的文章《"冰冷的前线"：工党政府与德国的分裂和冷战的起源，1945—1947》[①] 认为，英国在战后初期仍然是一个主要的大国，在冷战的起源以及德国的分裂问题上，英国所起的作用是与苏联和美国相同的。约瑟夫·福森珀茨的《二战结束后英国分裂德国的兴趣》[②] 一文描述了英国对德政策的发展线索：严惩战败后的德国与重建、恢复德国经济的争论→保持德国经济上的统一，英国自己保持在德国本土的势力范围→与美国合作来解决战后德国问题，减轻自身负担→为遏制苏联保持德国的分裂，不再寻求经济上德国的统一→将德国变为反苏防共的前沿阵地。该文作者认为，德国投降后，英国人放弃了对德共同防御的政策，而是寻求维护西方的利益，防止苏联将德国布尔什维克化。美国在 1946 年 7 月提出合并西占区的建议，使英国在对德政策上有了很大的余地；英国认为合并占领区将可能使英国在对德政策上获得同美国一样的地位，并且能减轻英国的财政负担；到 1946 年秋，英国政府已经不再寻求重建一个统一的德国而是主张分裂德国，这样既可以保持对苏联的遏制，又能够防止和苏联闹僵。

（3）研究在德国问题上英国与美国、苏联的关系。罗塞尔·凯特尼克尔的《英苏同盟和德国问题，1941—1945》[③]，该文认为，英国外交部为了维护战时同盟，希望同苏联继续保持友好关系，而且英国外交部认为苏联在战后不会把德国变为一个共产主义国家，而防范德国重新崛起是英苏两国重要的战略目的，因此在德国问题上主张与苏联进行合作，严惩德国。但是英国参谋长委员会认为战后苏联对西欧以及英国的利益构成了极大的潜在威胁，因此主张把德国，或者至少把英国在德国的占领区变为防范苏

①　Anne Deighton, "The 'Frozen Front': The Labour Government, the Division of Germany and the Origins of the Cold War, 1945 – 7," *International Affairs* 3 (1987): 449 – 465.

②　Josef Foschepoth, "British Interest in the Division of Germany after the Second World War," *Journal of Contemporary History* 3 (1986): 391 – 411.

③　Lothar Kettenacker, "The Anglo-Soviet Alliance and the Problem of Germany, 1941 – 1945," *Journal of Contemporary History* 3 (1982): 435 – 458.

联扩张的屏障，要求英国政府在德国担负起自己的责任。约翰·蔡斯的《魁北克会议上摩根索计划的发展》① 一文研究了美国制订摩根索计划，以及在第二次魁北克会议上美国同英国商议该计划的过程，展现了二战结束前夕英美对战后控制德国经济的不同看法。虽然英国方面丘吉尔和艾登都不同意旨在严惩德国、削弱德国经济的摩根索计划，但是迫于美国的压力和自身的衰弱，他们不得不最终同意了该计划。

（4）关于英、美、苏三国在雅尔塔会议和波茨坦会议上讨论对德国的政策。雅尔塔和波茨坦会议是战胜国商讨战后世界格局以及如何处置战败国的重要会议，法夸尔森的《从雅尔塔到波茨坦：英美对德国赔款的政策讨论》② 一文以英国在雅尔塔会议和波茨坦会议上有关德国赔款的政策为研究切入点，认为英国在战后安排上希望发挥自身重要作用，并且在德国赔款政策上试图对美国施加影响，从而实现自己战后对德国的战略目标：索取赔偿的同时保证德国人必要的生活水平和经济水平，防止德国被过度削弱。杰拉尔德·休斯的《波茨坦会议上未解决的问题：英国、西德和奥得－尼斯线，1945—1962》③ 研究了波茨坦会议前后英国在德国边界变动问题上的态度。文章认为，虽然英国在二战期间同意了割让德国部分东部领土给波兰，但是在具体划分德波边界问题上英国主张以奥得－东尼斯河为界，而苏联要求以西尼斯河为界，英国认为苏联划分方案中割让的德国领土过多，这会对战后德国很不利。因此在这一问题上，英国在波茨坦会议上与苏联进行了反复的争论，最终英国的反对意见没有被采纳，奥得－西尼斯河成为德国和波兰的边界线。

另外，尽管欧美学者关于第一次柏林危机的研究成果很多，但是关注英国与第一次柏林危机的研究较少。艾维·沙拉姆的文章《英国与柏林危机和冷战》④ 就是以英国应对第一次柏林危机的政策讨论、制定以及与美国的协调为研究内容。该文认为，虽然一开始英国反对使用武力方式解决柏

---

① John L. Chase, "The Development of the Morgenthau Plan Through the Quebec Conference," *The Journal of Politics* 2 (1954): 324 – 359.

② J. E. Farquharson, "Anglo-American Policy on German Reparations from Yalta to Potsdam," *The English Historical Review* 448 (1997): 904 – 926.

③ R. Gerald Hughes, "Unfinished Business from Potsdam: Britain, West Germany, and the Oder-Neisse Line, 1945 – 1962," *The International History Review* 2 (2005): 259 – 294.

④ Avi Shlaim, "Britain, the Berlin Blockade and the Cold War," *International Affairs* 1 (1983 – 1984): 1 – 14.

林危机，但是英国留在柏林的决心是非常坚定的，英国的决心对坚定美国留守柏林的意志起到了非常重要的作用。此外，黛博拉·拉森最近发表的《承诺的起源：杜鲁门和冷战》[①] 一文也认为，在第一次柏林危机期间，美国政府内部最初对柏林的前途比较悲观，认为美国的力量无法继续留在柏林；英国艾德礼政府的态度反而非常坚定，并且鼓励杜鲁门政府尽全力保留西方在柏林的力量。

国外的相关研究使用了英美等国的多方档案和大量当事人的私人文件，基本上承认了英国在德国分裂过程中所起到的推动作用，同时将德国的分裂与美、苏冷战的开始相结合进行研究。但是，以上的研究往往是从冷战背景下的英国对德政策层面出发，缺乏对战前英国对德国政策的梳理，同时也忽视了英国同美国、法国等西方国家在德国问题上的矛盾。

2. 国内主要研究状况

国内学术界对二战期间和战后英国对德政策的研究主要有以下成果。

（1）专著。国内关于战后德国问题的专著主要有丁建弘、陆世澄等人主编的《战后德国的分裂与统一，1945—1990》（人民出版社，1996）一书。该书对战后英、美、苏、法四大国占领和改造德国进行了比较系统的论述。该书指出，第二次世界大战后德国的分裂纯属外部人为因素所致。1945 年 2 月，苏、美、英三大国在雅尔塔会议上制定了处置战败德国的总原则：对德国施行必要的措施，"保证德国从此永远不能破坏世界和平"。欧战结束后，苏、美、英在第三次三大国政府首脑会议——波茨坦会议上出于对各自利益的考虑，在对德政策上产生了分歧和矛盾，美、英、法、苏四国在共同制定对德政策方面没有达成一致，而美、英、法三国协调了分歧，取得了一致。由于冷战的爆发，西方国家决定将自己的占领区合并起来以对抗和遏制苏联，之后柏林危机爆发，德国最终形成分裂的局面。该书第一篇"分裂篇"主要讲的就是德国战后由被占领到被分裂的过程，另外该篇还涉及这一时期德国人民内部对占领和分裂的反应，以及德国人民对战争和民主化的反思及其各种政治主张。该书对战后初期盟国对德政策的梳理还是比较全面的，但是偏重的是苏美两个大国在德国问题上的争斗，而关于英国对德政策的叙述则较少。

关于冷战史研究的著作也涉及冷战初期主要大国对德国的政策。如张

---

① Deborah Welch Larson, "The Origins of Commitment: Truman and West Berlin," *Journal of Cold War Studies* 1 (2011): 180–212.

盛发的《斯大林与冷战》（中国社会科学出版社，2000），该书从苏联对德政策的视角研究了冷战初期苏联在德国问题上与西方国家的关系。这对研究这一时期的英国对德政策具有一定的借鉴和参考价值。于振起的《冷战缩影——战后德国问题》（世界知识出版社，2010）是以二战后苏联与德国的关系为主要研究内容，分析了苏联在德国问题上所发挥的作用以及战后苏联与东西德的关系，其中也论述了苏联在德国问题上同英美等西方国家的关系。

国内学术界已有对于联邦德国二战后重新武装以及加入北约的专题研究。刘芝平所著《联邦德国与北约发展》（江西人民出版社，2011）一书论述了联邦德国加入北约的过程，及其在北约内的常规力量、核力量方面的政策，梳理了20世纪50年代至冷战结束时期联邦德国在北约内发展本国军事力量以及与其他北约成员国的关系等内容。该书所跨越的时段比较长，基本上涵盖了冷战时期联邦德国在北约框架下的主要活动和作为，但对联邦德国加入北约的过程论述较为简略。王飞麟所著的《联邦德国重新武装与入盟西方战略：1949—1955》（武汉大学出版社，2009）一书结合冷战背景以及美国对欧洲的战略，从战后联邦德国的角度深入分析其得到重新武装的历史原因，提出由于联邦德国对西欧军事方面具有重大意义，其重新武装成了大势所趋。联邦德国加入北约之后，最终实现了与西方的军事一体化；通过重新武装，联邦德国加入西方同盟的战略得以完成，国家主权也得以恢复。该书主要以联邦德国在重新武装的过程中与英、法、美、苏等大国关系为主要内容，对联邦德国这一历史时期的国内反应和外交政策进行了论述。

（2）专题论文。总的来看，关于英国对德政策的研究往往与美国、苏联当时的对德政策一起进行讨论，而专门研究英国战时以及战后初期对德政策的文章比较少见。就作者所见，国内研究战后英国对德政策以及英国与冷战关系的论文主要有以下几篇。

滕淑娜所写的《浅析柏林危机中艾德礼政府的政策导向作用》[①] 一文认为，第一次柏林危机的发生是两大阵营欲突破冷战的一次尝试，因为东西方之间封锁与反封锁的斗争几乎要发展成为武装战争。以艾德礼和贝文为代表的英国工党政府在柏林危机中起到了重要的政策引导作用，联合并且

---

① 滕淑娜：《浅析柏林危机中艾德礼政府的政策导向作用》，《聊城大学学报》（社会科学版）2009年第5期。

坚定了美国等西方盟国的政策，并且艾德礼政府的这种政策导向对此后美国和英国在柏林问题上的合作起到了重要作用。田小惠所写的《麦尔金报告与英国对德战败赔偿政策》[①] 一文讨论了 1941—1943 年英国政府对战后德国赔偿问题的基本态度和政策，认为 1943 年 8 月由英国政府多部门共同参与组成的委员会提出的"麦尔金报告"对日后英美在德国赔偿问题上的政策产生了深远影响。兰鹏写的《德波关系中的奥得－尼斯河边界问题》[②] 一文回顾了德国和波兰边界问题的由来，并指出了英美苏等盟国在战后德国边界划分问题上的关系。岳伟写的《战后鲁尔问题与德国北莱茵－威斯特伐伦州的建立》[③] 一文指出，德国的鲁尔区战后被英国单独控制，苏联和法国提出了对鲁尔实行国际共管和将鲁尔独立建国的方案，但遇到了英国的坚决反对。英国倾向于在州一级的水平上对鲁尔工业区实行改造，[④] 并由此建立了北莱茵－威斯特伐伦州。

在英国与冷战起源的问题上，国内学术界的看法并不一致。一种观点认为，冷战进程主要是由苏美两国决定的，英国由于战后实力衰弱，对冷战进程所起的作用是有限的。例如，李世安的《英国与冷战的起源》[⑤] 一文提出在杜鲁门主义出笼以前，无论是丘吉尔政府还是艾德礼政府，其都没有制定正式的冷战政策。冷战的起源不应该从一个当时正在衰弱的英国去寻找。英国在冷战中所起的作用只是一种外因。

另一种观点认为，在二战结束后随之而来的冷战中，英国在外交和国际政治上所做的活动和努力，对冷战的开始特别是欧洲冷战对峙的局面的形成具有不可忽视的影响。司昆阳的《英国与冷战》[⑥] 一文认为，虽然冷战是由苏美主导的，但是英国在其中也是一个不可忽视的重要方面。英国当时虽然处在衰弱之中，但在外交上十分活跃，采取了不少的主动行动，是促使冷战局面形成的一个重要因素。黄亚红的《试论英国冷战政策的形成（1944—1946）》[⑦] 指出，英国在冷战中并不是没有独立的外交政策，也不是

① 田小惠：《麦尔金报告与英国对德战败赔偿政策》，《重庆教育学院学报》2003 年第 5 期。
② 兰鹏：《德波关系中的奥得－尼斯河边界问题》，《德国研究》2002 年第 1 期。
③ 岳伟：《战后鲁尔问题与德国北莱茵－威斯特伐伦州的建立》，《德国研究》2009 年第 1 期。
④ 这指的是在鲁尔地区建立一个新的州，而鲁尔地区的工业交给英国政府成立的公司进行经营，即鲁尔地区的工业为英国单独控制。
⑤ 李世安：《英国与冷战的起源》，《历史研究》1999 年第 4 期。
⑥ 司昆阳：《英国与冷战》，《西欧研究》1987 年第 3 期。
⑦ 黄亚红：《试论英国冷战政策的形成（1944—1946）》，《世界历史》1996 年第 3 期。

对美国言听计从的小伙伴。实际上，早在二战后期，英国的决策机构就已经开始设计战后政策的蓝图，初步确定了争取美援、对付潜在的苏联威胁的对外政策基调。战后的艾德礼政府面对不断升级的英苏利益冲突，出于国家安全的考虑，继承并发展了保守党战后对外政策的思想，并在1946年形成了自己的"联美反苏"的冷战政策。程佩璇、崔剑的《试论英国与"冷战"的起源》① 一文认为，关于冷战的起源，学术界一般强调美国的作用而忽视英国的影响。英国在战后初期与苏联发生了根本上的利益冲突，英国抓住战后德国问题来遏制苏联并促使德国分裂，从而在冷战中扮演了急先锋的角色，并且促成了西方对苏联的遏制。

此外，洪邮生的《英国与德国的重新武装》② 一文从英国对西欧联盟的政策方面入手，研究了英国在20世纪50年代联邦德国重新武装的过程中的政策。他认为英国一贯反对法国的"欧洲军"计划，同时支持美国的大西洋联盟计划，希望德国在大西洋联盟的框架下完成重新武装。朱正梅的《论法国"普利文计划"的失败》③ 一文则具体讨论了法国倡导的普利文计划是法国在满足自身安全的前提下对联邦德国进行重新武装。但是该计划由于内在的不成熟因素以及英、美两国的冷淡反应，最终以失败告终。普利文计划的失败对法国的内政与外交、法德关系的和解、英国的欧洲政策，以及战后世界两极政治格局的形成产生了巨大的影响。

通过对国内学术界的相关研究的介绍可以看出，国内对二战战时和二战后英国对德政策的研究还不够系统和全面，关于英国在制定对德政策，以及在冷战的复杂背景下如何调整对德政策方面的研究较少。对德政策的研究主要集中在苏联和美国方面，尤其是在史料的使用上，多以美苏两国的档案为主，④ 而且英国在战后德国分裂问题上的作用没有得到充分探讨。国内对联邦德国重新武装的问题有了初步的研究，但是对于联邦德国加入北约问题，特别是英国在联邦德国加入北约问题上的政策以及作用的研究还不足。

---

① 程佩璇、崔剑：《试论英国与"冷战"的起源》，《扬州大学学报》（人文社会科学版）1998年第1期。
② 洪邮生：《英国与德国的重新武装》，《史学月刊》2002年第12期。
③ 朱正梅：《论法国"普利文计划"的失败》，《世界历史》2003年第5期。
④ 实际上，国内研究中主要使用的是美国国务院的外交文件集等档案，而苏联档案仅有少数学者使用，如张盛发的《斯大林与冷战》和于振起的《冷战缩影——战后德国问题》两本书使用了相关的苏联档案，而且对二战结束前后的苏联档案的使用也较少。

通过上述对国内外基本研究状况的介绍可以看到，国际学术界关于该主题的研究已经取得了相当重要的研究成果。实际上，自二战以后，欧美学者就对德国问题以及东西方围绕德国问题而展开的斗争进行了几乎同步的研究。从以上西方学者对英国二战期间以及战后对德政策的研究成果来看，他们研究的深度和广度都远超过国内的同类研究。当然，国内对相关问题的研究之所以相对薄弱，主要有两个原因：其一是研究基础薄弱，由于在较长的时期内无法得到英国战后的档案资料，国内研究无法进行深入的探讨；其二是国内冷战史的研究重点主要集中在美苏两国，尤其是美国，而对其他国家，特别是西欧国家在冷战中作用和影响的研究还有待发展。但是，还需要指出的是，随着中国改革开放的深入、经济实力的增强和学术研究的活跃，国内的多所大学、学术机构、科研院所已经从国外购买了大量有关国际关系史、外交史的档案材料，其中不乏最近解密的英国外交政策档案。另外，网络的发达也使很多档案文献实现了电子化，因此只要有网络，即使足不出户，在国内也能够找到大量的档案资料。所以，从国内现有的条件来看，研究英国二战期间和战后初期的对德政策，在档案材料上是比较丰富的。

综上所述，本书希望在国内外相关研究成果的基础上，以英国在战后德国问题上的外交政策为主要研究对象，在二战结束后至20世纪50年代中期这样一个时间段内，对英、美、苏、法等国家之间的关系进行综合考察，进一步系统梳理英国对德政策的演变，并揭示英国在冷战起源、德国分裂、联邦德国重新武装和欧洲军事一体化进程中所起的作用。

三　研究方法、主要特点和使用的原始材料

本书的主要研究方法是历史学的实证研究法。本书在比较充分地收集和运用第一手原始档案材料的基础上，运用马克思主义唯物史观客观辩证地研究英国在上述历史过程中各种政策的制定、实施和演变过程。从国际关系发展的视角，通过英国外交政策的一个方面，即英国对德政策方面来研究一个相对衰落的世界大国的外交政策的讨论、制定、实施等方面的情况。

本书的主要特点是通过对原始档案的收集、整理和解读，从中发现和找出英国在对待战后德国问题上的基本态度和根本政策，同时结合二战期间以及战后新的国际关系格局建立的背景，从大国关系互动的角度来考量

英国对德政策的本质和这一政策对其自身的利弊，以及对大国关系特别是对冷战的发生与发展的影响。

本书使用的主要原始资料如下。

1. 档案资料

网络资源。主要有两种：（1）英国国家档案馆网站①上查阅到的英国内阁档案（Cabinet Paper），主要是二战期间丘吉尔战时内阁、战后艾德礼政府以及丘吉尔政府的内阁备忘录和会议记录的原文。（2）英国议会议事录网站②上查阅的1943—1955年所有英国下院演讲和辩论的记录，这对研究当时的英国的外交政策有很大帮助。

纸本文献。主要有两种：（1）自20世纪80年代至今，美国大学出版会陆续出版了《英国外交事务文件集：外交部机密报告和文件》③。该文件集收录了大量近年来解密的英国外交部的文件，其中有关于二战期间和二战后英国对德政策大量的电报、会议记录、备忘录等一手档案。这套文件集收藏在首都师范大学历史学院世界史资料中心。（2）由英国众多历史学家共同编辑、英国皇家出版局出版的《英国海外文件集》④，这套文件集的第一系列汇集了战后初期英国在四国共同管制德国初期的一系列外交政策文件，英占区内英国占领当局实行的各种政策文件以及英国与西方盟国讨论对德政策的文件。该文件集由于经过编纂，每份文件之后带有很多与该文件相关的注解，特别是引用了与之相关的其他文件来进行解释和延伸，这使该文件集的信息量比较大。该系列文件集国家图书馆和北京大学图书馆都有收藏。

缩微胶卷。主要有两种：（1）由亚当·马修出版公司制作的缩微胶卷：英国首相文件（第3部分）（PREM 3：Papers Concerning Defence and Operational Subjects，1940 – 1945）；⑤（2）英国外交部文件（Foreign Office

---

① 英国国家档案馆网站，http://www.nationalarchives.gov.uk/cabinetpapers/。

② 英国议会议事录网站，http://hansard.millbanksystems.com/。

③ Paul Preston and Michael, eds., *British Documents on Foreign Affairs: Reports And Papers From The Foreign Office Confidential Print*（以下简称 *BDFA*），Washington，D. C.：University Publications of America.

④ Rohan Butler, M. E. Pelly and H. J. Yasamee, eds., *Documents on British Policy Overseas*（以下简称 *DBPO*），Her Majesty's Stationery Office.

⑤ PREM 3：Papers Concerning Defence and Operational Subjects，1940 – 1945，Winston Churchill，Minister of Defence，Secretariat Papers，Adam Matthew Publications.

Files)。① 英国首相文件（第 3 部分）是关于丘吉尔担任首相期间的军事、外交政策，其中有英国同主要盟国在战时召开的首脑会议的报告、电报、备忘录等内容，涉及英国对战后德国问题上的政策。英国外交部文件中有关于柏林危机期间英国内阁、外交部、参谋长委员会、英军对德占领当局的报告、会议记录、电报往来等原始档案，这对研究柏林危机期间的英国外交政策有着重要作用。此外，英国外交部文件中还有专门关于英国对舒曼计划和欧洲煤钢共同体政策方面的档案，这对研究当时英国对法德主导的欧洲一体化运动态度、政策有着重要作用。这两套缩微胶卷收藏在首都师范大学历史学院世界史资料中心。

除了英国的档案资料之外，本书也使用了一些美国政府的档案资料，其中主要有《美国对外政策文件集》② 中 1943—1955 年的相关各卷，以及美国解密文件参考系统（Declassified Documents Reference System，DDRS）。该系统由盖尔（Gale）公司出版，收录了二战后美国办事处和官方机构的原始文件。本书的研究还参考了《罗斯福总统历史文件集》③ 中的相关内容。以上美国档案文献对于研究英美在德国问题上的关系以及相关互动过程都是十分重要的。

此外，本书也使用了已经被国内学者翻译了的档案文献，如由萨纳柯耶夫、崔布列夫斯基编辑，由北京外国语学院翻译的《德黑兰、雅尔塔、波茨坦会议文件集》和沈志华教授主编的《苏联历史档案选编》，后者的部分内容涉及战时苏联同英国、美国讨论战后德国问题。

2. 其他原始资料

（1）文件汇编。由德国历史学家贝亚特·冯·奥本④编著的《被占领的

---

① Foreign Office Files：United States of America, Series Three：The Cold War（Public Record Office Class FO 371 & Related Files），Part 1：The Berlin Crisis, 1947 - 1950, Reel1-Reel30, Foreign Office Files for Post-war Europe, Series One：The Schuman Plan and the European Coal & Steel Community, 1950 - 1957, Adam Matthew Publications.

② United States Department of State, ed. , *The Foreign Relations of The United States Diplomatic Papers*（简称 *FRUS*），U. S. Government Printing Office.

③ George Mcjimsey, ed. , *the Documentary History of The Franklin D. Roosevelt Presidency*, Vol. 41, *The Morgenthau Plan of 1944*（Washington, D. C.：University Publications of America, 2001）.

④ 贝亚特·奥本（Beate Ruhm von Oppen），女，1918 年生于瑞士，1936 年到英国求学，1943 年开始在英国外交部工作，后来大部分时间在美国从事研究工作。她对纳粹德国的历史进行了多方面的研究，并整理出版了很多这方面的档案文献。2004 年，奥本病逝。

德国文件集（1945—1954）》① 一书在 1955 年出版，该书汇编了二战结束后至 1954 年期间英、美、苏、法等盟国占领当局在德国发布的各种文告、法案和管制命令等文件，对于战后初期盟国对德管制方面的研究有重要参考价值。

（2）主要政治人物的回忆录和传记。二战结束前后，欧美一些政治首脑的回忆录中对英国的对德政策做了一定的记录和研究。比如丘吉尔的《第二次世界大战回忆录》② 一书中，就对二战期间英国内部关于战后对德政策的讨论，以及几次盟国会议上对于战后处置德国和相应的对德政策的制定进行了论述。战后联邦德国首任总理康德拉·阿登纳的《阿登纳回忆录》（上海人民出版社，1976）以及《杜鲁门回忆录》（东方出版社，2007）对战后盟国对德占领和军事管制方面有很多记述，并且回忆录中对德国分裂、联邦德国重新武装和加入北约的过程，以及英美在其中的政策和行动也进行了记述。艾伦·布洛克所写关于贝文的传记《欧内斯特·贝文：外交大臣，1945—1951》③，对贝文在担任外交大臣期间在英国外交政策方面的活动进行了记录和研究，其中涉及贝文在战后初期制定英国对德政策的内容。

另外，还有一本著作也很重要，这就是英国历史学家卢埃林·伍德沃德所写的五卷本《第二次世界大战中的英国外交政策》④。该书根据大量英国政府档案，对二战期间英国对德政策的制定、研究和讨论进行了细致的论述，是研究二战期间英国外交的一部重要著作。该书第五卷用很大篇幅描述了战时英国政府对德政策的讨论制定，以及在战争临近结束时英国与其他盟国商议对德政策等问题。

尽管上述文件汇编、回忆录、传记和专著出版时间较早，但是对研究英国的对德政策仍然有重要的史料价值。

---

① Beate Ruhm von Oppen, ed., *Documents on Germany Under Occupation*, *1945 - 1954* (Lonon：Oxford University Press, 1955).

② 该书被国内多次翻译。据笔者所知现有三个翻译版本：斯祝译，商务印书馆 1975 年版；北京编译社译，时代文艺出版社 1995 年版；吴万沈译，南方出版社 2003 年版。

③ Alan Bullock, *Ernest Bevin*, *Foreign Secretary*, *1945 - 1951* (New York：Oxford University Press, 1985).

④ Llewellyn Woodward, *British Foreign Policy in the Second World War*, Vol. 1 - 5 (London：Her Majesty's Stationery Office, 1971).

四　基本结构和主要内容

英国战后对德政策涵盖了政治、经济、文化等多方面内容，主要包括：战后是否严惩德国，是否在领土上肢解德国；在经济上怎样处置德国，是否要彻底削弱德国；战后保留或重建什么样的德国政府，德国的政治地位和领土主权如何划分；如何分裂德国，并将联邦德国（西德）纳入西方阵营使其成为遏制苏联的桥头堡；等等。本书主要针对以上这些问题展开论述，总体上按照时间顺序构建本书框架。

全书共分为八章。

第一章主要论述二战后期（1943—1944）英国政府内部关于战后处置德国政策的初步讨论和制定。这主要包括：战后是否对德实行肢解的政策；对德实行的军事占领政策；对德实行经济制裁和控制的政策；未来在德国问题上同苏联的关系，等等。英国的政策核心是：战后不要过分削弱德国，保留一个比较完整的德国，对其进行政治、经济改造，铲除军国主义、纳粹主义的土壤，使德国不再成为世界和平的威胁。然而，在对德国实行宽容还是严惩政策上，英国与美国、苏联的态度不尽相同，这导致了英国这一时期所设想的对德政策往往遭到美苏的反对，虽然美、苏的对德政策在英国看来既不利于战后德国问题的解决又有损英国的利益，但是由于自身实力有限，英国在留有余地的同时，同意了美、苏的对德政策。

第二章主要论述二战结束前后英国对战后处置德国的政策。在英、美、苏三国首脑参加的雅尔塔和波茨坦会议上三大国对是否肢解德国的问题采取了搁置态度，因为三国都认为肢解德国的政策是不可行的。但是英国同苏联在赔款问题、德波边界问题上的矛盾很大，只是在美国的协调下才勉强达成了协议。英国为了能让法国在战后德国事务中起到更大的作用，积极提升法国的地位，让法国加入对德占领和管制的体制。然而，由于法国一心想削弱德国，英、法在鲁尔－莱茵兰问题上产生了很大分歧。

第三章主要论述英国在对德占领初期在德国实行的政策及其与其他盟国的关系。为了对德国实施占领，英国建立了占领德国的机构。由于德国被战争严重摧毁，英占区粮食匮乏，工业凋敝，因此英国在占领德国的过程中面临很大的压力。同时，由于英国与美、法、苏三国在对德政策及实施措施方面存在分歧，因此在四大国共管的体制下，英国同美、法、苏之间便出现了不一致的意见甚至是严重的矛盾。特别是英国与苏联在赔款问题，占领区互相开放问题，从苏占区获得粮食、原料问题上的矛盾越来越尖锐。但是由于战争刚刚结束，英国还不想同苏联对抗，因此在有争议的问题上采取了妥协态度。

第四章主要论述英国在推动德国分裂过程中的作用。在东西方冷战的背景下，英国与苏联在德国问题上的矛盾越来越严重，英国已将苏联看成对自身最大的威胁。在德国问题上，虽然有苏联的反对，但是英国与美国还是在占领区经济一体化方面达成了根本的一致，并将两国的占领区合并为双占区。英国不仅对双占区的态度相当积极，而且考虑通过英、美、法三个西占区的合并来对抗苏联，为此英国不惜将德国分裂。为了实现西占区的合并，英国在与法国结盟的同时，又与美国一起采用软硬兼施的办法，迫使法国最终放弃了分离鲁尔－莱茵兰地区的政策，并在1948年的伦敦六国会议上达成了西占区的合并协议，进而加快了在西占区建立德国政府的步伐，英国的政策和行动进一步推动了德国的分裂，并激化了冷战的紧张局势。

第五章主要论述英国在德国最终分裂中的作用。面对西方分裂德国的行为，苏联采取了强烈的反击措施，试图通过封锁柏林的办法来迫使西方延缓建立西德政府，并进而将西方势力赶出柏林。面对苏联的挑战，英国一方面极力避免同苏联发生武装冲突从而引起战争；另一方面对苏采取强硬态度，坚决留守柏林，并且劝说美国、法国与自己采取一致态度，确保西方对西柏林的控制。随着美英对西柏林大规模空运的进行，苏联看到了西方保卫西柏林的决心，停止了对柏林的封锁。这在英国看来是西方对苏联冷战的一次重大胜利。此后，在英国的推动下，美英等国加速了西占区德国政府的建立，随着1949年5月23日新建立的联邦德国政府正式实施基本法，英国对德政策的一个阶段结束。

第六章主要论述英国对开启联邦德国重新武装政策的探讨。1949年德国分裂后，由于冷战所促成的两极格局逐渐形成以及朝鲜战争的爆发，英、法、美、苏等大国之间的关系发生了重要变化，同时它们对联邦德国的政策也发生了重大转变。在这种形势下，英国政府内部经过多次讨论，对重新武装联邦德国形成了重要共识。面对美国和法国在重新武装联邦德国问题上的不同意见，英国在1950年9月召开的纽约三国外长会议上采取了相对谨慎的态度。这次会议没有通过美国重新武装联邦德国的计划，但是会上所达成的主要决议符合英国稳妥地、渐进地实现重新武装联邦德国的政策方向。

第七章主要论述英国工党政府对重新武装联邦德国的政策。这一部分论述了法国、美国、苏联对重新武装联邦德国以及联邦德国自身对重新武装的基本态度和相关政策。1951 年初，虽然要组建超国家性质的欧洲军来完成对联邦德国的重新武装，但是相关各国的政策存在很多冲突之处，导致谈判会议进展缓慢。在这样的背景下英国政府采取观望态度，甚至出现了对欧洲军计划不信任和消极的态度。随着相关各方达成妥协，英国政府的态度出现了转变，将"欧洲军计划"即欧洲防务共同体计划作为重新武装联邦德国的可行性道路。

第八章论述了英国保守党政府对欧洲防务共同体的态度以及联邦德国加入北约的政策。虽然丘吉尔对欧洲防务共同体表示质疑，但是在艾登等人的推动下，英国政府在不参与欧洲防务共同体的前提下对该共同体表示极大的支持。最终由于法国方面的原因，1954 年 8 月，组建欧洲防务共同体的计划以失败告终，但是英国迅速调整了政策，积极寻求将联邦德国纳入北约框架。为此，英国政府一方面明确承担在欧洲大陆的军事责任，宣布长期在西欧驻军；另一方面协调有关各国对布鲁塞尔条约组织进行改组，使联邦德国最终加入北约。

第一章 1943—1944 年英国对战后德国问题的研究和讨论

国家间的战争最终都会产生胜利者和失败者，而 20 世纪的两次世界大战更是如此。从传统上讲，每一场战争结束后，胜利者为了获得胜利成果，维护自身的地位，往往通过包括割占领土、索取赔款等内容在内的强制性条约对战败国实行各种限制措施以防止其恢复实力进而"东山再起"对战胜国形成新的威胁。第一次世界大战后，战胜国处置战败国的《凡尔赛条约》就是最全面的体现。然而，事实证明，以这种方式处理非但没有保住战胜国期望的和平、维护自身的既得利益，反而更加激发了德国的民族主义和复仇主义情绪，一战结束后仅仅二十年，第二次世界大战就在欧洲全面爆发。英国作为这两次世界大战的主要参与者之一，既是一战后瓜分战争成果的受益者，又由于在二战前对德国纳粹政权的侵略行径实行绥靖政策，而使自己卷入了最不想发生的战争之中。二战期间，《凡尔赛条约》的教训对于那些英国的政治家和军事家们来说，可谓深刻之极，因此，在战争进行期间，英国政府便开始讨论和制定战后处置德国的相关政策；同时，对一战后对德处置政策的反思也在很大程度上影响了英国政府对此问题的态度。

英国政府关于战争结束之后如何处置德国的计划，早在二战进行期间就已经开始酝酿和制订。战争期间，英国的战后处置德国的政策主要集中在以下四个方面。第一，战后德国版图是否要做重大调整，即是将德国肢解成为数个小的国家，还是保留一个完整的德国。第二，战后德国的经济问题，这主要包括：是否要消灭德国的工业特别是重工业，以限制德国发动战争的潜力；战后盟国是否要对德国的经济结构和工业体系进行改造和调整。第三，对战后德国的政治体制进行改造，彻底消除军国主义、纳粹主义滋生的土壤。第四，战后对德国实行军事占领。

另外，由于处置德国的问题涉及美国、苏联等盟国的利益，因此英国在这一问题上的政策也会受到美苏两国态度的影响。在英国与美、苏两国的一系列讨论和协商中，英国的政策也不断地修改和变化。

第一节 严惩还是宽待——英国政府内部就战后德国问题的初步讨论

关于战后如何处置德国的问题，英国方面的态度最早可追溯到英、美两国领导人在 1941 年 8 月签署的《大西洋宪章》。当时丘吉尔和罗斯福在宪章中指出了保证消灭纳粹，恢复世界和平，并且提出："凡未经有关民族自由意志所同意的领土改变，两国不愿其实现。"① 这意味着纳粹德国在战前和战中侵略所得的领土不被英美承认。1941 年 12 月。当时，英国外交大臣艾登正在访问莫斯科，在 12 月 16 日艾登与斯大林、莫洛托夫的会谈中，斯大林提出战后要削弱德国的想法："要把莱茵兰尤其是其中的工业区从普鲁士中分离出来……将其作为一个单独的国家或者受保护国。奥地利要恢复成为一个独立的国家，有可能的话巴伐利亚也要成立一个独立的国家。"② 艾登对此回答说："英王陛下政府还没有做出任何关于肢解德国的决议。但是原则上不反对肢解德国，因为这是控制德国的最好的方法。"艾登还指出，肢解德国的行动需要做大量的工作；对于斯大林的肢解计划，英国赞同奥地利的独立，但是对分裂巴伐利亚和莱茵兰的计划还没有进行认真考虑，因此艾登表示要回国与内阁商议，以后再与苏联进一步讨论该问题。③

由于此时的英国政府集中考虑的主要问题仍然是如何打败纳粹德国，因此内阁没有精力认真考虑战后肢解德国的问题，也未形成相应的方案。但是有一点可以肯定，那就是英国想要将德国在二战爆发之前吞并的国家尤其是奥地利分离出来，使其不能与原来的德国继续合并。实际上，这一原则早在一战结束之后的《凡尔赛条约》中就已经被明确规定。但是在二战爆发前，英法等国推行绥靖政策，没有阻止德国对奥地利的吞并，而德奥的合并无疑使德国在版图和综合国力上都有了巨大的提升。因此，战后

---

① 世界知识出版社编《国际条约集（1934—1944）》，世界知识出版社，1961。

② Cabinet Office Papers（英国内阁档案，以下简称 CAB），CAB66/20，WP（42）8，Mr. Eden's Visit to Moscow，p. 11.

③ CAB66/20，WP（42）8，Mr. Eden's Visit to Moscow，p. 12.

一定要使德国与奥地利分离，也就是说，各盟国都同意对德国进行限制的基本政策。艾登的这次表态，是英国对战后德国肢解问题第一次表态，但到底如何处置战后的德国，其尚无具体的政策和计划。

但是，当1943年战场上的形势向着有利于盟国的方向转变时，英国战后处置德国的政策也逐渐清晰。

一　艾登的《德国的未来》备忘录

1943年3月8日，艾登向英国战时内阁提交的一份标题为《德国的未来》(*The Future of Germany*) 的备忘录，系统、具体地提出了战后处置德国的政策。

首先，该备忘录回顾了德国在战前是亲西方，还是亲苏联的问题。艾登提出，为了防止战后苏、德联合对抗西欧，就要让德国人民相信，他们的根本利益在于欧洲，特别是西欧整体的合作。[①] 其次，该备忘录提出了对战后德国的政治设想：战后的德国要实行联邦制，加强德国的民主制度和地方自治，以此来祛除德国历史上一直存在的中央集权体制的影响，这样可以防止未来德国军国主义、民族主义的高涨。为此，艾登提出了德国非中央化 (Decentralization)，分散政府权力的几点措施：

1. 对德国进行完全的军事占领。

2. 不与任何在柏林的中央政府发生联系，也不承认柏林的中央政府。

3. 与德国停战后迅速宣布德国没有中央政府，地方事务由占领军当局管理。

4. 扶植地方势力参与战后管理，占领军当局要注意保护地方自治政府，防止其为民族主义团体所压制。

5. 如果建立战后委员会，其总部不应设在柏林，而是设在其他州的首府，如德累斯顿这样的城市。

6. 培养一些德国人作为代理人，使其具有实行以上政策的知识和能力。[②]

---

① CAB66/34, WP (43) 96, The future of Germany, p.1.
② CAB66/34, WP (43) 96, The future of Germany, pp.6-7.

该备忘录中对德国战后领土问题的政策论述最为详细。它首先指出了四种不同的重新划分德国版图的政策。

第一种政策，即剥夺德国在战前以及战争期间通过侵略以及相关的条约获得的领土或者统治权，如奥地利、捷克斯洛伐克苏台德地区，以及德国对波希米亚和摩拉维亚的保护权等。该政策是各个盟国都能够同意的，而且也是必须在战后执行的。另外，要对三种对德国的政治和领土政策进行选择性使用。

第二种政策就是对德国进行彻底肢解的政策。该政策就是要彻底摧毁德国作为一个政治实体的存在，把德国分裂为几个不同的独立国家。这种政策的核心是将普鲁士与德国的工业区以及德国南部地区分离开来。但是如果这样做，就必须有一种强大的政治控制力来防止它们再次联合统一，而且随着时间的流逝，德意志内部的统一愿望将会加强，而防止统一的力量将会削弱。

第三种政策称为"裁剪法"（truncation）政策，即把德国的边界地区割让给其邻国，使德国成为一个"残余国家"。比如，把石勒苏益格－荷尔施泰因给丹麦，把莱茵河以西给法国，把东普鲁士的阿伦施泰因给波兰。这样做虽然可以把领土分离出去，但是德意志民族不能分离，所以有可能导致在被割出去的地区的德意志人形成民族分离主义，而残余的德国又会对被分割出去的地区产生吸引力，从而使这些地区无视统治这些地区的国家的权威。因此，要实行这样的政策，就必须使德国的邻国保持强大的武装力量。

第四种政策称为"边界调整"政策，即改变德国与邻国的边界，使之有利于德国的邻国。与裁剪德国不同的是，由于边界的调整规模相对较小，留在邻国的德意志民族的人口较少，这样做可以把德意志人口从其他邻国中迁移出来回到调整后的德国，以防止这些地区产生民族分离主义。[①]

在阐述了以上四种对德国战后领土的政策之后，该备忘录又一次提出了在德国施行非中央化[②]、分散政府权力的问题，即在德国实行联邦制，将其变为民主、稳定的国家。该备忘录进一步指出，在施行这一政策时候，

---

① CAB66/34，WP（43）96，The future of Germany，pp. 7－8.

② 在相关档案中出现了"decentralization"一词，该词的意思为下放、分散，指的是要削弱德国中央政府机构的权力，加强地方的权力，这是相对于"中央集权"（centralization）来说的，所以在本书中用"非中央化"一词表示这一概念。

不必剥夺其中央政府的外交和军事权，而通过对德国人民的再教育，可以使联邦思想和民主思想成为主流。在德国实行联邦制有两种方法：通过外力强迫德国人民实行联邦制，或者鼓励人民自愿实行联邦制。当然最好是使德国人自愿实行联邦制。

对于以上的政策，艾登又做了进一步分析。首先，艾登指出肢解德国政策的弊端。他认为，历史上，德国的统一是建立在民族感情之上的，"从神圣罗马帝国到希特勒的第三帝国，现代德国人的思想一直具有连贯性"。① 这是因此即使摧毁了德国的政治实体，也不会导致德意志民族的最终分裂，所以与其改变德国的版图还不如改变德国的政治体制，而且肢解德国不仅不会得到德国人的认同，还会导致德国的不稳定。他还认为，虽然战后德国可能出现地方自治和分离主义倾向，但是不会长久，德国不会出现自发的分裂。如果从外部施加压力迫使德国分裂或肢解德国的话，那么德国不会甘于分裂的状态，而这又会成为世界安全的一个隐患。从经济上来说，肢解德国会导致德国各部分的经济混乱和衰败。分裂后，德国的各部分为了经济利益，会寻求摆脱政治上的孤立而相互联合起来。"这个过程类似于 19 世纪的情况，当时德国的关税同盟就为德国的统一铺平了道路。"②

其次，艾登指出了"裁剪法"和"边界调整"政策的缺陷。他认为，如果实行上述政策，被分出去的德国人一定会盼望回到从前的德国，而且接受德国领土的与德国相邻的国家也不一定愿意或者有能力来保证这些德国人会永远从德国分离出去。重新划分德国边界的方案所遇到的麻烦较少，因为将一部分德国边界地区划给其邻国，并且迁移人口是可行的。但是该方案也要考虑两点：第一，在维护对德安全政策方面，该方案只是起辅助作用；第二，接受边界领土的国家必须愿意并且有能力维护划分后的边界。他认为波兰有这种意愿和能力，但是法国和低地国家不太可能有这种意愿和能力。

最后，艾登指出，德国自愿实行联邦制是最好的方法。"在很多方面，这是最好的长期解决问题的方法，而且这也是建立一个更理智、更不具有侵略性的德国政府的最好的方法。"③ 在备忘录的最后，艾登详细列出了对

① CAB66/34, WP (43) 96, The future of Germany, p. 9.
② CAB66/34, WP (43) 96, The future of Germany, p. 10.
③ CAB66/34, WP (43) 96, The future of Germany, p. 11.

德国战后政治和领土的八项政策：

1. 恢复奥地利的自由和独立，可能的话建立一个中欧的邦联体。

2. 恢复捷克斯洛伐克，可能的话在埃格尔三角洲①地区进行小规模的、各方同意的边界调整。

3. 阿尔萨斯和洛林归还法国。

4. 将东普鲁士、但泽和西里西亚地区的奥珀伦划归波兰。

5. 将基尔运河的控制权转交给联合国。

6. 恢复低地国家和卢森堡战前的领土状态。

7. 以某种接受的形式对广大的工业区，特别是莱茵兰地区进行国际共管。

8. 如果在战后出现自发的独立主义和分离主义运动，应当鼓励，使之向着一个联邦德国的可能性发展。联邦制不能够被强加或者通过武力来维持，而是要通过一切可能鼓励德国内部自然而然的和健康的发展来实现。②

艾登认为，上述八项政策"对于胜利国家实现限制德国发动战争力量的目标，在战略上是必要的，在政治上是可行的，在经济上是可取的，而且也可以成为永久的和平协定的一部分"。③ 因此，这八项政策可以看作英国外交部对战后德国领土和政治安排的意见。而这八项政策实际上是对备忘录一开始提出的四项政策进行的一种有机整合。仔细分析这八项政策，其大体内容是：第一，恢复战前欧洲的政治版图，剥夺纳粹德国在战前和战争过程中获得的领土；第二，将德国的边境地区的一部分领土划归其邻国，主要是给法国和波兰；第三，对边界进行调整使其有利于德国的弱小邻国；第四，对德国的工业区进行国际监管；第五，努力使德国自发地成为一个民主的联邦制国家。但是，这些主要内容排除了彻底肢解德国，使其分裂为数个独立的小国的政策。由此可见，在艾登看来，战后既要限制德国，防止其东山再起发动战争，也要保留一个比较完整的德国，因此彻底肢解德国是不可行的。

---

① 埃格尔河在匈牙利北部地区形成的三角洲地带，紧靠捷克斯洛伐克。

② CAB66/34，WP（43）96，The future of Germany，p. 12.

③ CAB66/34，WP（43）96，The future of Germany，p. 11.

如果进一步概括艾登的这份备忘录，那么它的主要内容实际上有两项：一是要改造战后德国的政治制度，使其向着非中央化、非集权化方向发展，最终成为一个民主的联邦制国家；二是要对战后德国的版图进行调整，但是不主张分裂或者肢解德国。

还有一点要指出的是，在该备忘录中，关于战后德国与苏联和西欧之间的关系问题，仅仅用了一句话来概括，即要让德国在战后成为西欧中的一员。这句话看似轻描淡写，但是道出了艾登对于未来苏联有可能控制德国的担忧。由于当时苏联还是英国的重要同盟，所以在这方面艾登没提出太多的意见和计划，防止苏联人在知道后对英国产生不信任，而影响对德战争的进程，但是在以后的英国对德政策中，这一问题会被经常考虑和讨论。

当然，由于这份备忘录出现得比较早，因此对很多问题，诸如战后德国的经济问题并没有涉及。但是，它所提出的对战后德国政治和版图的变动的政策则成为以后英国政府对德政策的一个重要发展方向。不过，该备忘录提出后却在内阁引起了争论。

二　经济作战大臣和副首相的不同意见

艾登的《德国的未来》备忘录递交内阁后，引起了一些争论，其中以经济作战大臣（Minister of Economic Warfare）赛尔伯恩伯爵（Lord Selborne）的反对意见最大。针对艾登备忘录中不希望德国战后被肢解，以及实行民主改造和联邦制等意见，赛尔伯恩提出了不同的看法。他在1943年4月8日提交内阁的备忘录的题目与艾登的一样，也叫作《德国的未来》，这或许是为了显示他自己反对艾登的战后对德政策。

该备忘录提出，经济作战部研究了通过怎样的经济措施才能控制德国的战争潜力并以此来维护世界和平的问题，但是"结论是明显令人灰心的"。该备忘录认为，通过控制德国经济来防止其发动战争的方法是无效的。这是因为，首先，"要维持长久的和平就需要有一个繁荣的德国。经济萧条和失业将会使德国再次产生希特勒上台的条件"。赛尔伯恩担心，如果使用强制措施来压迫德国的经济发展，势必造成德国战后经济萧条，而希特勒就是在20世纪30年代经济大危机的背景下窃取国家政权的。其次，赛尔伯恩认为，"实际上，和平时期的大部分工业都可以转为战争所用"。所以，他得出了这样的结论：既要通过经济措施来减少一个国家的实力，又要不影响这个国家和平时期的繁荣，这是无法做到的。① 赛尔伯恩的意思很明确，通过经济手段控制战后的德国，防止其发动战争的方法是不能实现的。他的观点是，"肢解德国是唯一可以实行的制裁政策"。②

赛尔伯恩认为，艾登提出的战后对德国不实行肢解政策而仅仅做一些领土的调整是不够的。这是因为，在德国人自己眼中，德国应该超越世界其他的种族，德国人是不能容忍自己的国家在国际地位上居于其他国家之下的，如果通过战后和平条约强迫德国沦为二三流国家，那么德国人不能容忍这样的条约，它势必就会像当年的《凡尔赛条约》一样最终被他们痛恨。该备忘录强调，一方面，即使通过强制再教育也不能改变德国人的民族意志，德国的民意是不能接受失去东普鲁士和西里西亚的领土损失的；③另一方面，战胜国压制德国的意愿会随着德国力量的强大而减小，最终这些战胜国会使自己认为，与德国和睦相处的唯一方法就是满足德国人的需要。④ 为了避免这样的结果，必须对战后的德国进行强行肢解，使之不能再威胁世界。为此，他提出了自己的肢解德国的方案：

1. 西里西亚的煤矿区和东普鲁士割让给波兰。
2. 萨尔割让给法国；阿尔萨斯和洛林归还法国。
3. 恢复捷克斯洛伐克的边界。
4. 将上述地区的德意志人口（包括苏台德区的德国人）迁移。
5. 基尔运河置于国际共管之下。
6. 剩下的希特勒的德国被分割为以下几个国家：普鲁士、汉诺威、威斯特伐利亚、巴伐利亚、奥地利。⑤

赛尔伯恩在备忘录中还指出，艾登设想的通过战后在德国实行民主的联邦制来改造德国的政治传统的做法是不实际的。这是因为，从历史上看，德国不存在实行民主制的传统，"盎格鲁－撒克逊式的民主从未在那个国家起过作用"，"德国还没有达到一定的政治发展水平，在这个国家，讨论和

---

① CAB66/34，WP（43）114，The future of Germany，p. 1.
② CAB66/34，WP（43）114，The future of Germany，p. 6.
③ CAB66/34，WP（43）114，The future of Germany，p. 4.
④ CAB66/34，WP（43）114，The future of Germany，p. 3.
⑤ CAB66/34，WP（43）114，The future of Germany，p. 5.

协商是完全通过暴力来实现的"。① 另外，德意志民族还没有发自内心地热衷民主和自由的转变，只有德国人向往民主，在德国实行民主制度才会有用，相反，如果民主思想还没有在德国人心中扎根，外部强加的民主则不会被德国人所接受。所以，他认为依靠德国内部自发地形成民主的联邦制是不可能的，即使战后建立起这样的德意志联邦国家，其命运也不会长久，当年的魏玛共和国就是前车之鉴。

赛尔伯恩的观点总结起来就是，战后对德国一方面要保证德国人在经济上的发展，另一方面要坚持政治上肢解德国的政策。肢解德国，并且保证战后被肢解的德国各部分的经济繁荣，这在道义上是公正的，因为这样保证了普通德国人民的生活，另外这也是防止德国发动战争、保证和平的最好方法。

然而，内阁中也有人不赞同赛尔伯恩的这种"经济控制无用论"。时任内阁副首相的克莱门特·艾德礼就在 1943 年 7 月 19 日向内阁提交了一份题为《战后的安排——关于德国的政策》（Post-War Settlement – Policy in Respect of Germany）的备忘录。在该备忘录中，艾德礼认为，德国具有侵略性的根本因素就是普鲁士容克阶级对德国工业特别是重工业和军火工业的控制。具体说来就是：

> 普鲁士容克阶级根植于德国国防军和公务人员之中。同时，该阶级在 19 世纪的历史过程中已经控制了德国，并且由于军火方面的特殊利益，普鲁士容克阶级同威斯特伐利亚和其他地区的重工业所有者结成了联盟。②

艾德礼把普鲁士容克阶级称为"普鲁士病毒"，这种病毒已经在德国广泛传播，因此要想方设法根除这种病毒。艾德礼认为，要去除"普鲁士病毒"仅仅对德国进行军事封锁是不够的，必须对德国的经济机构进行严密的控制。他提出，战后不能让德国的大资本家掌握德国的工业，要打破大型垄断企业对德国经济的控制。另外，允许德国的工业为德国人生活水平的提高做出贡献，但是对工业的控制权要从德国人手中剥夺掉，即不能让

---

① CAB66/34, WP（43）114, The future of Germany, pp. 3 – 4.
② CAB66/39, WP（43）322, Post-War Settlement—Policy in Respect of Germany.

德国的官员掌握德国的工业。① 艾德礼的备忘录只有短短的一页，他仅仅是笼统地提出要控制德国的经济，以防止再次出现普鲁士容克阶级同工业资本主义的结合。至于怎样根除普鲁士容克阶级，艾德礼也没有提出详细的政策。但是在他的备忘录中，有一点是明确的，那就是，他认为战后外部力量控制德国经济是可以防止德国复兴并防止德国发动侵略的有效政策。在他看来，控制德国经济和提高德国人民的经济生活水平是不矛盾的，这一点与赛尔伯恩的观点是相反的。

三 丘吉尔的"多瑙河联邦"计划和分裂德国的计划

时任英国首相的温斯顿·丘吉尔一直以来心中就有一个"多瑙河联邦"（Danubian Federation）计划，该计划的核心是建立一个以维也纳为中心的包括奥地利、德国南部地区以及东南欧地区多瑙河流域国家的联邦，同时要严格约束和控制德国北部的普鲁士地区，彻底摧毁普鲁士的军国主义。1941年11月丘吉尔给斯大林的电报中说道："自然我们首要的目标是防止德国特别是普鲁士再次向我们发动攻击。"② 在 1941 年底的时候，丘吉尔还向苏联驻英国大使说道："……主要责任在普鲁士。将来应该把巴伐利亚、奥地利、符腾堡等从普鲁士的势力下解放出来。"③ 1943 年 5 月，丘吉尔访问美国；5 月 22 日，在英国驻华盛顿大使馆召开的宴会上，丘吉尔向前来赴宴的美国高官副总统华莱士、陆军部长史汀生、副国务卿威尔斯、参议院外交事务委员会主席康纳利等人提出了所谓的"多瑙河联邦"计划。他希望"建立一个以维也纳为基础的多瑙河联邦，这样就可以弥补奥匈帝国消失后形成的空缺。而且，巴伐利亚也应该包括在内。随后在巴尔干地区也要建立一个联邦"。④ 丘吉尔的打算是，建立这样的联邦国家一方面可以从领土上削弱德国，另一方面可以使英国未来在战后插手东南欧以及巴尔干的事务。

"多瑙河联邦"计划涉及对德国一部分领土的处置，即将德国的巴伐利亚州从德国分离出去，加入"多瑙河联邦"，另外还要将普鲁士地区从德国分裂出去。在 5 月 22 日的宴会上，丘吉尔进一步指出，"普鲁士要与德国的

---

① CAB66/39，WP（43）322，Post-War Settlement—Policy in Respect of Germany.

② CAB66/20，WP（41）287，Telegram No. 184 of 21st November, pp. 1 - 2.

③ 于振起：《冷战缩影——战后德国问题》，世界知识出版社，2010，第 48 页。

④ CAB66/37，WP（43）233，The Structure of A Post-war Settlement, p. 1.

其他部分分离开来，400 万普鲁士人将是一个比较容易控制的集团"。① 丘吉尔一直认为普鲁士是德国发动战争的罪魁祸首，"罪恶的根源在于普鲁士、普鲁士军官和总参谋部"，② 而其他德国地区的人民是爱好和平的。丘吉尔对南德意志地区有特别好的印象："南德意志的农民是爱好和平的，他们抽烟斗、喜爱音乐、喜欢喝啤酒，他们没有使自己受到普鲁士军国主义的恶劣影响，对任何人都没有危害。"③ 如果南德意志人获得自治，或者加入多瑙河联邦，他们自然爱好和平也不会侵略他国。在丘吉尔看来，只要将普鲁士从德国分裂出去，就可以防止德国军国主义复活进而威胁世界的安全，至于德国的其他部分，则可以从宽对待。

丘吉尔在华盛顿提出的"多瑙河联邦"计划首先就遭到外交大臣艾登的质疑。丘吉尔从美国回来后，7 月 1 日，艾登向战时内阁提交了一份备忘录。艾登在该备忘录中指出，丘吉尔对战后处理德国的意见是："将德国分成两个部分，这两个部分以美因河④为界，分为南北两部分。南部与奥地利结合起来。北部的德国人或者称作'普鲁士人'看来要严格对待，而南部的德国人则相对好一些。"⑤ 艾登对这种战后区别对待德国人的看法表示反对，他认为纳粹的邪恶并不仅仅存在于德国北部或者普鲁士，而是广泛地存在于整个德意志地区。艾登举例说："纳粹党的总部在慕尼黑。纽伦堡是纳粹思想的中心。曾经野蛮对待法兰克尼亚人民的施特莱歇尔⑥，最坏的纳粹头子之一——就是南德意志人。"⑦ 因此，不能简单地从南北两部分来区别对待纳粹德国犯下的罪恶行径。另外，从战后欧洲的政治版图来考虑，德国的大部分工业在北部地区，而南部是农业区，一旦盟军结束对德国的军事占领，德国南北两部分势必因为经济上的联系而趋向于再次统一。一旦发生这种情况，特别是"如果奥地利同南部德意志结合起来，那么奥地利又会重归德国，这样我们就会看到一个 1937 年的德意志帝国，而且捷克

---

① CAB66/37，WP（43）233，The Structure of A Post-war Settlement，p. 1.

② 〔英〕温斯顿·丘吉尔：《第二次世界大战回忆录——第五卷紧缩包围圈》，北京编译社译，南方出版社，2005，第 318 页。

③ Keith Sainsbury, *Churchill and Roosevelt at War: The War They Fought and the Peace They Hoped to Make* (London: Palgrave Macmillan, 1994), p. 135.

④ 发源于德国东部的一条河流，流程约 499 公里，总体向西流，在美因兹注入莱茵河。

⑤ CAB66/37，WP（43）292，Post-War Settlement，p. 2.

⑥ 尤利乌斯·施特莱歇尔（Julius Streicher），纳粹头目之一，反犹刊物《先锋报》主编。他是犹太人大屠杀的策划者之一，1946 年被纽伦堡军事法庭判处绞刑。

⑦ CAB66/37，WP（43）292，Post-War Settlement，p. 2.

斯洛伐克的地位也将十分危险"。更加糟糕的后果将是"匈牙利，甚至是罗马尼亚这两个前敌对国家也将会加入到南德意志联邦中来"，[①] 这样一来就会使德国控制整个东南欧。而且，无论是英国的欧洲盟国还是苏联，其都不会同意这样的战后安排。艾登之所以反对丘吉尔的"多瑙河联邦"计划，主要是担心分裂后的德国各部分会很快寻求统一，如果建立包括有部分德国领土在内的"多瑙河联邦"的话，奥地利、匈牙利等国家或地区就会加入统一后的德国。而且，艾登也反对区别对待德国人的战争罪行，因为他并不认为德国发动战争的根源仅仅是普鲁士人。

　　丘吉尔的"多瑙河联邦"计划不仅遭到英国内部的反对，而且苏联和美国方面也不赞成。在 1943 年 11 月召开的德黑兰三国首脑会议上，丘吉尔向斯大林和罗斯福再次抛出了他的"多瑙河联邦"计划。斯大林对该计划表示反对，他说："把德国分裂后，又创造新的组合，不论它叫多瑙河联邦或者任何其他名称，都是不明智的。"[②] 他认为"多瑙河联邦"是存在不下去的，德国人会利用仅剩下的德国领土，"在骨骼上增添皮肉，这样就会创造一个新的大国"。[③] 如果让德国加入一个大的联邦，那就一定要出事。斯大林还对丘吉尔说道："我们必须注意把它们分割开来，而且匈牙利和德国不能结合在一起。没有任何措施能够制止一个目的在于获得重新统一的运动。德国人始终想要重新统一，想要复仇。"[④] 罗斯福也不同意丘吉尔关于南德意志爱好和平，他们的战争罪孽就小的观点。在他看来，"德国人没有任何区别"，[⑤] 都要对战争罪行承担责任。

　　由于战后如何处置德国的问题涉及英、美、苏三大国的利益，所以三大国在 1943 年召开的政府高层会议上一再讨论这个问题。

四　1943 年英国与美苏关于战后德国问题的协商

　　在 1943 年 10 月召开的英美苏三国莫斯科外长会议上，三大国就战后德国问题进行了初步的商讨。讨论的结果是：三国外长一致同意战后将迫使德国交出 1938 年以来取得的所有领土；会议通过了《关于奥地利的宣言》，宣布德国在 1938 年对奥地利的强行合并是无效的，三国政府希望"奥地利

①　CAB66/37，WP（43）292，Post-War Settlement，p. 2.
②　〔英〕温斯顿·丘吉尔：《第二次世界大战回忆录——第五卷紧缩包围圈》，第 348 页。
③　CAB66/45，WP（44）8，p. 19.
④　〔英〕温斯顿·丘吉尔：《第二次世界大战回忆录——第五卷紧缩包围圈》，第 349 页。
⑤　〔英〕温斯顿·丘吉尔：《第二次世界大战回忆录——第五卷紧缩包围圈》，第 348 页。

重新获得自由和独立";① 会议还达成了东普鲁士应当与德国分离的决议。②
此外，会议决定在伦敦设立一个欧洲咨询委员会（European Advisory Commis-
sion），"以便在希特勒政权将近崩溃时，开始对德国和欧洲大陆出现的问题进
行处理"。③ 该委员会的主席由三大国代表轮流担任，其主要职责是"研究由
于战争的发展而产生的欧洲问题……并向三大国政府提供联合建议"。④

这次会议并没有怎么讨论战后德国的问题，仅仅就战后剥夺德国侵略
所得的领土问题达成了基本一致。实际上，英国在参会之前准备了很多有
关战后德国问题的讨论议题。英国外交大臣艾登在 9 月 27 日提交内阁的备
忘录中详细列举了希望在莫斯科外长会议上讨论的关于战后德国的问题。
这其中包括：德国的政治体制问题；领土和边界的重新调整；是否承认战
后的德国中央政府；如何管制战后德国的经济；等等。⑤ 但是，以上很多问
题在外长会议上并没有进行讨论，也没有达成有关协议。这主要是由于以
下几个原因：首先，莫斯科外长会议召开时，盟国与德国的战争还在艰难
地进行着，军事问题特别是在欧洲开辟第二战场的问题是本次会议的一个
主要议题；其次，处置德国问题和战后对德政策需要三国首脑协商决定，
莫斯科外长会议的召开就是为了不久之后召开的德黑兰会议做准备；最后，
英、美、苏三国各自政府对战后德国问题还没有进行详细的内部讨论，三
国政府很难在这个时候拿出全面系统的政策，还需要时间来做进一步研究。
因此，会上成立的欧洲咨询委员会就是为三大国政府进一步研究和协调战
后对德政策而建立的。

在 1943 年 11 月至 12 月召开的德黑兰会议上，英、美、苏三国首脑对
战后德国问题又进行了进一步磋商。如上文中关于丘吉尔的"多瑙河联邦"
的论述中所提到的，丘吉尔在德黑兰会议上提出的战后对德政策遭到了斯
大林和罗斯福的反对。会议上，美国提出了战后肢解德国的意见。罗斯福
总统及其顾问们早在会议前的三个月就制订了战后分裂德国的计划，该计
划将德国分为五部分：普鲁士，汉诺威和德国的西北部，萨克森和莱比锡
地区，黑森－达姆施塔特、黑森－卡塞尔以及莱茵河南面的地区，巴伐利

---

① United States Department of State, *FRUS, 1943*, Vol. 1 (Washington, D. C., 1963), p. 724.
② 〔美〕威廉·哈代·麦克尼尔：《第二次世界大战史大全（5）——美国、英国和俄国：它
们之间的合作和冲突 1941—1946 年》，叶佐译，上海译文出版社，1995，第 516 页。
③ 〔英〕温斯顿·丘吉尔：《第二次世界大战回忆录——第五卷紧缩包围圈》，第 269 页。
④ 沈志华主编《苏联历史档案选编》第 18 卷，社会科学文献出版社，2002，第 359 页。
⑤ CAB66/41, WP (43) 421, Germany.

亚、巴腾和符腾堡

这五个地区都将实行自治，但是还有两个地区——基尔及其运河与汉堡，鲁尔和萨尔——要由联合国管辖。

罗斯福在会上还强调说："如果德国被分为 107 个小公国，那么就更加安全了。"① 苏联方面虽然没有具体分裂德国的计划，但是斯大林一定要将德国彻底削弱，因此对罗斯福提出的计划表示同意。同时，他还建议在德国境内和边界地区设立一些军事据点，由盟国永久占领，用来防止德国再次发动战争。② 显然，苏美双方在德黑兰会议上对于肢解德国的态度与英国方面有很大的不同。丘吉尔不想过分分裂德国，而是要建立一个"多瑙河联邦"，并要求区别对待普鲁士和其他地区的德国人。此外，丘吉尔认为，"问题不仅在于分裂德国，更重要的是，要使这些被分割的地区获得生命力，同时使它们满足于不再依靠大德意志帝国"。③ 而斯大林和罗斯福则认为，把德国分割得越小就越能削弱德国发动战争的能力，对世界安全就越有利，他们还认为德国人都是一样的，无论是普鲁士人还是其他地方的德国人都没有什么区别。可以看出，在德黑兰会议上，丘吉尔在对德政策方面与苏、美两国的立场显然存在一定分歧。丘吉尔力争保全一个相对比较完整的德国，而苏美则要通过分裂德国来严惩德国，并防止其东山再起发动战争。

面对苏美两大国的强硬态度，丘吉尔不得不采取妥协态度。就在德黑兰会议结束后不久，丘吉尔在1944 年 1 月 15 日提交内阁的一份备忘录中提到，"英美苏三国政府达成一致，认为德国将会分成几个独立的国家。东普鲁士和奥得河以东的地区被永久割让，此地的人口也将迁移。普鲁士要被分离并且被缩减。鲁尔和其他煤铁中心一定不能被普鲁士的力量所控制"。④ 从这份备忘录可以看出，丘吉尔没有提到他所寻求的"多瑙河联邦"方案，而是基本上同意了美苏要求分裂削弱德国的意见。丘吉尔之所以做出这样的妥协，原因有三个。首先，英国作为三大国中实力较弱的一国，要联合美苏赢得战争，就必须在战后处理德国的问题上满足美苏两国的需求。其次，此时同盟国讨论的最重要的任务是如何在欧洲开辟第二战场，以及如何迅速打败纳粹德国。三大国在德黑兰会议上确定了在法国登陆开辟第二

---

① CAB66/45, WP（44）8, p. 20.

② *FRUS, The Conferences at Cairo and Tehran, 1943*, p. 532.

③ CAB66/45, WP（44）8, p. 19.

④ CAB66/45, WP（44）33, p. 2.

战场的战略计划，反攻欧洲的行动已经开始紧锣密鼓地进行，丘吉尔不想在处置战后德国的问题上纠缠太多，避免使盟国之间的关系在此关键时期出现裂痕。最后，虽然在这次会议上三大国首脑原则上达成了分割德国的共识，表明了大致立场，但是关于具体怎么做并没有明确一致的政策，而是决定将战后德国问题全部交给欧洲咨询委员会去研究。① 这就使丘吉尔可以原则上同意美苏的意见，而在具体怎么做上还可以再进行协商，这就为以后讨论战后德国问题留有余地。

总之，从 1943 年初开始，英国政府内部就对战后处置德国的问题开始了研究和讨论。其研究和讨论的主要内容是，战后德国领土、边界的划分问题；是否要将德国肢解为几个独立国家；战后德国的政治体制改革问题。考虑这些问题的根本出发点就是战后如何防止德国东山再起，发动新的战争。两次世界大战的惨痛经历，使英国政府坚持德国必须在战后受到严格的控制。这种控制首先应该体现在对德国领土的控制上，不仅要剥夺纳粹德国在战前和战争中掠夺来的土地，而且还要减少纳粹德国的领土。至于怎样减少，英国政府内部有不同的意见。如上文所述，以外交大臣艾登为代表，希望对德国的边界进行一些调整，将一部分原来德国的领土割让给周边国家。这样还可以保留一个比较完整的德国。另一部分人，如经济作战大臣赛尔伯恩，则要彻底消除德国这个地理概念，也就是将德国肢解为几个独立的小国家，这样德国也就不能再次威胁欧洲和世界的和平。丘吉尔的"多瑙河联邦"计划是这两种意见的综合体。它一方面要把德国的普鲁士分离出去形成单独的国家，另一方面要将南部德国与奥地利、捷克斯洛伐克等国一起并入"多瑙河联邦"。

关于战后德国的政治体制问题，英国政府内部的意见比较一致，那就是要在战后改造德国的政治制度，对其进行分散中央权力、非军事化的改革，实行联邦制，加强地方的权力。德国中央集权的体制无疑是纳粹第三帝国得以建立的重要原因。德国的这种政治体制使少数纳粹主义者和军国主义分子能够利用国家机器控制整个德国政治、经济以及对人民的思想文化宣传，在这样的情况下，德国人民或被蒙蔽，或者被迫跟随纳粹发动侵略战争。因此，要从根本上解决德国的问题，彻底消灭德国的纳粹主义和军国主义，就要改造德国的政治体制。在丘吉尔、艾登等英国政治家看来，

① 〔苏〕萨纳柯耶夫、崔布列夫斯基编《德黑兰、雅尔塔、波茨坦会议文件集》，北京外国语学院俄语专业、德语专业 1971 届工农兵学员译，三联书店，1978，第 122 页。

分散中央权力和实行联邦制的措施是一剂良方，一方面，它可以防止一个强大的德国中央政权绑架整个德意志人民的意愿，发动新的战争；另一方面，它可以增强地方权力，使地方的自由、民主力量对抗中央集权以及德国的普鲁士军国主义的余孽。

第二节　1944 年英国参与讨论和制定对德分区占领、经济控制和肢解德国的问题

与纳粹德国的战争进入到 1944 年之后，战场局势越来越明朗，盟军的优势地位更加突出。此时，英国政府对于战后处置德国的一些具体问题，如军事占领政策、战后德国经济问题等开始进行研究，并且同苏、美这两个主要盟国进行商议。另外，英国政府内部发生了围绕战后德国与苏联关系的讨论和争议。

一　对战后德国实行分区军事占领政策的制定

战后胜利国处置德国，首先要考虑的就是对德国实行什么样的军事占领政策。对此，英国方面早在 1943 年 5 月就有了自己的意见。外交大臣艾登在 5 月 25 日向战时内阁提交的备忘录中表示，"德国应该被完全占领，并且应分为三个主要区域由我们、美国、苏联进行管制"，指出"这些占领区主要由英国、苏联和美国各自出兵占领，但是同时其他盟国的军队也可加入，而且每个占领区都置于盟军共同领导之下"。同时，艾登还提出对德国实行军事占领要在未来的联合国家的名义下进行。联合国家的军队在每个占领区的最高长官全权负责该占领区的法律和秩序。[①] 虽然艾登在这份备忘录中强调战后对德国的军事占领和相关的占领机构要以联合国家的名义进行和建立，但是他实际上还是倾向于三大国分区占领，各自控制一部分德国的政策。艾登之所以有这样的考虑，主要是希望英、美、苏三大国在德国问题上协调一致，防止战后在德国问题上出现冲突。与混合占领[②]相比，德国被分为三大国占领区并由三大国分区占领的做法可以避免由于各国不同的占领政策而导致矛盾和冲突。艾登认为英国的对德占领政策会得到苏联方面的同意，因为苏联一直想在东欧建立一个自己的独立体系，如果分

---

① CAB 66/37，WP（43）217，Armistices and Related Problems. p. 2.

② 即盟军共同组成对德占领军，整个德国置于所有盟军的占领下，不按照盟国的每个国家分区占领。

区占领德国，苏联就会让德国的一部分并入自己的势力圈。① 虽然英国不想看到这种情况发生，但是为了能让苏联继续奋力与德国作战，也只能这样做。从另一方面来看，三大国事先划分好自己的占领区，也可以限制苏联进一步在德国扩张占领区和势力范围。

就美国方面来说，起初它对三大国分区占领的态度有所保留。5 月 25 日，当英国询问美国关于占领德国的态度时，美国代表诺曼·戴维斯（Norman Davies）表示，"美国担心三大国分区占领德国将会产生各国的势力范围问题，从长远来看，这不利于促进三大国之间的协调一致。"同时，他还认为，战后苏联将会对德国人民采取比英美更加严厉的政策，而实行"混合占领"则有利于共同执行对德国人民的统一政策。② 但是，美方的态度并不是很坚定、很明确，而英国向他们提出将在战后建立联合国家欧洲委员会来处理各种战后问题，在德国占领问题上也要以联合国家的名义和根据联合国家的有关政策进行。也就是说，将来与德国有关问题的决议和政策还是由三大国共同制定和执行，这样的话美国对占领区成为占领国势力范围的担心就大大减轻。所以，美方官员的最终表态使艾登和英国政府都感到美国会同意英国的基本政策。③

此后，英国参谋长委员会制订了德国被分为三个占领区，由英美苏三大国分区占领的计划。该计划于 1943 年 12 月得到内阁批准，④ 然后交给欧洲咨询委员会的英方代表同苏美两方进行商议。1944 年 1 月 15 日，英国在欧洲咨询委员会的代表威廉·斯特朗（William Strang）向委员会提交了题目分别为《德国投降条约》和《对德国的军事占领》的两份备忘录，第一次正式向美苏等国表达了英国关于德国投降条约和战后处置德国的意见。《对德国的军事占领》备忘录讨论了战后对德军事占领中的两个具体的重要问题：第一，是否在战后对德国实行完全占领的政策？第二，盟国对德国的占领是实行分区占领还是混合占领？⑤

关于第一个问题，有两种意见：一种是战后德国完全由盟军控制；另

---

① CAB 66/37, WP（43）217, Armistices and Related Problems. p. 3.

② CAB 66/37, WP（43）217, Armistices and Related Problems. p. 5.

③ CAB 66/37, WP（43）217, Armistices and Related Problems. p. 3.

④ Trevor Burridge, "Great Britain and the Dismemberment of Germany at the End of the Second World War," *The International History Review* 4（1981）: 576.

⑤ 这两份备忘录的全文收录于 *Foreign Relations of the United States Diplomatic Papers*, *1944*, Vol. 1。

一种是盟军只控制部分德国地区（如重要城市和交通枢纽）。《对德国的军事占领》备忘录提出完全占领德国的意见，认为只有盟军完全占领德国，才能在战后对其进行有效控制，才能完成联合国家战后处置德国的任务：防止德国国内发生混乱；完全解除德国的武装；消灭纳粹组织及其战争机器；等等。[1] 另一种，反对完全军事占领德国的意见认为，完全占领德国会给战后盟国带来巨大的人力和物力方面的负担；而且，完全占领德国在德国人看来是一种屈辱性的政策，"这将会导致德国人民认为他们自己都被关在一个国家集中营里"。[2] 最后，备忘录的结论是：应该实行完全占领的政策，"只有这样才能保证德国战后能够彻底解除武装，并且消灭军国主义精神"。[3] 关于盟军是实行分区占领还是混合占领，备忘录指出，如果实行混合占领，各个盟国的占领军混编在一起，由统一的司令部来指挥，这样德国就不会被占领国划分为自己的势力范围，而且能够在德国实行统一的占领政策，不会导致盟国之间的冲突。但是实行混合占领也存在很大的麻烦，因为不同国家的军队、不同的指挥机构混合在一起本身就是很困难的一件事，而且在具体行动中也很难一致起来。另外，各国军队混编在一起，很难使各国在占领费用的负担上达成一致，这也会给未来的占领带来麻烦。权衡利弊后，备忘录最后的结论是应该实行分区占领，由英、美、苏三国分别占领德国的一部分，每个占领区内以一个国家的军队为主来实行占领任务，同时其他国家的一小部分军队也可以驻扎在该占领区。三国占领区的划分是这样的：英国占领德国的西北地区；苏联占领德国的东部地区；美国则占领德国的南部地区（见表1）。

表1 英、苏、美三国占领区情况

国家	占领区位置	占领区面积（平方英里）	占领区人口（百万人）
英国	德国西北部	57450	22.5
苏联	德国东部	76600	22.3
美国	德国南部	47100	15.7

资料来源：*FRUS*, *1944*, Vol. 1, p. 152.

英国的提案得到苏联的基本认可，1944年2月，欧洲咨询委员会的苏

---

[1] *FRUS*, *1944*, Vol. 1, pp. 141 – 142.

[2] *FRUS*, *1944*, Vol. 1. p. 144.

[3] *FRUS*, *1944*, Vol. 1. p. 147.

联代表古谢夫接受了英国所拟计划。在同年 9 月召开的魁北克会议上，美国和英国就具体的占领区划分方案达成一致。在这次会议上，美国一开始不同意英国分配占领区的计划，借口是占领德国南部"可能使美国卷入巴尔干事务"。[①] 后来，英国答应将德国西北部的不来梅和不来梅港划给美国作为占领区后，美国才答应了英国的占领区划分方案。在 1945 年 2 月的雅尔塔会议上，苏联与英、美正式达成了占领区划分方案，只不过在雅尔塔会议上三国占领变为四国占领，法国在德国也得到一块占领区。根据雅尔塔协议，法国的占领区从英国和美国占领区中划出，[②] 同时成立一个盟国管制委员会，由各国占领军的总司令组成，盟国管制委员会的所在地柏林为特区，置于三大盟国的共管之下。雅尔塔会议上最终对德军事占领的相关问题将在第二章中进一步论述。

在这里还要指出的是，英国政府为什么如此划分三大国的占领区？原因有三，首先，考虑到当时苏联是在欧洲大陆与德国作战的主要国家，所以分给苏联的占领区是最大的，而且苏联占领区的人口和各种资源特别是农业资源也是比较丰富的，英国的这种划分方法可以显示对苏联的"慷慨"。其次，将工业基础比较发达的德国西北部作为英国占领区，可以使英国自己在战后控制德国的工业，并且利用这里的工业资源来恢复本国的工业实力。最后，之所以将德国南部地区划为美国的占领区，一方面是因为美国对占领德国的兴趣不高，而这片占领区最小，人口最少，这样美方会乐于接受；另一方面是因为英国希望战后美国能在欧洲特别是在德国保留一定的军事力量，这样既能防止德国东山再起，又能在欧洲驻扎一支将来对抗苏联的力量。当时有个有趣的说法是：英国得到工业，苏联得到农业，美国得到风景。[③] 英国的这一军事占领政策无疑体现了英国旧有的划分势力范围的思想，但同时也要看到，英国的三国占领区划分方案提出之后，苏联和美国等国家在接受的过程中基本上没有发生太大的争议，这说明战后对德国分区占领的政策是符合三大国共同利益的。

---

① 《战后世界历史长编》编委会编《战后世界历史长编（1945.5—1945.12）》，上海人民出版社，1975，第 140 页。

② 〔苏〕萨纳柯耶夫、崔布列夫斯基编《德黑兰、雅尔塔、波茨坦会议文件集》，第 192 页。

③ Trevor Burridge, "Great Britain and the Dismemberment of Germany at the End of the Second World War," *The International History Review* 4 (1981): 577.

二 英国战后恢复德国经济的政策：从希望到失望

对于战后德国的经济政策，英国认识到，战后要防止德国东山再起威胁世界安全，一方面要在经济上消灭德国的军事工业部门，限制德国的制造工业、化学工业、精密仪器工业等可能会用于军事的产业；但另一方面，英国最担心的是战后德国在经济上出现混乱和动荡。甚至可以说，英国政府对战后德国可能出现的经济衰败问题的担心远远大于它对限制德国工业能力的担心。

英国战时内阁副首相克莱门特·艾德礼在 1944 年 7 月 11 日向停战与战后事务委员会①提交的一份备忘录中指出，战后要避免德国出现混乱，要帮助德国人恢复经济和社会秩序，并为他们提供食物。这是因为"我们想要德国能够支付战争赔款，我们想要尽量减轻占领军的负担，而且我们认为德国经济的复兴对于欧洲的经济繁荣是非常重要的"②。艾登随后对此也表示同意，在与艾德礼一起参加的委员会议上，艾登说道："我们的主要目标是：德国非军事化，消灭纳粹党，从德国获得最大的物资和劳力来进行各种重建。……很明显，德国经济上的混乱会导致德国既不能给我们带来物资也不会给我们提供劳力。在经济混乱的情况下我们不可能达到我们的政治目标，而且经济萧条曾经是德国纳粹滋生的主要原因之一。"③ 总之，艾德礼和艾登都认为战后一个经济混乱、破败的德国既不能给战胜国提供赔偿，又会成为阻碍欧洲经济恢复的负担，这都不符合战后英国的利益。英国政府认为，如果战后德国出现经济上的动荡和萧条，就有可能在政治上导致新的不安定因素的产生，并进而威胁欧洲乃至世界的安全，因为当年希特勒的纳粹党就是在经济大萧条的背景下上台统治德国的。另外，战后欧洲的重建需要德国的资源和工业潜力，经济上衰败不堪的德国无法承担欧洲复兴的重任。

但是，到 1944 年时，英国政府关于战后德国的经济政策在很大程度上要看美国人的态度。由于此时的英国在经济和财政上已经严重依赖美国的援助，而欧战结束后美国又有可能削减甚至停止《租借法案》规定的经济

① 停战与战后事务委员会（The Armistice and Post-War Committee），战时内阁在 1943 年夏成立的委员会，由副首相艾德礼领导，专门研究如何处置战败后的德国。

② Llewellyn Woodward, *British Foreign Policy in the Second World War*, Vol. V（London：Her Majesty's Stationery Office, 1976），pp. 212 – 213.

③ Llewellyn Woodward, *British Foreign Policy in the Second World War*, Vol. V, p. 213.

援助。英国担心这样的事情发生，所以不得不在一些问题上听从美国的意见。

1944 年 9 月 11—16 日，英美政府首脑在魁北克召开了第二次英美魁北克会议。此次会议的一个重要议题就是战后处置德国问题。在会议上，罗斯福提出了战后旨在经济上彻底扼杀德国的摩根索计划。该计划由美国财政部长亨利·摩根索（Henry Morgenthau）制订，其主要内容有：消灭德国的冶金、电器、化学等大部分工业，关闭德国的鲁尔、萨尔工业区，把德国变为"田园式的农业国家"。① 实际上，在会议开始之前，英国外交部就提醒丘吉尔，罗斯福有可能在会上提出战后严惩德国经济的政策，而且他们还希望丘吉尔能在会议上劝说罗斯福放弃这样的对德政策，因为"我们虽然要尽力去根除和摧毁整个纳粹体系，但是一个饥饿和破产的德国对英国和欧洲来说都不是好事"。② 于是，当美国方面向丘吉尔提出摩根索计划的时候，他表示强烈反对，说"这是把他自己绑在一具德国僵尸上，这计划太残酷，太不人道了"。③

摩根索计划中最让丘吉尔感到担忧的就是战后要消灭大部分德国的工业。这是因为，首先，战后欧洲的复兴离不开德国的工业以及煤铁资源，一旦按照计划实施，消除德国工业，关闭矿山、煤井无疑将会给欧洲的复兴带来很大麻烦。其次，在这次魁北克会议上，美英首脑还划分了战后各自在德国的占领区，而鲁尔、萨尔等工业区划由英国占领，摩根索计划的实施使英国不仅不会从占领区中得到德国工业生产的好处，而且还会大大增加英国的经济负担，因为这些工业区都是德国人口密集的地区，战后怎样养活这里的人口会成为英国十分头痛的问题。最后，丘吉尔还担心国内民众是否会支持摩根索计划。他认为英国民众虽然痛恨纳粹法西斯，但是如果战后摧毁德国的工业经济，降低德国人的生活水平，则会引起英国人的同情甚至是对这种做法的不满。因此丘吉尔说，在 5 年的时间内，当英国人的热情消退之后，人民不会支持压迫的政策。④

然而，丘吉尔的态度在 9 月 15 日又来了一个 180 度的大转弯，他基本

---

① George Mejimsey, ed., *The Documentary History of the Franklin D. Roosevelt Presidency*, Vol. 41, *The Morgenthau Plan of 1944*, pp. 209 – 210.

② Llewellyn Woodward, *British Foreign Policy in the Second World War*, Vol. V, p. 223

③ George Mejimsey, ed., *The Documentary History of the Franklin D. Roosevelt Presidency*, Vol. 41, *The Morgenthau Plan of 1944*, p. 208.

④ *FRUS*, *Conference at Quebec*, 1944, p. 325.

同意了摩根索计划。促使丘吉尔态度转变的是摩根索提出英国在欧战结束到日本投降期间会得到 35 亿美元的租借援助，还将获得 30 亿美元用于非军事用途的信贷。[①] 实际上，在会议期间，由于英国面临巨大的经济困难，急切想讨论欧战和太平洋战争结束后的租借法案问题，但是摩根索表示，"总统要求探讨德国问题，在进行了有关德国问题的讨论之后……他自己将乐于谈论租借法案的问题"。[②] 摩根索明白地告诉英国人：德国问题谈不好，想继续谈租借法案就不是那么容易的事情了。为了获得美国的经济援助，丘吉尔不能得罪罗斯福和摩根索。丘吉尔也知道摩根索计划与英国政府的对德经济政策相去甚远，然而如果这样做能赢得美国人的援助，能让英国摆脱经济困难，那么德国的鲁尔区和萨尔区变成寸草不生的荒漠也总比英国的经济衰败要好得多。艾登在得知丘吉尔同意了摩根索计划后表示强烈反对，[③] 而丘吉尔对艾登说："如果问我，我是为德国人的利益还是英国人的利益，那么我会回答说是为了英国人的利益！"[④]

虽然说丘吉尔在第二次魁北克会议上同意了美方的摩根索计划，但是很明显这是在英国有求于美国的情况下不得已而答应的。况且，丘吉尔很可能也知道美国这样严厉处置德国经济的计划不仅不会得到英国内阁的同意，而且即便是美国政府也有很多不同意见。正如丘吉尔在其回忆录中所写的："这个所谓'摩根索计划'（我没有时间加以详细研究）似乎已经给这些看法下了超逻辑的结论。即使它是切实可行的，我现在仍然认为如果把德国的生活水平这样压低是不对的……使德国'经济田园化'的主张最后在战时内阁开会时没有保存下来，这是在我的完全同意下决定的。"[⑤] 就美国方面来说，美国陆军部和国务院一直以来就反对摩根索计划，第二次魁北克会议后不久，罗斯福迫于压力就收回了对摩根索计划的支持。

英美关于摩根索计划的争议，从结果来看，英国取得了最终的胜利。但是，从这一事件的过程来看，英国战后对德政策的制定在很大程度上受

---

① 〔美〕威廉·哈代·麦克尼尔：《第二次世界大战史大全（5）——美国、英国和俄国它们之间的合作和冲突 1941—1946 年》，第 750 页。

② *FRUS, Conference at Quebec, 1944*, p. 327.

③ 英国外交大臣艾登并没有和丘吉尔一起前往魁北克参加会议，他是在 1944 年 9 月 16 日，即丘吉尔同意了摩根索计划的第二天才来到魁北克。

④ George Mejimsey, ed., *The Documentary History of the Franklin D. Roosevelt Presidency*, Vol. 41, *The Morgenthau plan of 1944*, p. 208.

⑤ 〔英〕温斯顿·丘吉尔：《第二次世界大战回忆录——第六卷胜利与悲剧》，北京编译社译，南方出版社，2007，第 146 页。

制于美国的态度。在第二次魁北克会议上，无论是丘吉尔还是艾登，面对罗斯福和摩根索的咄咄逼人的气势，都深感英国政府"人穷志短"，在对德政策的制定上不得不听从美国的意见。英国之所以有这一"弱势"的表现，从根本上说是由于英国当时国力衰退，无力与美国争锋。当然，从当时的环境来看，由于维护盟国之间的团结，完成对纳粹德国的最后一击是当时的首要任务，因此英国对摩根索计划的妥协也是稳固英美联盟的手段。

在英国政府内部讨论和研究战后对德政策的时候，还有一个回避不开的因素，那就是苏联在战后德国问题上所起的作用。特别是二战进入1944年，苏联红军对纳粹军队取得节节胜利，不仅收复了西部的领土，而且还将战线推移到境外，进入罗马尼亚、波兰、保加利亚、南斯拉夫等国家和地区。照这样的进攻势头来看，苏军不久就会攻入德国境内。因此，英国在德国问题上与苏联的关系，就成为英国政府内部讨论的一个重要问题，为此还发生了一场激烈的争论。

三　是盟友还是未来的对手？——英国政府内部关于苏联因素的争论

战时的盟友苏联在战后是否会成为对手，是这场争论的主要问题。争论的双方是英国外交部和英国参谋长委员会。以艾登为代表的外交部认为战时与苏联的同盟可以延续到战后，苏联的战略利益在于边境的安全和对东欧地区的控制，因此只要满足苏联的利益和要求，英国与苏联之间的同盟关系可以长久维持。早在1942年初艾登就在内阁会议上表示："建立在较好基础上的英苏关系是极为重要的。斯大林不仅仅想和我们签订战时的同盟条约，他也想和我们签订战后合作的协议。……我们应该让俄国人得到在波罗的海国家建立基地的权利。"[1] 1944年4月，艾登在以外交部的名义给丘吉尔的报告中指出：外交部强烈认为苏联不会威胁到英国的利益，战争结束后的几年内，苏联将会寻求与英国的合作政策。苏联的主要任务将是大规模重建和进一步扩展其领土。苏联主要担心的是德国复兴。[2] 8月，艾登在一份分析未来苏联外交政策的备忘录中继续强调不要在未来与苏联发生不和，他指出，"在战后对德国的处置上英国要让苏联感到我们并不想

---

[1]　CAB65/29，WM（42），17th Conclusions，Minute 5，5 Feb. 1942.

[2]　PREM 3，21/5，Report on Probable Post-War Tendencies in Soviet Policy as Affecting Interests，Foreign Office，29 April 1944.

让德国复兴，更不能让苏联怀疑我们和美国会复兴德国以建立一个针对它的欧洲国家同盟"。① 艾登甚至提出，"我们战后欧洲的政策的基础应该是英苏联盟，其目标是防止德国再次发动侵略战争"。② 从以上事实可以看出，艾登希望把战时与苏联的同盟一直延续到战后，这就需要英国在对德国的态度上表现出这样的姿态，即战后英国不会使德国东山再起，更不会把德国拉入西欧的阵营，使其成为对付苏联的前沿阵地。

然而英国参谋长委员会认为，如果战后德国站在苏联一方，那么这对英国来说无异于一场噩梦。1944 年 7 月，参谋长委员会就提出，德国"将会成为维护我们岛国安全的关键……虽然不想这样说，但是很有可能在未来某个时间，我们不得不依靠它（德国）的帮助来对付一个敌对的苏联"。③ 参谋长委员会的态度由此可见一斑，他们认为战后苏联仍然是对英国乃至整个西欧最大的威胁，如果苏联战后进一步控制德国的话，那么它就可以直接面对西欧。在这样的情况下，参谋长委员会与外交部的争论就不可避免了。

争论开始于外交部向参谋长委员会询问其对于战后是否肢解德国以及保证德国战后非军事化等问题的意见。参谋长委员会在 1944 年 9 月 9 日给外交部的报告中说，肢解德国对于防止德国重整军备并再次发动战争具有重要意义，而且更加明确地提出肢解德国可以保证在将来对抗苏联时有利于英国。在报告中参谋长委员会指出："我们首先必须防止德国与苏联联合起来对付我们。……无论如何苏联都不会允许一个重新武装的、统一的德国存在，除非这样的德国被苏联完全控制。因此，我们不能指望用整个德国对付苏联来保卫我们的安全。接受对德国的肢解政策会很有利于我们，因为我们可能会逐渐将德国西北部，有可能的话还有德国南部地区都纳入一个西欧集团。这会增强联合王国的防御纵深并且加强西欧集团的战争潜力。"④ 参谋长委员会的意见很明确：肢解德国的好处是不会让一个统一、完整的德国落入苏联手中，英国可以掌握肢解后德国的一部分地区，并将其纳入西欧集团，用于对抗苏联。

针对参谋长委员会的意见，艾登在 9 月 20 日向停战与战后事务委员会

---

① CAB66/53, WP（44）436, Soviet Policy in Europe, p. 1.

② CAB66/53, WP（44）436, Soviet Policy in Europe, p. 2.

③ Trevor Burridge, "Great Britain and the Dismemberment of Germany at the End of the Second World War," *The International History Review* 4（1981）: 570 – 571.

④ Llewellyn Woodward, *British Foreign Policy in the Second World War*, Vol. Ⅴ, pp. 203 – 204.

提交的报告中强烈反对从对抗苏联的角度来考虑德国问题。他指出:"如果我们以德国会成为反苏阵营的一部分这样的心态来准备我们战后的计划,那么我们就会很快放弃维持英苏同盟的希望,而且不久我们就会鼓励放松非军事化,以及其他我们认为很重要的防范未来德国侵略的措施。"① 该报告还进一步指出:肢解德国所带来的好处是不切实的。德国人对肢解政策不能接受,而且英国和美国的人民也不愿意强行对德国实行肢解,英美人民会认为肢解德国是不公平的。另外,如果要强行实施肢解政策的话,英国就需要更多的训练有素的工作人员,因为德国的官员会拒绝与英国合作,这会导致英国必须直接管理德国。②

在停战与战后事务委员会讨论艾登的报告之前,参谋长委员会在 10 月 2 日给外交部写信,认为外交部的观点不能令人信服,对肢解德国的政策仅仅是针对德国的观点提出了质疑。信中说:"如果我们现在实行任何有碍于保持三大国紧密关系的政策,那我们是非常愚蠢的。但是参谋长委员会的职责是考虑所有严重的可能性。我们不能不考虑到⋯⋯俄国会走上征服世界的道路,就如同它(苏联)之前的那些大陆国家一样。"信中还对外交部的指责表示不满,认为外交部的反对意见妨碍了参谋长委员会为帝国防务出谋划策。③

鉴于外交部和参谋长委员会的争论如此激烈,在停战与战后事务委员会的撮合下,这两个部门在 10 月 4 日召开了一次讨论会。会上英国副外交大臣助理奥姆·萨金特(Orme Sargent)再次表达了外交部的意见。外交部认为,虽然有可能在将来成为敌人,但是今后长时期内英苏之间不会爆发战争。在此期间,英国的政策是建立在稳固英苏同盟和努力发展与苏联的友好关系的基础之上的。因此绝对不能让苏联知道参谋长委员会正在设想与苏联可能发生战争,或者英国企图建立反苏阵营,更为要紧的是,不能让苏联知道英国意图把德国或者一部分德国作为其对抗苏联的工具。为了防止以上不利局面的出现,萨金特指出:"如果政府部门中很多官员有这样的想法或者在文件中体现这种想法,这将是我们最不愿意看到的情况。"④可以看出,外交部此时最担心的是参谋长委员会对抗苏联的设想会扩散到

---

① Llewellyn Woodward, *British Foreign Policy in the Second World War*, Vol. Ⅴ, pp. 204 – 205.

② Llewellyn Woodward, *British Foreign Policy in the Second World War*, Vol. Ⅴ, p. 205.

③ Llewellyn Woodward, *British Foreign Policy in the Second World War*, Vol. Ⅴ, pp. 207 – 208.

④ Llewellyn Woodward, *British Foreign Policy in the Second World War*, Vol. Ⅴ, p. 209.

整个英国政府内部，进而被苏联方面察觉。此时，战争到了最后时期，如果苏联知道英国有想利用德国来对抗自己的想法，一方面这会影响英美苏三大国团结，另一方面苏联有可能会与德国单独媾和或者独占德国，这些都是英国外交部极不想看到的状况。因此，艾登在此次会议上建议在政府内部发布一个警告，其大致内容是不要对关于苏联的议题进行草率的讨论。①

最终，争论的双方在会上达成妥协：外交部撤回之前交给停战与战后事务委员会的报告，参谋长委员会也撤回给外交部的那封信件，并且双方都同意重新研究该问题。艾登将把这两派意见的争论情况报告给内阁和首相，向其说明在肢解德国问题上政府内部存在分歧和争议。双方都认为在战后时期关于苏联的政策上存在两难境地，而且目前也没有相应的解决方案。在得到战时内阁指示之前，参谋长委员会要在最小范围内进行把苏联作为假想敌的讨论，并散发相关的文件。从这个结果上看，外交部占了上风，而参谋长委员会的意见在一定程度上被压制了。正是在这样的国内背景下，丘吉尔踏上了访问莫斯科的行程。

四　丘吉尔与苏联商讨肢解德国的政策

1944 年 10 月，丘吉尔访问莫斯科，其间与斯大林、莫洛托夫等苏联领导人交换了关于战后肢解德国的意见。在丘吉尔与斯大林商讨之前，负责研究战后肢解德国计划的欧洲咨询委员会的英国代表威廉·斯特朗在给外交大臣的报告中分析了当时苏联对于肢解德国的态度。他在报告中指出：虽然斯大林在德黑兰会议上要求战后把德国肢解为几个部分，但是现在的一些迹象表明，苏联政府并不倾向于肢解德国。斯特朗所谓的"迹象"指的是以下四点：（1）苏联的一些报纸认为战后德国有一个中央政府对战后管理德国会很有效；（2）有些苏联报纸甚至提出要建立一个统一、完整的新德国；（3）欧洲咨询委员会中的苏联代表古谢夫在讨论中曾说，如果我们来到德国后发现没有一个中央政府的话，我们应该重建一个；（4）塔斯社有评论说，欧洲咨询委员会还没有考虑和制订肢解德国的计划，而且据说美国国务院和英国外交部对肢解德国的政策存在很大争议。② 斯特朗在该报告的最后又提出了另一种可能，即苏联的这些反对肢解德国的"迹象"

---

① Llewellyn Woodward, *British Foreign Policy in the Second World War*, Vol. Ⅴ, p. 210.

② PREM 3, 192/2, Note by Sir W. Strang, Foreign Office, 5th October, 1944.

仅仅是烟幕弹，是为了削弱德国的抵抗意志来减少苏联军队的损失，苏联实际上并不反对肢解德国，只是不愿意让欧洲咨询委员会来制订肢解的计划。① 由于这份报告得出的两个截然不同的结论，所以从当时的情况来看，可以视为斯特朗没有结论。但是英国政府倾向于该报告中所提到的苏联并不是真心反对肢解德国的结论的，因为斯大林在 10 月 9 日与丘吉尔的会谈中说："（德国）将来必须被分割掉。"② 当然斯特朗的第一个结论，即苏联可能不打算肢解德国的结论也并不是空穴来风，这一点将在后文中进一步讨论。

当丘吉尔与斯大林在 10 月 17 日商谈德国问题时，他确实感到斯大林还是希望战后德国被肢解。斯大林在会谈中希望"鲁尔、萨尔分离出来并且停止生产，有可能的话要置于国际共管之下；在莱茵兰地区建立一个单独的国家"。③ 对于苏联和斯大林方面的要求，丘吉尔立即表示了同意。但当时英国政府内部对肢解德国存在争议，也还没有制定明确的相关政策。就在与斯大林会谈之前，丘吉尔收到一份关于德国政策的简报，其中就指出"参谋长委员会倾向于肢解……外交部对此的初步结论是肢解是不可行的，因为这不仅在人力和经济上无法得到保证，而且也会遭到德国人民的反对。……英王政府还没有对该问题做出任何决议"。④ 然而，丘吉尔还是爽快地同意了斯大林关于肢解德国的要求。显然，丘吉尔在这样做之前并没有同战时内阁进行商议。丘吉尔之所以这样做，主要是因为斯大林基本上同意了丘吉尔的"多瑙河联邦"计划。在会谈中，斯大林一反他此前的观点，表示"愿意看到维也纳成为包括奥地利、巴伐利亚、符腾堡和巴登在内的南德意志国家联邦的首都。但同时表示匈牙利绝对不能加入这样的联邦之中"。⑤ 斯大林除了没有同意把匈牙利纳入"多瑙河联邦"，在其他方面基本上同意了丘吉尔的方案，这无疑使丘吉尔非常高兴。作为对斯大林的回报，他立即表示同意苏联肢解德国的意见，同时丘吉尔也有所保留地指出，肢解德国的问题应该得到更详细的研究，并且要在不久召开的苏美英三国首脑会议上做进一步讨论。

虽然丘吉尔对苏联肢解德国的要求表示同意，但是战时内阁成员特别

① PREM 3，192/2，Note by Sir W. Strang, Foreign Office, 5ᵗʰ October, 1944.
② PREM 3，192/2，Brief. Long Term Policy for Germany, 17ᵗʰ October, 1944.
③ PREM 3，192/2，HEARTY No. 264, NOCOP, 21ˢᵗ October, 1944.
④ PREM 3，192/2，Brief. Long Term Policy for Germany, 17ᵗʰ October, 1944.
⑤ PREM 3，192/2，HEARTY No. 264, NOCOP, 21ˢᵗ October, 1944.

是外交大臣艾登仍然反对战后肢解德国的政策。1944 年 11 月 27 日，艾登在向内阁和停战与战后事务委员会提交的备忘录中质疑强力推行肢解德国的政策，他认为肢解德国不是长久之计，而且也会遭到德国人民的反对；而保证德国不再发动侵略的长久之计是让德国在战后实现非中央化，在政治体制上实行联邦制和地方分权；虽然完全肢解德国是不可行的，但是可以部分肢解德国，也就是把普鲁士分离出去，并且将分离出去的普鲁士地区进一步肢解为若干个小的国家。① 1945 年 1 月 4 日，丘吉尔在给艾登的回复中解释说，很明显，英国公众的意见反对对德国实行"温和的和平"，而且盟国中也有类似的态度。所以现在不要对有关德国的基本政策做出决议，而是要等到公众情绪冷静下来，同其他盟国商议后再做决定。②

第三节 本章小结

在总结英国 1943 年对德政策的制定情况时还可以发现，这一时期是英国制定对德政策的开始，很多方面都没有涉及具体的政策，仅仅就怎样在战后防止德国再次发动战争而提出了一些原则性的意见。在这样的情况下，英国在与苏联、美国就战后对德政策方面进行协商时就不可能提出自己完整的、具体的战后对德政策。因为整个 1943 年是盟国同纳粹德国战争最为紧要的一年，如何制定战后对德政策并不是这一时期的主要任务。

1944 年，英国关于处置战后德国政策的讨论和制定比 1943 年有了更进一步的深入，英国已经制定出了战后对德国军事占领的指导政策，并且同苏、美等主要盟国进行了商议，基本确定了对德军事占领的相关政策。另外，英国对德政策的制定从政治方面扩展到战后对德国的经济政策。总之，英国政府对战后德国政策有了进一步全面、系统的考虑。

这一时期英国对德政策出现了两个基本指导思想。第一，英国政府内部越来越多的人认为战后处置德国的政策不能太严厉。比如，以艾登为代表的外交部方面一直以来在肢解德国以及经济上对德政策方面保持谨慎态度，这在上文中已经有所论述。再如，时任副首相以及停战与战后事务委

---

① PREM 3, 192/2, Confederation, Federation and Decentralization of the German State and the Dismemberment of Prussia, 27th November, 1944.

② Keith Sainsbury, "British Policy and German Unity at the End of the Second World War," *The English Historical Review* 373 (1979): 796.

员会主席的克莱门特·艾德礼也反对将德国彻底削弱。当丘吉尔从德黑兰会议回来后表示苏美英三国已经达成战后肢解德国的协议时，艾德礼立即上书说道："我不记得我们曾经做出这一决定。就我自己来说，我是希望对德国实行非中央化并且分割其部分领土，但是我怀疑战胜国使用强力肢解德国的做法。"① 另外，艾德礼也是当时反对摩根索计划的内阁大臣之一。当然，英国政府内部也有要求战后肢解德国的意见，这以参谋长委员会最具代表性。虽然参谋长委员会希望战后肢解德国，但这是为了防止苏联全面控制德国进而向西扩张的一种政策，况且他们还有意要把肢解后的德国的一部分纳入西方同盟的阵营。

第二，倾向于战后在德国问题上与苏联合作。正如上文中所论述的那样，外交部和参谋长委员会在对待苏联的问题上有不同的看法。在对苏联的态度上，艾登也强调维护战时的同盟关系是英国外交战略上的重要目标，并且希望将这种联盟延续到战后。参谋长委员会从军事力量和未来英国国家战略安全的角度，把苏联当成战后英国乃至整个西方的威胁，并且以肢解德国的政策来作为遏制苏联向西扩张的办法。这两种不同的主张体现了当时英国政府所面临一个困境：为了取得战争的胜利，要维护同苏联的盟友关系，但是由于历史以及意识形态方面的原因，英国对苏联又有很大的不信任感，而且随着苏联在欧洲战场上的节节胜利，这种不信任感进一步发展为对苏联以及共产主义的担心和惧怕。1944 年的时候，英国政府对苏联仍然表现出友好、合作，对于战后针对苏联的政策虽然也有所研究和讨论，但是正如对待参谋长委员会的意见的做法那样，这样的研究和讨论被限制在极小的范围内。

第三，作为英国内阁首相的丘吉尔的态度也要在此讨论一下。在对德政策的研究和制定上，丘吉尔对内阁中的各种意见没有表示明确的支持和反对。首先，这是因为战后德国问题是一个十分复杂的问题，需要一定时间来研究和制定；其次，战争的形势以及战后未来国家关系格局还有很多不明朗之处，这对战后对德政策的走向有着重要的影响；最后，内阁成员对战后处置德国的政策有许多不同意见，这些意见需要进一步分析与整合，此时作为内阁之首，丘吉尔没有反对或者支持某种意见，这样既可以让政府、内阁的成员畅所欲言，献计献策，又可以在以后的对德政策制定上留

---

① Elizabeth Barker, *Churchill and Eden at War* (London：Palgrave Macmillan, 1978), p. 209.

有余地。对外部来讲，丘吉尔在德黑兰会议上同意了苏美英三国关于战后肢解德国的政策；在第二次魁北克会议上同意了旨在彻底削弱德国的摩根索计划；在 1944 年 10 月访问莫斯科期间又同意了斯大林分割德国的计划。在这些国际外交场合可以明显看到，丘吉尔以及英国方面往往是被动地同意和答应美苏的计划，缺乏主动性。英国之所以有这种表现，其原因有二：一方面，英国实力较弱，在一些重大问题上不得不听从美苏两国；另一方面，从维护战时同盟的角度来看，丘吉尔对美国和苏联都采取了妥协和让步，希望在一定程度上通过满足美苏的国家利益来维护三大国的同盟关系。

第二章　从雅尔塔到波茨坦：二战结束前后
英国对德政策的初步变化

从 1945 年 2 月雅尔塔会议到 7 月的波茨坦会议，纳粹德国战败投降，盟国赢得战争胜利。在这一时期，英国在处理战后德国相关政策上，如对德索取赔款政策、德国的肢解问题、战后法国在处理德国问题上的作用等开始与苏联、美国、法国等主要盟国展开讨论和协商。此时同盟国在欧洲共同的敌人消失了，东西方之间的矛盾、大国之间的矛盾慢慢开始显露出来。

第一节　英国在德国赔偿问题上的
政策及其与苏联的争论

鉴于纳粹德国给许多国家带来的战争损失，战后向德国索取战争赔偿来弥补这些损失就成为同盟国之间在战争即将结束的时候不得不讨论的问题。

一　雅尔塔会议前英国对德国赔偿问题的态度

早在 1941 年底，英国政府内部就开始对德国赔偿问题进行讨论。1941 年 12 月 5 日，英国财政部在一份备忘录中提出了赔偿的方式、时间、限度和数目等。其主要内容是：在支付形式上，赔偿不应以现金来支付，而应以实物形式支付；在时间上，认为支付赔偿的时间应在五年以上，这样就可以给德国提供足够的恢复时间。该备忘录同时认为不要对德国索取大量的赔偿，所要求的补偿只能限制在"被占领国遭受掠夺"的范围内。[①] 但是

---

① John Maynard Keynes, *The Collected Writings of John Magnard Keynes*, Vol. XVI., *Activities 1941 – 1946：Shaping the Post-War World：Bretton Woods and Reparations* (London：Palarave Macmillan, 1980), pp. 18 – 19.

财政部的意见遭到贸易部的反对，而且在反对财政部计划的基础上，贸易部还提出了一个"倒置的赔偿计划"，即在赔偿政策制定过程中，英国应先把自己看成为"胜利的希特勒"提供建议的专家，从德国的角度制订出一个用来处理"战败的英国"的计划，然后将该计划的主客体完全倒置过来，同时再附加上盟国可能要求的赔偿条款，从而形成英国关于德国战后赔偿的计划。同时，贸易部还希望应该尽量多地从德国获取赔偿。① 从这里可以看出，财政部和贸易部代表了当时英国政府内不同的对德政策派别。财政部希望不要过分削弱德国，因而在赔款问题上不要求对德国过于苛刻，而贸易部则代表了战后要严惩德国的思想，因此在赔款问题上要采取"以其人之道还治其人之身"的策略。

　　1942 年 11 月，在外交部法律顾问麦尔金爵士领导下组成了讨论战后德国赔偿问题的"麦尔金委员会"（Malkin Committee），该委员会由外交部、财政部、贸易部、海军部的代表组成，允许其他政府官员参加相关讨论或者提交报告。该委员会经过讨论，让英国经济学家凯恩斯起草了一份报告，称为《麦尔金报告》。该报告详细列举了要求德国支付赔偿的 7 种方式：（1）一次性搬运金融或资本财产；（2）一次性搬运原材料或制造业生产原料，紧缺材料；（3）从当年产出中每年以实物形式运送；（4）组织德国劳动力在盟国国内进行劳动生产任务；（5）用于非德国境内的，因特殊任务而提供的非组织性的劳动力服务；（6）在德国境内占领军必需品的供应；（7）每年以现金形式由德国出超量所支付的现金。② 《麦尔金报告》的基本思想是战后不能通过大量索取赔偿来压制德国，而是应该对德国实行有效的经济控制来实现德国的非工业化以及确保欧洲经济安全，并且这样的经济控制应当限定在一定时期内，不要过分延长。由此可见，该报告体现了英国政府内部温和派对待战后德国的意见。但是由于没有考虑战后德国的非军事化、非工业化等问题，该报告不能应对战后对德政策的变化。另外，赔款问题也不是英国政府最为关心的问题，与这一时期英国其他方面的对德政策相似，赔款问题在英国政府内部有所讨论但仍然不是重点，怎样与纳粹德国交战并打败它才是当时英国政府集中精力应对的事情。

　　1944 年 8 月，英国外交部在对"经济和工业计划参谋部（Chiefs of Eco-

---

① 参见田小惠《试析战后德国战败赔偿政策》，《世界历史》2005 年第 4 期。
② Alec Cairncross, *The Price of War: British Policy on Germany Reparations, 1941 - 1949* (New York: Basil Blackwell, 1986), pp. 24 - 33.

nomics and Industrial Plan）关于影响强加给德国的经济债务事宜的报告"[1]
的批示中再次强调战后不能过分削弱德国，德国战后的出口要受到限制，
同时这种限制不能妨碍维持其必要的进口，除非德国经济实现收支平衡进
而出现余额，否则不能要求其支付赔款。[2] 由此看来，英国政府在雅尔塔会
议之前就基本确定了德国赔款问题的基调，那就是索取赔款要建立在保证
战后德国的经济不会因为赔款而被压垮的基础上。在赔款问题上，英国政
府显得比较谨慎和温和。但是，英国的态度遭到苏联的反对。

二　雅尔塔会议上英苏关于德国赔款问题的争论

在雅尔塔会议 2 月 5 日的讨论中，英国就同苏联在德国赔款问题上产生
分歧。在当天的会议上，斯大林首先提出了德国赔款问题。苏联代表马伊
斯基（Ivan Maisky，又译麦斯基）提出了苏联方面的赔偿计划：（1）德国
应使用实物来支付赔偿；（2）德国的实物赔偿采取两种形式，即从德国国
内外的国家资产中进行一次提取，以及战后每年提供商品；（3）通过赔偿
使德国在经济上解除武装，也就是说要没收德国 80% 的重工业设备，没收
德国全部的军工企业；（4）赔偿期限为十年；（5）美、英、苏三国应该对
德国经济实行严格监督；（6）赔偿的优先顺序为这个国家对战胜敌人所做
贡献的大小，这个国家直接物质损失的大小；（7）苏联应获得不少于 100
亿美元的赔偿；（8）详细的赔偿计划应由苏美英三国代表组成的设在莫斯
科的赔偿委员会来制订。[3]

丘吉尔听了该计划后，一方面表示"俄国做出的牺牲比任何其他国家
都大"，另一方面怀疑这样的赔款方案是否可行。[4] 丘吉尔根据一战赔款的
经验认为，首先，一战结束后曾经对德国索取巨额的赔款，但是没有得到
多少；其次，他认为战后德国支离破碎、千疮百孔，是不可能拿出足够的
资产来作为战争赔偿的，特别是根据苏联提出的这一赔款数目；最后，他
认为战后德国还有 8000 万人口食不果腹，如果对德国索取如此巨额的赔偿，

---

① 该报告详细讨论了经济安全、赔偿等问题，反对过分削弱德国，提出在一定时期内实现德
国非军事化的同时必须保证德国经济复兴的基础，要求德国在欧洲要承担经济义务。

② J. E. Farquharson, "Anglo-American Policy on German Reparations from Yalta to Potsdam," *The
English Historical Review* 448 (1997): 907.

③ 〔苏〕萨纳柯耶夫、崔布列夫斯基编《德黑兰、雅尔塔、波茨坦会议文件集》，第 157—
159 页。

④ 〔苏〕萨纳柯耶夫、崔布列夫斯基编《德黑兰、雅尔塔、波茨坦会议文件集》，第 159 页。

到头来谁来养活他们呢？针对这样质疑，马伊斯基对苏联的赔偿方案又做了进一步解释。他说，第一，一战后对德国赔偿计划的失败，根本上是由于赔偿是通过现金支付的方式来进行的，如果要求德国赔偿实物的话就不会这样了，而且美、英、法在德国大量投资，怂恿了德国人不履行赔偿义务。第二，苏联要求的赔偿数额是合理的，是德国可以承受的。第三，苏联政府绝没有让德国人民挨饿的意思，苏联的赔偿计划"始终注意创造条件使德国人民在战后能保持欧洲中等的生活水平……也能够保证这种可能性"。① 丘吉尔又提出向德国索取赔偿应该按照"按需分配"的原则进行，即按照战争损失和国家经济重建的必要性来分配德国的赔款，而斯大林坚持认为应当实行"按功分配"的原则。此后，在 2 月 10 日的会谈中，丘吉尔和斯大林就德国赔款的数额问题又产生了激烈的争吵。苏联方面认为赔偿总额应为 200 亿美元，而丘吉尔反对确定德国赔偿的具体数额。这一次斯大林有些恼火，他公开表示不信任英国人，认为英国人在这次会议上反对苏联的赔偿要求是其要建立一个强大德国计划的一部分。斯大林甚至直截了当地向丘吉尔表示，"如果英国人不愿意俄国人得到赔偿的话，英国人就应该公开说出来"。②

　　美国方面于 2 月 9 日提交了一份德国赔款的方案，该方案和苏联的方案基本一致，美国的态度是基本支持苏联的赔款计划。但是，无论是美国总统罗斯福还是国务卿斯退汀纽斯（Edward Stettinius）都表示，德国赔款的具体数字仅仅是以后协商的基础，其数字只有"名义上的意义"，也就是说战后肯定会让德国赔偿，现在制定的赔偿数额其象征意义大于实际意义。③ 可以看出，在赔款问题上，美国一方面保持与苏联一致；另一方面在英国特别关心的赔款数额上含糊其词，在英苏之间充当调解人，从而尽力使三国会议顺利进行。鉴于美国和苏联的态度，丘吉尔的反对收效甚微。雅尔塔会议最后达成的相关议定书不仅确定了以实物赔偿，按功分配，以及在莫斯科设立盟国赔偿委员会进一步商讨德国赔款问题的方案，而且还规定赔偿总额应为 200 亿美元，其中 50% 应归苏联。议定书中同时保留了英国代表团不提出任何赔偿数字的要求。④

---

① 〔苏〕萨纳柯耶夫、崔布列夫斯基编《德黑兰、雅尔塔、波茨坦会议文件集》，第 162 页。
② *FRUS*, *Conferences at Malta and Yalta*, *1945*, p. 909.
③ 田小惠：《试析战后德国战败赔偿政策》，《世界历史》2005 年第 4 期。
④ 〔苏〕萨纳柯耶夫、崔布列夫斯基编《德黑兰、雅尔塔、波茨坦会议文件集》，第 254 页。

英国代表团在赔款问题上的态度特别是对赔款数额的态度之所以如此坚决，一方面是因为他们不想战后的德国被赔款彻底压垮；另一方面是因为内阁也在会议期间给丘吉尔施加了很大的压力。在和斯大林讨论赔款问题时，丘吉尔多次表明英国战时内阁在赔款问题上给他的余地很小。丘吉尔曾半开玩笑地对斯大林说，在讨论赔偿问题时，他显得不通融，那只是因为他家里有个议会和内阁。如果他们不同意丘吉尔在克里米亚会议上赞同的东西，就可能把他赶下台。① 在与斯大林争执最紧张的时候，丘吉尔在会议上当场宣读了战时内阁发来的一封电报，电报中说：在没有进行具体调查之前，不能确定任何（赔偿）数目，并且 200 亿美元无论如何都是过高了。②

实际上，在雅尔塔会议上，苏美英三国达成的赔款协议仅仅是三方的权宜之计，只是掩盖了三方特别是英国和苏联之间关于德国赔款问题的矛盾。美国支持苏联的赔款方案，这也导致英国在赔款问题的被动局面。然而，随着 1945 年 5 月纳粹德国彻底战败投降，此时才真正到了要求盟国拿出确实可行的战后处置德国的计划的时候。于是，7 月召开的波茨坦会议便成为盟国讨论战后对德政策的重要对话平台，而对德赔款问题则是与会各国特别是英国非常关心的问题。

三 波茨坦会议上英国与"分区赔偿"的赔款政策

在波茨坦会议上，美国在赔款问题上与苏联发生了很大分歧，而且美国对苏联和英国的政策也在悄悄地发生改变。7 月初，一份美国国务院的报告中就提到，美国的政策是"在进一步确定苏联的企图之前，我们应该支持英国在西欧的势力"。③ 在波茨坦会议召开之前，美国就在德国赔款问题上向英国承诺"优先偿付进口原则"，即德国战后生产的各种产品首先用来支付其进口的物资，这也就是英国所希望的德国战后能够实现进出口平衡。有了美国的表态，在波茨坦会议上英国的腰杆就比较硬了。当苏联在波茨坦会议上提出德国和波兰的边界划分问题时，英国就找到了反对苏联关于德国赔款要求的理由。

早在波茨坦会议之前，三大国在德波边界问题上就达成了基本协议：

① 〔苏联〕萨纳柯耶夫、崔布列夫斯基编《德黑兰、雅尔塔、波茨坦会议文件集》，第 165 页。

② *FRUS*, *Conferences at Malta and Yalta*, 1945, p. 902.

③ *FRUS*, *The Conference of Berlin*（*The Potsdam Conference*），1945, Vol. 1, p. 257.

战后波兰边界要向西部移动，一部分德国领土要划归波兰。英国认为，既然一部分德国领土变成了波兰的领土，那么英国就有理由要求苏联减少向德国索取的赔偿。这个问题在波茨坦会议上被提了出来。

在波茨坦会议上，苏联提出以奥得－西尼斯河作为德国与波兰的边界，而且苏联为了能使奥得－西尼斯河作为德波边界的打算获得成功，在赔偿数额上就不再坚持原来的要求。斯大林在会上说，"关于赔偿问题，苏联并不担心，必要时可以放弃"。① 然而，苏美英三方仍然在德国赔偿问题上不能达成协议。苏联不想将自己的占领区以及新划给波兰的原德国土地上的粮食输送给西占区，而且苏联还要求对德国最大的工业区——鲁尔区实行大国共管，这样苏联就能从鲁尔区获得煤炭、钢铁等重工业资源。英国方面则与苏联针锋相对，丘吉尔不仅要求在德国全境平均分配粮食，而且提出如果鲁尔区要给苏联供应煤炭和钢铁，那么苏占区就必须用粮食来交换。② 斯大林和丘吉尔在这个问题上唇枪舌剑，互不相让。

眼见英、苏之间关于赔款的争吵愈演愈烈，美国方面提出了新的主张，即实行"分区赔偿原则"。美国国务卿贝尔纳斯（James Bgrnes）在同苏联外长莫洛托夫③的秘密会谈中提出建议：每个占领国从自己的占领区取得赔偿。就苏联来说，"苏占区拥有约百分之五十的德国国民财富，苏联从其中就可获得自己所需的赔偿……而且苏联还可以使用苏占区的粮食和煤炭来换取西占区生产的工业设备等"。④ 美国"分区赔偿原则"的出现，为缓和苏英之间的矛盾暂时找到了一个可以协商的方案。英国基本接受了这一原则，同时表示德国境内用于赔偿的物资必须保证德国人民最低的生活水平和偿付进口的能力。苏联则进一步要求除了从苏占区获得赔偿外，还要从西占区获得一部分赔偿，西占区的赔偿包括两部分：第一部分是西占区的基本工业设备（可使用的成套设备，首先是冶金、化学和机器制造业设备）的15％，这些设备可以从苏联占领区换回同等价值的粮食、煤炭、钾、木材、陶器及石油制品；第二部分是10％的基础工业设备，而这些是无偿的，

---

① *FRUS*, *The Conference of Berlin*（*The Potsdam Conference*），1945，Vol. 2，p. 217.

② 〔苏〕萨纳柯耶夫、崔布列夫斯基编《德黑兰、雅尔塔、波茨坦会议文件集》，第420—421页。

③ 莫洛托夫时任苏联外交人民委员，相当于外交部长。

④ *FRUS*, *The Conference of Berlin*（*The Potsdam Conference*），1945，Vol. 2，pp. 232–233.

不须做任何交换。① 也就是说苏联答应用苏占区的物资（主要是粮食和轻工业产品）来换取西占区的一部分赔偿。

在最后的《波茨坦会议公报》中，苏美英三国最终确定了以上赔偿原则。另外需要指出的是，公报中关于赔偿方面的大部分内容都是关于苏联对德国索取赔偿的要求，其对苏联获取赔偿的具体形式、交付时间都做了明确规定，而关于美英等国的赔偿内容仅仅用了一句话，即"美国、英国以及有权获得赔偿的其他国家的赔偿要求，将从西部各占领区以及相应的德国国外投资中得到满足"。② 波茨坦会议达成的分区赔偿的协议说明，英美等西方国家与苏联在赔款问题上出现了很大矛盾，特别是英国与苏联的矛盾更为明显。此后，在英国和美国主导下，西方国家在分配战争赔偿的时候一再减少德国赔款和拆迁工厂设备的数量。在 1945 年 11 至 12 月召开的十八国③巴黎赔偿会议上分配的赔偿折合现金仅为 5 亿多美元，其中西占区拆迁工厂设备所得不足 1.5 亿美元。④

英国政府在德国战后赔款问题上一直坚持着较为"温和"的态度，不想通过索取高额赔偿来使德国彻底破产，当然这与一战后德国赔款问题的教训有关，但更主要的是德国战败后苏联成为英国的一个忧患，尤其是苏联在赔款问题上的"强烈欲望"使英国做出相应的反应来抵制苏联的赔偿要求。最后由美国策划的"分区赔偿原则"实际上是英国在不得已的情况下，为了弥合英苏之间的矛盾暂时达成的妥协。英国与苏联争论德国赔偿问题的最终结果是，各国在战后德国赔款问题上出现了各行其是、分道扬镳的局面，从而使战后德国的经济由于执行不同的赔偿政策走上不同的道路，这也预示着东西方各自控制的德国经济不可避免地出现了分裂。

第二节　英、美、苏三方搁置战后肢解德国问题

对于战后是否肢解德国问题，英国在战前的基本倾向是：不要过分肢解德国，尽量保留一个比较完整的德国。尽管在 1943 年底的德黑兰会议上

---

① 〔苏〕萨纳柯耶夫、崔布列夫斯基编《德黑兰、雅尔塔、波茨坦会议文件集》，第 445—446 页。
② 〔苏〕萨纳柯耶夫、崔布列夫斯基编《德黑兰、雅尔塔、波茨坦会议文件集》，第 5131 页。
③ 这 18 个国家包括英国、美国、阿尔巴尼亚、澳大利亚、比利时、加拿大、丹麦、埃及、法国、希腊、印度、卢森堡、挪威、新西兰、荷兰、捷克斯洛伐克、南非和南斯拉夫。
④ 参见田小惠《试析战后德国战败赔偿政策》，《世界历史》2005 年第 4 期。

英、美、苏三大国达成了战后肢解德国的初步协议，但是随着 1945 年的到来，三大国对肢解德国又有了各自的打算，肢解德国问题成为雅尔塔会议和波茨坦会议上讨论的重要问题。在这两次会议期间，英国政府根据国际形势和大国关系的变化，从本国利益出发，同美苏就战后是否肢解德国问题进行了讨论，并最终确定了战后不对德国进行肢解的政策。

一 雅尔塔会议上英国对肢解德国政策的冷淡态度

在雅尔塔会议之前，英国在同苏、美的首脑会议以及三大国首脑会议上，基本确定了战后肢解德国的原则，只是在具体肢解的方案上还有待讨论决定。尽管英国的基本的倾向是不要肢解德国，但是鉴于苏联和美国在这个问题上的强硬态度，英国不得不同意战后肢解德国的原则。如果按照正常的发展脉络，既然在雅尔塔会议之前三大国已经就肢解德国问题达成一致，那么雅尔塔会议就应该进一步明确肢解德国的方案，解决这个长期困扰盟国的问题。但是从雅尔塔会议的相关过程和结果来看，肢解德国的问题又被一语带过，关于究竟怎样肢解德国，三大国还是没有制订出具体方案。

在 2 月 5 日的会议上，斯大林首先提出讨论肢解德国的问题，他再次表态倾向于战后肢解德国。这一次丘吉尔没有表明态度，而是强调决定怎样肢解德国是个很难的问题，而且现在还有很多其他更重要的问题亟待解决。因此丘吉尔建议成立一个机构来研究肢解德国的具体方案。三大国在做出最终决议之前要得到该机构的相关报告。① 斯大林又提出在德国投降条款中加入肢解的内容，并要求三国外长立即召开会议制订出具体的肢解计划。斯大林的建议立即遭到丘吉尔的反对，丘吉尔强调"除了英王陛下政府同意肢解的原则，以及同意准备建立一个讨论该问题的组织外，不能再做任何保证"，然后进一步指出"在这次会议上讨论具体的实行肢解的方法是不可能的"。② 会议的最终结果是让三国外长考虑怎样在投降条约中加入肢解的内容，并且还要商议研究肢解问题的最好方法。显然，丘吉尔在肢解问题上的态度已经与以前不同，而是变得强硬了，这从根本上说明此时的英国已经对肢解德国的问题更加谨慎。

在接下来的外长讨论中，英国外交大臣艾登也反对将肢解德国写进德

---

① PREM3，192 - 2，JASON 190，7ᵗʰ February，1945.
② PREM3，192 - 2，JASON 190，7ᵗʰ February，1945.

国无条件投降书。艾登在会谈中提出尽量不在对德条约中提到"肢解"或者"分裂"这样的词语，这样就可以避免同肢解问题捆绑在一起而失去政策的灵活性。艾登提议在德国无条件投降书中可以这样措辞："采取必要的措施来保证未来的和平与安全，这些措施包括德国完全解除武装，实现完全的非军事化，如果必要的话可以采取解散德国的国家统一体。"① 但是艾登的意见没有得到美国和苏联的支持。美国国务卿斯退汀纽斯要求直接在"非军事化"后面加上"肢解"一词。而在苏联方面，莫洛托夫的态度更加激烈，他提出在德国无条件投降书中插入一段话，"要求三国政府确保肢解德国"。② 艾登坚决反对莫洛托夫的提议。英国和苏联在肢解德国问题上又出现了政策上的不一致。讨论的结果是英苏双方都同意了斯退汀纽斯的意见。在 2 月 7 日下午的首脑会议上，莫洛托夫宣布了外长们讨论的结果，关于肢解德国主要内容是："1. 委托维辛斯基（苏联）、卡多根（英国）和马修斯（美国）拟定德国无条件投降书第十二条的最后方案，要考虑在其中加入'肢解'一词。2. 肢解德国的程序问题交由艾登（英国）、怀南特（美国）和古谢夫（苏联）组成的委员会进行研究。"③

　　雅尔塔会议达成的上述结果达到了英国避免使自身与肢解问题捆绑在一起的目的，最终使英国以后在肢解德国问题上留有回旋的余地。而且三国研究肢解德国的委员会设在伦敦，由艾登担任主席，这对英国来说也是有利的。这是丘吉尔、艾登等英国代表人员在会议上力争取得的结果，然而这样的结果却不能让英国内阁感到满意。在英国代表团向国内汇报了肢解德国的讨论结果后的 2 月 9 日，副首相艾德礼代表内阁表达了对该问题的看法。在给丘吉尔和艾登的电报中，艾德礼虽然表示"理解他们所面临的困难，并且很高兴看到他们为维护我们的利益所做的事情"，但是又提出"在内阁以及停战与战后事务委员会中……都还没有考虑对大部分德意志帝国进行肢解的问题"。④ 因此该电报要求，首先，在内阁对肢解问题做出整体评估之前，英国代表团要避免对此问题做出任何承诺；其次，在将来讨论肢解问题的委员会会议上，"'肢解'一词也仅仅指的是要考察的一系列

---

① PREM3, 192 - 2, JASON 191, 7th February, 1945.
② PREM3, 192 - 2, JASON 191, 7th February, 1945.
③ PREM3, 192 - 2, JASON 228, 8th February, 1945.
④ PREM3, 192 - 2, Extract from FLEECE No. 324, 9th February, 1945.

广泛的可能性"①，也就是说，"肢解"一词并没有确定的含义而是有很多可能性；最后，该电报还提出最好让法国也能出席讨论肢解问题的委员会。从艾德礼的上述电报可以看出，英国的内阁还是希望自己不与肢解德国的政策联系起来，对于将"肢解"加入到德国无条件投降书中一事，内阁显然是不满意的，因此希望在以后的讨论中尽量扩展"肢解"的概念和内容，使英国在这一问题上有更多的余地。此外，将法国拉进肢解委员会也是要平衡美国和苏联的力量。

英国内阁的看法更加坚定了丘吉尔对肢解问题的态度，他在给艾德礼的回电中同意内阁对于"肢解"一词的解释，并且说会议上"所有有关肢解的可能性都能够进行讨论，如果没有形成可行的方案，我们将会保留我们的自由。另外，很明显的是法国，必须加入该问题的讨论当中"。②

尽管丘吉尔及英国内阁已经明白，在德国无条件投降书的条款中加入"肢解"一词已经不可避免，但是他们仍然不甘心，仍然希望能在以后的具体讨论中推动肢解德国问题朝有利于英国的方向发展，并且让法国在肢解委员会中拥有席位，来加强英国方面的力量。经过英国的努力，最终雅尔塔会议关于德国无条件投降书③第十二条的表述为：联合王国、美利坚合众国以及苏维埃社会主义加盟共和国对德国拥有最高处置权。在行使这种权力的时候他们将采取以下步骤，包括完全解除武装，对德国实行非军事化和肢解，以此来维护未来的和平和安全。肢解德国相关进程的研究交由艾登（任主席）、怀南特和古谢夫组成的委员会来进行。该委员会将会考虑法国获得一个代表席位的愿望。④

不过，随着德国迅速走向失败，英国也越来越反对肢解德国。

二 雅尔塔会议后英国反对肢解德国

雅尔塔会议之后，英国政府内部就肢解德国问题再次进行了研究和讨论，他们看到肢解德国的政策前途越来越暗淡，因此在这一问题上，英国一方面延续雅尔塔会议上的原则即同意肢解德国，但要求进行长期、充足

---

① PREM3，192－2，Extract from FLEECE No. 324，9ᵗʰ February，1945.

② PREM3，192－2，Extract from JASON No. 321，10ᵗʰ February，1945.

③ 由于考虑到对德战争还没有结束，为了瓦解德国的士气并且防止纳粹宣传机构利用该投降书蛊惑德国人民抵抗盟军的进攻，投降书的内容没有在雅尔塔会议后的公报中公布。

④ PREM3，192－2，From Protocol of the Crimea Conference，11ᵗʰ February，1945.

的相关研究和论证；另一方面，英国政府内部不想战后肢解德国的意见也越来越强烈。

1945 年 3 月 19 日，艾登向停战与战后事务委员会提交了一份从英国角度看待肢解德国问题的备忘录。尽管在此之前，研究肢解政策的三国代表委员会已经就肢解问题进行了相关讨论，但是没有达成任何具体的肢解计划，而艾登的这份备忘录的出现，则代表了英国政府对肢解政策的态度。虽然该备忘录对肢解德国提出了多种具体政策，如可以将德国肢解为南北两部分或者东西两部分，将德国进一步肢解为更小的几个部分等，但是该备忘录从一开始就指出，肢解德国后会面临很多困难和麻烦。首先，肢解会给将来英国占领德国带来很沉重的负担，因为肢解后的德国各部分很可能出现政治上的动荡和经济的衰退，而为了维护肢解政策，英国不得不卷入德国的事务，特别是杜鲁门总统曾表示美国军队将在战后两年内撤出欧洲，这将加重英国的负担。其次，不管实行怎样的肢解计划，德意志民族历史上联合的传统以及长久以来德国作为一个统一国家的历史事实不可忽视。有鉴于此，战后怎样保证德国各种资源的合理分配，以及避免工业区与原料区的分离将是很麻烦的问题。因此，“一个肢解了的德国很可能不如一个统一的德国能提供更多的赔款”。① 再次，德国的政党以及教会组织会在德国被肢解后零散分布在各个德意志小国家中，他们很有可能成为“鼓动德国民族主义情感的代表”。最后，战后由盟国控制的肢解委员会在对待肢解了的德国的时候，其各种政策和指令会出现不一致甚至矛盾的情况，这将导致德国问题的处理更为容易。② 在该备忘录中，艾登用悲观的口吻评价肢解政策，“虽然（肢解）会作用到德国人民的政治、经济和社会生活中，但是仅通过单一的政策是不能够完成肢解政策的。盟国因此要在一个相当长的时期内保持对（肢解后）各个新国家的控制，并且要严格限制它们之间联合的行为，因此盟国对此的人力付出会不断增长”。③ 艾登的这份备忘录表面是给英国政府提供在肢解委员会上可供参考的肢解德国的计划，但其要旨是告诉英国政府肢解德国的政策是多么不切实际，一定要执行的话会遇到无数头疼的事情。

如果说艾登的备忘录还没有将反对肢解政策的意见表面化，那么财政

---

①　Llewellyn Woodward, *British Foreign Policy in the Second World War*, Vol. Ⅴ, p. 322.

②　Llewellyn Woodward, *British Foreign Policy in the Second World War*, Vol. Ⅴ, p. 323.

③　Llewellyn Woodward, *British Foreign Policy in the Second World War*, Vol. Ⅴ, p. 321.

大臣约翰·安德森爵士（Sir John Anderson）的备忘录则明确提出了反对肢解德国的意见。3月7日，也就是在艾登的备忘录提出之前，安德森就向内阁提交了一份关于对战后德国赔款、肢解等问题看法的备忘录。该备忘录指出了肢解政策的很多弊端。第一，肢解德国的政策会极大地损害德国支付赔款的能力。一个完整的数额巨大的赔款计划应该通过一个完整的德国政府来实行。四大国占领和肢解德国，会使各占领国无法从其他占领区获得赔款，从而不利于今后赔款划分问题的讨论与解决。第二，苏联方面希望战后不仅将东普鲁士割给波兰，在西部德国的工业区建立国际共管机制，还要把完整的德国进行分割，"建立3个或4个独立的德意志国家，并使这些国家在经济上和政治上独立自主，强迫德国保持分裂"，而这"会让我们陷入更加糟糕的境况"。① 第三，安德森认为英国国内和整个英联邦，以及美国的公众决不会同意施行这样的政策，而且如果一意孤行，英国会遇到德国国内越来越强烈的反对。第四，在具体执行肢解政策时将会遇到很大困难。安德森以经济方面为例，指出肢解后的德国是否允许出现关税和贸易的同盟，像应该怎样对待交通和通信这样一些要求"统一"的行业的问题。第五，战后美国和苏联的对德政策不利于肢解政策的执行。安德森说，战后两年之内美国很可能就从欧洲撤军，"两年的时间在（美国）军方看来是实现肢解德国所必要的。但是两年之后，我们不可能一下子就解决德国的经济和政治混乱"。② 另外，苏联占领区将会把柏林地区包含进来，并且可能在这里建立一个亲苏政府，那么"我们至少应该考虑是否建立一个统一的，能够与西欧国家总体经济相适应的德国"。③

安德森的备忘录最后指出，"我们必须确定我们的政策是坚定地基于我们的人民和英联邦的决断，而且施行该政策的手段，无论是物质上的还是财政上的，都必须是我们力所能及的。雅尔塔会议的结果……将会被证明是超出我国以及英联邦的财政能力的，而且英联邦国家也在寻求我们的帮助，这也会妨碍我们领导欧洲的能力。"④ 总之，安德森认为实行肢解政策是超出战后英国的能力范围的，在肢解德国问题上，英国所处的地位极其不利，一方面，苏美两国对肢解德国的兴趣越来越不明显，但单靠一个穷

---

① CAB66/63，WP（45）146，Reparations and Dismemberment，p. 3.
② CAB66/63，WP（45）146，Reparations and Dismemberment，p. 4.
③ CAB66/63，WP（45）146，Reparations and Dismemberment，p. 4.
④ CAB66/63，WP（45）146，Reparations and Dismemberment，p. 4.

弱的英国是无法完成肢解的；另一方面，欧洲的复兴和德国作为一个完整国家有着密切的关系，这是因为一个统一、完整的德国不仅能为欧洲的重建提供支持，而且也是防范苏联向西扩张的屏障。

3月22日，内阁召开会议讨论财政大臣的备忘录。会上艾登基本同意安德森的意见，认为赔款和肢解问题确实要放在一起考虑，而且肢解问题要慎重考虑。一方面，丘吉尔在会上认为赔款和肢解问题可以分开来进行讨论，应根据雅尔塔会议的精神让莫斯科的委员会讨论赔款问题，让伦敦的委员会来讨论肢解问题。关于肢解问题，丘吉尔仍然倾向他所谓的"多瑙河联邦"计划，即孤立普鲁士，"其目标是建立一个南德意志国家，它包括奥地利和南部德意志王国，这些地区可以得到比普鲁士更宽大的对待"。①但是另一方面，丘吉尔也仍然强调，尽管雅尔塔会议达成了肢解德国的意向，但是肢解德国会面临很多困难，因此"肢解德国的问题需要专家们仔细和长期的研究。一年之内或者德国军事力量倒台后，关于这个问题也不会有最终的结论"。②

虽然这次内阁会议最终也没有达成具体的结论，只是提出以后就此问题做进一步讨论，但是从丘吉尔、艾登等人的意见来看，他们对肢解政策越来越不感兴趣，特别是考虑到肢解将会给战后的英国带来许多困难，这使他们对肢解政策更要慎之又慎。特别是随着苏联对肢解德国的态度发生了转变，丘吉尔和英国政府更加不急于研究和制订肢解德国的方案了。

三　三大国肢解德国问题的搁置

雅尔塔会议之后，不仅英国方面对肢解德国的政策不再感兴趣，而且美国和苏联对待战后肢解德国的态度也发生了转变。

美国方面，罗斯福总统一直坚持战后肢解德国的政策。1945年4月12日，罗斯福病逝，杜鲁门继任总统。继任之初，杜鲁门基本沿用了罗斯福时期的外交政策，在德国问题上仍然希望同苏联合作，防止德国再次威胁世界和平。然而这种合作随着德国的彻底崩溃投降以及美国对苏联威胁的日益担忧而逐渐消失。于是，在肢解德国问题上美国不再像以前那样态度明显。在1945年5月作为杜鲁门总统的特使访问莫斯科期间，霍普金斯（Harry

---

① CAB65/51, WM（45），35th Conclusions, Minute 3, p. 2.

② CAB65/51, WM（45），35th Conclusions, Minute 3, p. 2.

Hopkins）告知斯大林"美国对（肢解德国）的态度现在还没有确定"。① 5 月7日，盟军远征军最高司令部在兰斯签署了德国投降的初步议定书，其中没有提到雅尔塔会议关于肢解的内容，也没有在投降书中提及肢解德国问题。1945年6月27日，美国国务院在给杜鲁门的一份备忘录中指出，战后欧洲的状况将有利于共产主义的传播，建议美国政府应及时采取相应的对策。② 美国政府认为战后苏联将会取代德国成为西方的最大威胁，而一个过分弱小的德国不利于战后欧洲局势的稳定。

苏联方面对肢解德国的态度在雅尔塔会议之后也发生了转变。③ 雅尔塔会议后不久，参加欧洲咨询委员会的苏联代表古谢夫就于3月26日向艾登表示，苏联政府认为雅尔塔会议的肢解德国的决定"不是一项必需的分割德国的计划，而是把它看成当其他方法不足以防止德国危害别国时，才对它施加的可能的计划"。④ 这表明莫斯科方面在肢解问题上出现松动。5月12日，英国驻苏联外交官弗兰克·罗伯茨（Frank Roberts）在从莫斯科发给英国外交部的电报中着重指出，斯大林在5月9日的公告中说，虽然三年前希特勒公开宣称肢解苏联的企图，但是苏联"既不打算摧毁德国也不打算肢解德国"。⑤ 实际上，早在1944年底，苏联就发出过不想肢解德国的言论。在电报第一章第二节的最后一部分论述中，苏联的报纸以及外交官员在不同的场合都发表过不想肢解德国的言论。只是在当时的英国人看来，这仅仅是迷惑德国人的烟幕弹。不过雅尔塔会议之后苏联的表现说明，1944年底苏联反对肢解德国的那些言论代表了一部分苏联政府的意见，或者也有可能是斯大林在那时候对肢解德国的问题有一定的保留意见，只是鉴于当时的情形，斯大林还是同意实行肢解德国的政策。总之，雅尔塔会议是苏联方面最后一次正式提出肢解德国的主张，在此之后，苏联逐渐放弃了肢解德国的政策。

美国、苏联的态度使一直以来就对肢解德国政策不"感冒"的英国感

---

① Keith Sainsbury, "British Policy and German Unity at the End of the Second World War," *The English Historical Review* 373（1979）：800.

② 刘同舜编《"冷战"、"遏制"和大西洋联盟：1945—1950美国战略决策资料选编》，复旦大学出版社，1993，第32—34页。

③ 苏联史学界宣称，苏联一直没有分裂或者肢解德国的意向，而且它对英美肢解德国的计划也持否定态度。但是根据苏、美、英三方的相关会议记录，这种说法是不符合历史事实的。

④ 参见于振起《冷战缩影——战后德国问题》，世界知识出版社，2010，第54页。

⑤ PREM3, 192 – 2, Mr. Roberts No. 1837, 12th May, 1945.

到了前所未有的轻松。自二战结束以来，美国和苏联就力挺肢解德国的政策，这使英国在这个问题上非常被动，它既不能反对两个强大盟友的意见，又不能不顾及自身的想法。雅尔塔会议后美、苏态度的转变使英国在讨论德国肢解问题的时候松了一口气。正如上文所说，英国政府内部对于肢解问题的探讨以及做出的相关决定，在某种程度上正是受到了这种"国际环境"和"大国互动关系"的变化的影响。

在波茨坦会议上，尽管三大国不再热衷于讨论肢解问题，但是对战后德国的政治安排也没有制定出相应的政策。三大国对战后德国是分是合都不表态，在波茨坦举行的13次首脑会议中，三大国都没有讨论战后德国是否要重新建立一个统一的主权国家，以及怎样对待这样一个国家的政策。波茨坦会议最后的公报中仅仅说了一句"在占领期间，应视德国为一个统一的经济整体"，① 而且这一句话并不是关于战后德国政治前途方面的安排，而是盟国之间为协调对德经济政策以及赔款等问题提出的。

从上面的论述可以看出，雅尔塔会议之后三大国对肢解德国问题不再感兴趣，而且这也不是它们研究讨论的重点。特别是波茨坦会议之后三大国都忙于各自占领区的事务，而肢解德国问题不能在四大国分区占领的情况下进行研究。当德国这个昔日的敌人成为战胜国的"囚徒"后，往日的盟友之间的隔阂与对立情绪也愈加坚固和高涨，因此在关于是否要肢解德国的问题上，英美苏等国不可能再坐下来慢慢商议，他们要加强在各自占领区的影响力，以求把德国引到自己希望的发展轨道上来。

第三节　英国与德波边界问题

二战爆发后不久，波兰就为纳粹德国所灭，其领土被德国和苏联瓜分。根据盟国之间的协议，波兰要在战后复国，而关于战后如何划分德国和波兰边界问题也成为盟国之间商讨的重要内容。在这一问题上，英国的态度值得探讨。

一　战时英国关于德波边界划分的意见

1939年9月1日，纳粹德国发动对波兰的闪击战。在此之前德国和苏

---

① 〔苏〕萨纳柯耶夫、崔布列夫斯基编《德黑兰、雅尔塔、波茨坦会议文件集》，第511页。

联签订了《德苏互不侵犯条约》，在其中的秘密议定书中苏、德对波兰的领土进行了瓜分。波兰的西部和中部被德国吞并，占国土面积 2/3 的波兰东部并入苏联。战时苏联的态度是，无论如何也不想交出已被并入其版图的波兰领土。早在 1942 年春，苏联外交人民委员莫洛托夫在访问伦敦期间，就要求英国及其他西方盟友承认苏联在 1939 年通过《苏德互不侵犯条约》获取的波兰东部领土（这就意味着恢复旧的"寇松线"①）。在 1943 年的德黑兰会议上，丘吉尔同意斯大林关于将"寇松线"作为战后波兰和苏联的边界线的要求。同时，为了补偿波兰失去的领土，战后德国和波兰的边界线向西移动至奥得河一线。1944 年 11 月，英国外交部的一份关于战后德国东部边界问题的文件中指出，战后德国与捷克斯洛伐克和波兰的边界要重新划分，就波兰方面来说，"应当把东普鲁士、但泽市和上西里西亚的一部分划给波兰"。② 虽然在伦敦的波兰流亡政府一开始拒不接受该计划，认为这是以牺牲波兰的利益来满足苏联的要求，但是在丘吉尔的劝说下，波兰流亡政府最终同意了该计划。此后，丘吉尔明确表态以德国的领土来补偿波兰被苏联占有的领土，他在 1944 年 12 月 15 日的下院讲话中说道："苏联和英国都考虑到要以德国的领土来补偿他们（波兰人），他们的边界向西扩……波兰得到德国东部和北部的领土，这些地区的工业比波兰人失去的东部地区的工业要更发达"。③ 丘吉尔虽然原则上答应波兰边界战后西移，但是还没有具体的划分边界的方案。

二　雅尔塔与波茨坦会议上英国对德波边界的态度

在雅尔塔会议上，三大国就德波边界的具体划分产生争论。争论的焦点是：是否以西尼斯河作为德波边界的一部分。在会上，斯大林提出要以奥得 – 西尼斯河④一线作为德波两国的边界，并且将什切青市划归波兰。而丘吉尔提出波兰西部的边界是：从奥得河入海口起，沿奥得河直到它与尼斯河汇合处，边界是在尼斯河以东。根据这样的方案，什切青和尼斯河以

---

① "寇松线"（Curzon Line）是由英国外交大臣寇松侯爵在 1920 年就波苏战争提出的停火线，原来把利沃夫划归波兰的线称为 B 线。

② *BDFA*, Part Ⅲ, Series F, Europe, Vol. 6, University Publications of America, 1999, p. 260.

③ HANSARD, HC Deb 15 December 1944, vol 406, cc1483.

④ 尼斯河是东西尼斯河的统称。西尼斯河，即尼斯 – 乌日茨卡河，长 252 公里，二战后成为德国、波兰界河；东尼斯河，即尼斯 – 克沃兹卡河，长 182 公里，全部在波兰境内。两河均发源于苏台德山脉，向北注入奥得河。

西地区将继续为德国所有。① 如果像斯大林所提出的那样，以西尼斯河作为德波边界，那么波兰从德国得到的领土将会大大增加。丘吉尔对此提出了保留意见，他说道："波兰只应当有权取得它希望得到并且有能力管理的那么多领土。要是给波兰鹅填满了德国的美味食品，以至于消化不良而死，那就未必合适。"② 实际上英国主要担心的是战后波兰占有了如此多的德国领土，很可能会引起德国的不满和民族仇恨。由于历史上波兰曾经被普鲁士和其他德意志国家征服过多次，丘吉尔担心用不了多久德国便会企图夺回划给波兰的领土，到那时候，波兰很可能重蹈覆辙，再次被德国入侵，由此可能引起战后欧洲长期的不稳定。正如 1945 年 8 月英国外交大臣艾登在下院的讲话中所说的那样："我想对我们的波兰朋友说，上次（1920 年）他们坚持向东扩展是个错误，所以这次（1945 年）我恐怕他们向西扩展也是个错误。"③

另外，由于重新划分德波边界之后，大批的德国人要从划给波兰的领土中迁移出来。当时估计会有 600 万人要迁出波兰，④ 大量被迁移的德国居民势必会进入到西方占领区内的德国，这对于西方国家特别是英国来说将会是沉重的社会和经济负担。

虽然罗斯福和丘吉尔都不愿意将西尼斯河作为德波边界，但是由于苏军此时已经占领了波兰全境，而且英美都答应了苏联关于将波兰边界西移以及以奥得河为边界的要求，这使英国和美国在这个问题上很被动。为了摆脱这种被动局面，在丘吉尔的提议下，会议决定将波兰西部边境问题暂时放到一边，容以后再讨论。因此在雅尔塔会议的最后公报中，有关德波边界问题只被轻描淡写地提到："三国政府首脑承认，波兰北部和西部的领土应有较多的扩展……波兰西部边界的最后划定应留待和会解决。"⑤

波茨坦会议上关于德波边界问题的争论仍然是是否以西尼斯河为德波边界的问题。丘吉尔再次指出如以西尼斯河为界，波兰在西部获得的领土将远远多于其在东部失去的领土。另外，以西尼斯河为界会让更多的德国人迁出这些地区，这也是丘吉尔激烈反对的，他说道："现在要迁移八百

---

① *FRUS*, *The Conference of Berlin（The Potsdam Conference）*, *1945*, Vol. 2, p. 251.
② 〔苏〕萨纳柯耶夫、崔布列夫斯基编《德黑兰、雅尔塔、波茨坦会议文件集》，第 196 页。
③ HANSARD, HC Deb 20 August 1945, vol 413, cc319.
④ *FURS*, *Conferences at Malta and Yalta*, *1945*, p. 717.
⑤ 〔苏〕萨纳柯耶夫、崔布列夫斯基编《德黑兰、雅尔塔、波茨坦会议文件集》，第 248 页。

万人①，这是我不能支持的。"② 最后，丘吉尔考虑到战后德国有可能会出现食物和燃料的短缺，而划给波兰的原德国领土是重要的粮食产区和煤炭产区。这一地区被波兰占有后"将破坏德国的经济状况，并将使占领国在供应德国西部粮食和燃料方面承受过重的负担"。③ 尽管丘吉尔的反对之声很大，但是当时波兰人已经在苏联军队的支持下控制和管理奥得－西尼斯河以东的德国领土，而且也开始了对原来的德国居民的强制驱逐。在这种情况下，美国方面的态度也软化下来，杜鲁门同意奥得－西尼斯河以东的原德国领土归波兰管理。此时，丘吉尔下台，艾德礼继任为英国首相，鉴于以上客观事实和美国人的态度，艾德礼最终表示同意以奥得－西尼斯河作为德波边界。因此，最后的波茨坦议定书中规定："沿奥得河至与西尼斯河汇合处，再沿西尼斯河到捷克斯洛伐克边界，包括……部分东普鲁士和以前的但泽自由市，均由波兰政府管辖"。④

但是英美方面并不甘心在这一问题上完全任由苏联摆布，在最后的波茨坦议定书中，英美坚持要求德波边界的最后确定要留待和会解决，而且还在议定书中使用了"管辖（administration）"一词，而不是"统治（sovereignty）"这样的带有表示主权意味的词语。这就能使英美在承认德波边界问题上留有法律解释的空间，为以后朝着自身有利的方向解决该问题埋下伏笔。

总之，在德国边界问题上，英国在战时就答应了苏联对占有波兰领土并使波兰边界向西移动的要求。这一方面是英国为了维护和巩固与苏联的同盟关系所做出的让步，另一方面也可以使苏联在战后牵制德国，进而防范德国再次发动战争。英国外交部在 1944 年 11 月的报告中就指出："波兰人⑤在苏联的支持下会寻求奥得－尼斯河一线作为德波边界线，在波兰人看来这样可以减少德波边界的长度，防范德国的入侵……苏联可以直接从波

---

① 根据 1939 年的统计，波兰的原德国领土上的德国居民有 958 万人，波茨坦会议上斯大林说，这一地区的德国人很少了，连 200 万也没有，但实际上，二战结束的时候还有 440 万德国人留在奥得－尼斯河以东。参见兰鹏《德波关系中的奥得－尼斯河边界问题》，《德国研究》2002 年第 1 期。

② 〔苏〕萨纳柯耶夫、崔布列夫斯基编《德黑兰、雅尔塔、波茨坦会议文件集》，第 346 页。

③ 〔苏〕萨纳柯耶夫、崔布列夫斯基编《德黑兰、雅尔塔、波茨坦会议文件集》，第 358 页。

④ 〔苏〕萨纳柯耶夫、崔布列夫斯基编《德黑兰、雅尔塔、波茨坦会议文件集》，第 517—518 页。

⑤ 这里的波兰人指的是波兰民族解放委员会，西方也称其为"卢布林政府"。——作者注

兰出兵，进而直接威胁德国的心脏地区"。① 另外，德波边界之所以如此划定，还因为不论是作为苏波边界的"寇松线"，还是作为德波边界的奥得－西尼斯河，都是苏联的力量能完全覆盖的。苏联在同英国、美国商议波兰边界问题的时候，其军事力量在这里已经完全占据了优势，在这样的情况下，英国的反对意见并不被苏联重视。如同国外有的学者指出的，奥得－尼斯河边界问题"不仅揭示了英国在冷战中的地位，而且也说明英国在中欧地区的力量和影响力是有限的，在这一地区想改变边界无疑是超出英国能力范围的"。②

德波边界问题对英国和苏联之间的关系产生了以下影响：对苏联来说，向西扩大了的波兰版图无疑增强了苏联西部的战略防御纵深，进一步削弱德国的力量，减少了来自西部的威胁，这是苏联长期寻求的重大安全利益。而对于英国来说，二战结束不久苏联就完全掌握了波兰，并在波兰建立了亲苏的政府，而且在英国人看来，波兰边界的西移就是苏联及其共产主义向西扩张的重要一步。其结果是，苏联认为它的安全利益遭到英国的挑战，而英国则从反共思想出发怀疑苏联的扩张动机，这导致苏联与英国之间的不信任与隔阂越来越严重。

第四节　英国与法国在德国问题上的联合与矛盾

在战后处置德国的问题上，法国的态度及其作用不可忽视。一方面，就英国来说，战后要维护欧洲的安全和稳定，需要恢复法国的欧洲大国地位，使其能够防范德国重新崛起，这就需要让法国成为继英、美、苏之后的第四个战后占领和管制德国的大国；但是另一方面，由于法德之间长久以来的宿怨，战后的法国必然强烈要求对德国实行严厉的制裁措施，而这又是英国不想看到的。因此，在处理战后德国的问题上，英法两国既有联合又有斗争。

一　英国在雅尔塔会议上为争取法国进入对德管制委员会所做的努力

英国希望战后法国能够恢复欧洲的大国地位，一方面防范德国的重新

---

① *BDFA*, Part Ⅲ, Series. F, Vol. 6, p. 271.

② R. Gerald Hughes, "Unfinished Business from Potsdam: Britain, West Germany, and the Oder-Neisse Line, 1945 – 1962," *The International History Review* 2（2005）: 260.

崛起，另一方面充实西方盟国在欧洲的力量。恢复法国大国地位的一个重要标志就是法国能够在战后处理德国的问题上占有一席之地并发挥重要作用。英国希望法国在战后处置德国方面拥有同英、美、苏同等的地位。

在雅尔塔会议上，丘吉尔不仅主张法国在德国获得一片占领区，而且还要法国参加盟军对德管制委员会（Allied Control Commission for Germany）。在 1945 年 2 月 5 日的雅尔塔会议第二次全体会议上①，丘吉尔建议从英国和美国的占领区中划出一定区域给法国，作为法国的占领区，而且他还特别向斯大林保证："这个占领区在任何情况下都不会影响拟议中的苏联占领区。"② 丘吉尔又进一步提出法国要参加战后对德管制委员会。斯大林虽然不反对法国从英美占领区内获得一个占领区，但是他反对法国加入对德管制委员会。斯大林反对的理由主要有两个：第一，一旦允许法国加入对德管制委员会，那么其他欧洲国家也有可能提出类似的要求，这样的话就会导致战后管理德国事务上的混乱。斯大林更担心的是，如果更多的欧洲国家特别是西欧国家加入对德管制委员会，苏联在对德管制委员会中的地位和作用就会受到冲击。第二，斯大林认为法国在对德作战中的贡献不大，而"管制委员会应该由那些坚决抵抗德国，并且为取得胜利而做了最重大牺牲的国家来领导"。③ 鉴于以上原因，斯大林提出另一个方案：允许法国"协助占领，但其无权参与三大国有关德国的决策"，④ 实际上就是同意法国从英美占领区内获得一个占领区，但是不能加入对德管制委员会。

丘吉尔不满意斯大林的方案，他指出法国在欧洲以及对德问题上地位十分重要，必须让法国加入对德管制委员会。这是因为，第一，法国紧邻德国，并且在和德国人打交道方面有着长期的经验，英国不可能也不想在战后完全承担控制和管理德国的责任，因此一个强大的法国可以成为英国在处理德国事务上的重要帮手。第二，罗斯福总统在会议上明确表示，"美国军队留在欧洲的时间不会超过两年"，而且国会和美国民众也不会支持"在欧洲维持一支数量可观的美国军队"。⑤ 美国方面的这种表态使丘吉尔更有理由要求法国加入对德国的管制委员会，以便在较长的时期内管理和控

①　在英国相关档案中，在第一次全体会议上，丘吉尔就提出要求法国获得占领区并且进入盟国控制委员会，但是根据美国档案文件中的记录，这应该是第二次全体会议上提出的。

②　*FRUS, Conferences at Malta and Yalta, 1945*, p. 617.

③　*FRUS, Conferences at Malta and Yalta, 1945*, p. 617.

④　*FRUS, Conferences at Malta and Yalta, 1945*, pp. 617–618.

⑤　*FRUS, Conferences at Malta and Yalta, 1945*, p. 618.

制德国。第三，法国方面不会接受只给它占领区而不让其加入对德管制委员会的做法，艾登在会议上强调说："如果法国不参加对德管制委员会，它就不会接受在英国和美国占领区中得到一个占领区。"①

苏联和英国无法在法国是否加入对德管制委员会的问题上取得一致，而美国此时的态度却倾向苏联。罗斯福同意斯大林的意见，不让法国参加对德管制委员会，他这样做主要是担心其他国家也提出类似的要求。丘吉尔看到斯大林对此问题坚持己见不肯退让，而罗斯福又偏向苏联的意见，他就提议让三国外长继续讨论法国加入对德管制委员会的问题。在之后的三国外长的讨论中，莫洛托夫和斯退汀纽斯建议将这一问题交给欧洲咨询委员会去解决，但是艾登坚持"现在就讨论这个问题，并且在对德管制委员会里给法国一个席位"。②

在 2 月 7 日召开的全体会议上，丘吉尔再次要求给予法国参加对德管制委员会的资格，同时他还指出，对德管制委员会只是个从属机构，最终还是听命于三大盟国的政府，而法国加入其中对三大国在对德问题上的利益不会造成太大的冲击。至于把这个问题交给欧洲咨询委员会去解决，丘吉尔也觉得不妥，因为"欧洲咨询委员会是一个比较弱的机构，法国也是其中的成员"，如果该问题交给欧洲咨询委员会，则势必会造成以英法为一方与以苏美为一方的对峙僵局，因此该问题必须在此次会议上解决。丘吉尔又进一步向斯大林和罗斯福解释，法国即使参加对德管制委员会也不会削弱三大国在处置德国问题上的优势地位，还可以安抚法国。他说道："在相当的一段时间内，他也不会让法国参加我们的三大国会议，而这样的让步（法国加入对德管制委员会）会在一定程度上满足法国人的自尊心。"③ 虽然斯大林和罗斯福都认为应该在会后再讨论法国的问题，但是由于丘吉尔的坚持，三方同意在会议期间讨论法国的占领区问题。④

由于英国方面对法国加入对德管制委员会的问题态度明确，特别是丘吉尔把法国加入其中的利害关系阐述得非常清楚，这使美国和苏联的态度发生转变。美国看到英国对该问题如此坚持，而且自知会在不久的将来从欧洲撤军，不得不考虑让法国承担更多的管制和监视德国的任务。苏联方

①　*FRUS*, *Conferences at Malta and Yalta*, *1945*, p. 619.

②　*FRUS*, *Conferences at Malta and Yalta*, *1945*, p. 709.

③　CAB66/63, WP（45）157, Record of the Political Proceedings of the "Argonaut" Conference held at Malta and in the Crimea from 1st February to 11th February 1945, p. 40.

④　CAB66/63, WP（45）157, p. 41.

面，斯大林看到法国从英美那里得到占领区已经是基本确定的事情，而且东部德国处于苏军控制之外，苏联对法国获得占领区也采取不了过多的干涉行动，还不如卖给法国一个人情，同意法国加入对德管制委员会。于是，在 2 月 10 日的会议上，罗斯福和斯大林一改之前的口气，表示同意法国成为盟军对德管制委员会的成员。丘吉尔见此机会趁热打铁，提出要在会议的公报上写明法国加入对德管制委员会；艾登更是积极，他建议立即以三大国的名义给法国发报，邀请其参加对德管制委员会。① 这两项建议都得到了美苏代表的同意。

实际上，美国和苏联一开始反对法国参加对德管制委员会的一个重要原因，就是担心法国的加入会开一个先例，从而导致更多的国家特别是战争中的受害国要求参加到对德管制的事务中来。实际上英国也有这种担心，但是法国的情况不同，这一点丘吉尔在雅尔塔会议上已经说得很明白，而且更重要的是，英国坚持这一做法也仅限于法国，对于其他国家类似的要求，英国的反应甚是冷淡。雅尔塔会议之后卢森堡、希腊等国提出向德国派遣驻军，帮助盟国参与战后对德占领、管制等事务的要求都遭到英国的拒绝。② 正因为英国同苏联、美国在这一点上的一致性，苏美两国才能够答应英国让法国加入对德管制委员会的要求，改变之前的三大国占领原则，实行四大国占领。

二 德国鲁尔－莱茵兰地区问题上英国与法国的矛盾

由于法国长期以来与德国有着"深仇大恨"，因此在盟国讨论处置德国问题的时候，法国尤其希望能严惩德国，使之彻底被削弱。法国对待与法国密切相关的鲁尔－莱茵兰地区问题的态度，最能体现其对德国的仇恨和戒备之心。为了摧毁宿敌德国的工业能力，巴黎解放不久后法国临时政府就向英国政府提出将德国的工业中心——鲁尔地区从德国永久分离出来。③但是在波茨坦会议上，三大国对肢解德国的态度已经发生转变，都不再想肢解德国，因此只字不提鲁尔地区的未来，而且还提出在柏林建立中央机构的决定，这让法国很是不满。法国政府驻英国大使马西里（René Massigli）在

---

① CAB66/63，WP（45）157，p. 100.

② *BDFA*，Part Ⅲ，Series L，Vol. 5，p. 334，p. 550.

③ 参见岳伟《战后鲁尔问题与西欧早期一体化》，《武汉大学学报》（人文科学版）2008 年第3 期。

1945 年 8 月 28 日同英国政府有关人员商谈时表示，"在涉及一个中央化的德国的问题上要采取最谨慎的态度"，[①] 同时他建议沿着鲁尔和莱茵兰地区东部划出一条界线，使该线以西的部分包括鲁尔谷地和莱茵河左岸地区不受德国中央行政机构的管辖，对这一地区的具体划分是这样的：（1）法国得到萨尔地区煤矿的所有权，萨尔的领土置于一个特别机构的管理下，而该机构由法国实际控制；（2）法国在莱茵河左岸地区永久驻军，但是该地区的领土不属于法国；（3）莱茵－威斯特伐伦地区由西方盟国控制；（4）从鲁尔北部一直到沿海的地区由英国和荷兰控制。[②] 这实际上就是要求将鲁尔－莱茵兰地区作为一个独立地区存在于德国之外，并且由西方国家负责该地区未来经济、政治和军事方面的管理。

对于法国的要求，英国表面上显得比较冷淡，英国代表奥利弗·哈里（Oliver C. Harvey）一方面向法国表示英国正在研究这个问题，现在不便做出更多的回应；另一方面在会后立即将法国的建议和计划报给当时的外交大臣贝文（Ernest Bevin），并且指出："我们已经相信很有必要在鲁尔成功地建立一个特别政权，该政权在政治上与德国分离，而且很有必要考虑建立一个独立的国家……要使它处在西方大国的控制之下。"[③]可以看出，哈里对法国人的建议表示了一定程度上的支持，实际上这也代表了外交大臣贝文的态度，即愿意将鲁尔地区从德国分裂出去。此时贝文刚刚接任艾登成为英国外交大臣，在对法关系上主张加强同法国的同盟关系。但是，贝文的主张并不能代表整个英国政府的态度。

1945 年 10 月 12 日至 26 日，英法两国进行了关于鲁尔－莱茵兰地区未来地位和管理的商谈。商谈中法国外长皮杜尔和法国驻英国大使马西里提出了法国对未来鲁尔－莱茵兰地区的安排意见，首先，法国最关心的是安全问题，因此决不能重蹈一战后的覆辙，即不能让德国实现统一，成为一个军国主义国家。第二，法国反对波茨坦会议的安排，因为根据波茨坦会议的精神，将会建立一个德国的中央行政机构，而且该机构会建立在柏林。成立这样的中央机构不利于未来对德政策的执行。法国政府不反对由盟国当局统治下的中央机构以及各占领区的行政机构，也不反对协助盟军当局的德国领导人，但是反对各占领区的德国人都听从柏林发出的指令。第三，

---

①　*BDFA*, Part Ⅲ, Series F, Vol. 7, p. 255.

②　*BDFA*, Part Ⅲ, Series F, Vol. 7, p. 258.

③　*BDFA*, Part Ⅲ, Series F, Vol. 7, p. 256.

关于莱茵兰地区，法国政府不要求任何的领土割让，而是谋求在该地区永久驻扎军队的权利。第四，鲁尔地区应该成为一个国际共管的地区，鲁尔和莱茵兰不能组合在一起形成一个新的国家，莱茵兰地区可以由法国、英国、比利时分区占领。第五，法国想得到对萨尔地区的经济控制权，特别是该地区煤矿的控制权。第六，鲁尔地区可以向德国其他地区出口煤炭、工业品，并从德国其他地区进口粮食，但是要严格监管鲁尔区的经济，不能让其生产或者出口用于战争目的的产品和物资。第七，法国最终希望鲁尔－莱茵兰地区都能从德国的版图中分裂出去，从而削弱德国，防止其东山再起。①

对于法国人提出的方案，贝文最初表示"这可以作为英、法双方的军事、财政、经济以及法律专家们进行进一步讨论协商的基础"。② 也就是说，法国人的提案得到了贝文的基本认可。但是，当法国的提案交给英国政府内部各个部门讨论的时候，很多人表示反对。来自英国财政部的大卫·韦利（David Waley）就反对将鲁尔地区从德国分裂出去形成一个单独的国家。他在给外交部的报告中表示，将鲁尔地区从德国分裂出去会带来很多政治上的困难。从经济角度考虑，如果将鲁尔地区变为一个独立的国家，"这样的一个完全依靠工业的国家比起其他国家对于经济危机更加敏感"。③ 另外，他认为将鲁尔地区从德国分裂出去并不能最终削弱德国发动战争的经济能力。因为，鲁尔地区在未来不会被强有力的关税壁垒包围，有可能为了支付从德国进口的物资将自己的资源出口到德国，这样鲁尔地区和德国还是一个经济整体。而法国提出的方案不能使鲁尔地区独立于德国之外，而"我们认为：鲁尔地区应该不依靠德国，但是德国仍然要依靠鲁尔地区，这应该是我们所寻求的维护安全的最好方法"。④ 此外，包括外交部的一些官员在内的很多英国人都反对法国将鲁尔地区从德国分裂出去的要求。因此贝文对法国人的要求不再同情，他在 11 月 16 日给英国驻法国大使达夫·库珀（Duff Cooper）的电报中表示，"现在英国政府对于法国政府所提及的问题不做出明确的表态和决议，现在主要是要研究法国政府的相关计划及其本意，以便于以后英国政府在这一问题上处于有利地位"。⑤

---

① *BDFA*, Part Ⅲ, Series F, Vol. 8, p. 22 – 24.

② *BDFA*, Part Ⅲ, Series F, Vol. 8, p. 22.

③ *BDFA*, Part Ⅲ Series F, Vol. 8, p. 70.

④ *BDFA*, Part Ⅲ Series F, Vol. 8, p. 73.

⑤ *BDFA*, Part Ⅲ, Series F, Vol. 8, p. 57.

　　法国的方案不仅遭到许多英国官员的反对，也引起了美、苏、荷、比、卢等国的不满。在这种情况下，贝文在 1945 年 12 月的一份备忘录中表示：为了保证对德安全而又不摧毁德国的工业潜力，应对鲁尔工业实行国际化而不将鲁尔从德国分离出去。① 虽然贝文在 8 月还对法国对鲁尔－莱茵兰地区的计划表示了支持态度，但是由于英国内部的反对意见比较大，他还是不得不顺从了国内的意见。另外，即使在 8 月，贝文对联合法国的态度也不是很坚决。在 8 月 25 日的外交部会议上，贝文曾向其下属表示，他"很想进一步加强同法国的紧密关系，但是他需要更多的时间来考虑俄国人对此的反应，在此之前不要采取任何实际行动做出英法同盟关系的结论或者建立西方集团的打算"。② 可以看出，贝文很担心苏联对英法关系过于亲密会产生怀疑，如果英国在法国对待德国的问题上太过迁就，就会使苏联认为，英法在德国问题上达成了某种一致性，并结成了针对苏联的西欧集团。

　　从上述论述可以看出，英国在对待法国的对德政策方面存在着两难的境地：为了能让法国在战后对德管制事务中起到更大作用，不得不满足法国在处置德国问题上的某些要求；但是，法国在对德政策上过于严厉的态度又与英国战后希望保留一个比较完整的德国，不希望过分削弱德国的战略有所冲突。从雅尔塔会议上英国力争法国在德国问题上与三大国的平等地位，到战后贝文同情法国人的态度，这些都是英国要维护法国的欧洲大国地位的表现。英国不仅让法国在处理德国问题上有充分的发言权，而且也尽量满足法国的战略安全以及经济上防范和削弱德国的愿望。但是正如上文所述，反对贝文的人更主要地是从英国战后的长远利益出发，看到法国对德国的深仇大恨所导致的其对待鲁尔－莱茵兰地区的政策太过"偏激"，认为这不利于战后欧洲的长期稳定。当然，英国的这种两难的境地随着国际格局和国际环境的变化也慢慢地消失了。由于冷战的开始，东西方进入对峙状态，西方为了一致对抗苏联，进一步协调和统一了各自的对德政策，西方占领区的合并使鲁尔－莱茵兰地区的问题在西方国家内部得到妥协处理，相关内容将在下文中继续探讨。

---

① 　岳伟：《战后鲁尔问题与德国北莱茵－威斯特伐伦州的建立》，《德国研究》2009 年第 1 期。
② 　M. E. Pelly, H. J. Yasamee, eds., *Documents on British Policy Overseas*, Series Ⅰ, Vol. Ⅴ（Her Majesty's Stationery Office, 1990），p. 17.

第五节　本章小结

二战结束前后，英国在战后处置德国政策方面延续了此前的基本思路：英国以恢复战后欧洲经济、社会体制和重建欧洲均势为主旨，在确保英国在欧洲事务上的发言权、维护英国战后的经济利益和战略安全的基础上，要求对战后德国的处置不要过于严苛，希望通过三大国或者说四大国的共同合作来改造德国，使之彻底放弃征服世界的愿望，同时保留德国的基本经济实力，以为战后欧洲的复兴提供支持。

关于如何处置战败的德国，美国、苏联、法国都有自己不同的态度。罗斯福执政期间，美国主张战后对德政策要严厉，希望在政治上肢解德国，经济上摧毁德国的工业能力。然而，罗斯福去世后接任的杜鲁门虽然在很大程度上继承了罗斯福的外交思路，但是战后东西方关系的迅速紧张使杜鲁门和许多美国政要对处置德国的问题不得不进行重新思考。正如艾森豪威尔在回忆录中所说的那样，"美国和苏联成了世界上两个最强大的国家。这个事实影响了美国在被征服德国的每一项大大小小的官方活动，因为两个强国之间任何持久的斗争，都将使我们在德国遇到的问题无法挽救地日趋复杂，甚至可能使我们代价昂贵的胜利化为乌有"。① 但是，在太平洋战争结束之前，美国为了让苏联及早参加对日作战，无论是罗斯福还是杜鲁门，在有些关于德国的问题上都对苏联采取了妥协的态度。比较明显的例子就是在苏联对德国赔款问题上，美国站在了苏联一边，迫使英国在赔款问题上答应了苏联的计划。

从雅尔塔会议到欧战结束之前，苏联的对德政策还主要表现为想要彻底削弱德国，消除这个长久以来的敌人。因此，苏联极力要求从德国获得大量赔款，拆除德国的工厂、设备以摧毁德国的工业能力。在雅尔塔会议上，苏联继续寻求战后肢解德国的政策：割让大量德国的领土给波兰，使波兰成为防范德国的前沿。但是，欧战结束之后，苏联看到了战后欧洲格局的巨大变化，共同的敌人消失了，而与西方国家之间的裂隙从未有过真正的弥合。尤其是苏联看到，美国将在欧洲站稳脚跟，这对战后苏联在欧洲的安全利益将产生重大影响。德国投降后，美国立即停止了对苏联的租

---

① 〔美〕德怀特·艾森豪威尔：《远征欧陆：第二次世界大战回忆录》，樊迪译，三联书店，1975，第442页。

借物资的供应，英美还拒绝向苏联交出德国的一部分军舰与船只，这使苏联非常恼火，对于西方国家的不信任感进一步增强。基于此，苏联在对德政策上放缓了之前"严厉处置"的脚步，在肢解德国问题上改变了态度，并根据自己在东欧国家的经验，认为战后一个统一的、亲苏的德国比一个被肢解的四分五裂的德国更能保障苏联西部的安全。所以在波茨坦会议上，苏联不再强烈要求肢解德国，而是同意将德国作为一个"整体"来看待。另外，苏联强烈要求将奥得－西尼斯河作为德波边界，这在很大程度上也是为了防范德国被西方势力拉拢过去，成为反苏、反共的前沿阵地。

法国由于和德国有"灭国"之仇，无疑最想彻底消除德国这个敌手。但是到二战结束的时候，法国早就不是欧洲一流强国。英美出于恢复欧洲的秩序以及防范德国的目的，在二战结束后把法国抬升到与自己"平等"的地位上来，特别是英国对恢复法国欧洲一流强国的事情非常积极。此时的法国在处理德国事务上，名义上是与苏、美、英平起平坐的四大国之一，但是实际上在很多问题上要看英、美的脸色行事。

美、苏、法三国对德政策在二战结束前后出现的变化，首先导致这一时期英国政府在对待德国问题上处于一定的被动和不利地位。在1945年举行的盟国之间最重要的两次首脑会议——雅尔塔会议和波茨坦会议上，英国在肢解德国、赔款问题、德波边界等问题上都不希望其他盟国对德国做得太"绝情"，在考虑处置战败德国的时候总是以未来德国是否被严重削弱作为一个重要的政策出发点。而且，前文已经多次提出，尽管一直以来英国并不主张在战后过分严厉地处置德国，但是总体来看，英国的主张在1945年并未得到完全的贯彻。苏联在赔款问题和德波边界问题上态度坚决，要求德国在战后支付大量的赔款给苏联并割让大量的领土给波兰；法国要求对鲁尔－莱茵兰地区做出重大的政治和领土调整，彻底将德国的工业区与德国其他部分分离；美国在雅尔塔和波茨坦两次首脑会议上没有完全站在英国一边，在赔款等问题上还支持苏联的意见。很显然，苏、法、美三国在对德问题上的态度让英国很是为难。

由于英、美、法、苏四国在对德政策上难以达成一致，这就使很多问题被搁置或被拖延，最终成为影响德国甚至整个欧洲政治、经济的难题。例如，在是否肢解德国问题上，美、英、苏在波茨坦会议上仅仅提到"将德国作为一个整体来对待"，但是未来德国的整体体制和国家版图还没有最终确定。实际上，三大国都不主张战后肢解德国，都想将整个德国纳入自己的势力范围，但是由于四大国分区占领德国的格局已经形成，因此任何一方都没有能力将整个德国拉到自己一边，这就为以后德国的长期分裂埋下了隐患。由于这一时期英国在战后德国问题特别是在德国赔款问题、德波边界问题上与苏联的争论和矛盾最为激烈，因此英国与苏联之间的隔阂以及相互的猜忌也越来越严重。

还有一点要指出的是，1945 年 7 月末，工党赢得英国大选，艾德礼工党政府取代丘吉尔战时联合政府上台执政。虽然工党一向自诩是社会主义政党，但是由于长期以来其内部的主流思想是"费边主义"①，而"费边主义"本质上是一种典型的资产阶级社会主义思潮，即资产阶级改良主义思潮，因此工党实际上仍然是资产阶级政党。工党政府的上台执政并没有改变英国政治体制的本质，其对外政策也就不会有根本性改变。正如贝文在成为外交大臣后所指出的那样，"工党已经成为执政党，工党外交政策的制定就要从国家和英帝国的角度出发"。② 总之，英国内阁的更替对英国政府战后对德政策的制定并没有产生很明显的影响。

---

① 19 世纪后期产生于英国的一种资产阶级社会主义思潮，主张采取渐进的措施对资本主义实行改良，费边主义的主要观点是：鼓吹阶级合作、社会和平，反对无产阶级革命和无产阶级专政，运用温和渐进的方法和一点一滴的改良，实现社会主义。1884 年，一部分知识分子创立了费边社，该社成员认为社会改革应循序渐进，故以公元前 3 世纪古罗马一位因主张采取等待时机、避免决战的战略而著名的将军费边的名字命名。故其学说被称为"费边社会主义"（Fabian Socialism），简称"费边主义"（Fabianism）。

② Alan Bullock, *Ernest Bevin, Foreign Secretary 1945 – 1951*（New York：Oxford University Press, 1985），p. 109

第三章　对德占领初期英国在德国实行的
政策以及与其他盟国的关系

第一节　英国对德占领和管制的机构组织

一　盟军对德管制机构

欧战结束后的 1945 年 6 月 5 日，英、美、苏、法四个战胜国的驻德国最高司令官签署了《鉴于德国失败和接管最高政府权力的声明》，就在同一天，同盟国军事司令官们还签署了《关于管制办法的规定》。8 月 5 日，四大占领国正式向德国人民宣布盟国对德管制委员会成立。参加盟国对德管制委员会的苏联代表最初是柏林战役的总指挥朱可夫（George Zhukov）元帅，苏占区的军政府领导人是苏军的索科洛夫斯基（Vasili Sokolovsky）元帅，后来索科洛夫斯基在 1945 年 11 月接替朱可夫成为苏联驻盟国对德管制委员会的最高代表。英军的蒙哥马利元帅（Bernard Law Montgomery）担任盟军对德管制委员会的英方代表，英占区的主要具体事务由英军陆军中将布赖恩·罗伯逊（Bryan Robertson）负责。美国参加盟国对德管制委员会的最高代表是艾森豪威尔（Dwight Eisenhower）将军，在 1945 年 11 月他被麦克纳尼（Joseph Taggart McNarney）将军接替，美国占领区的领导人是卢修斯·克莱（Lucius DuBignon Clay）将军。法国参加盟国对德管制委员会的代表是科尼西（Pierre Keonig）将军。

盟军对德管制委员会设在柏林，名义上是四大国对德占领最高立法及权力机构。盟军在德国的军事政府的所有立法都必须经过对德管制委员会的无记名投票通过。盟军对德管制委员会之下的一个重要机构是协调委员会（Coordinating Committee），该委员会由各国的军政府最高代表参加。实际上，大量的关于德国的问题都在这个层面上得到解决，参加该委员的代表级别比较高（如英国的罗伯逊、美国的克莱），这使协调委员会的地位和作用比较突出。协调委员会之下设有行政管理局（Administrative Bureau）和盟军秘书处（Allied Secretariat），还设有12个理事会（Directorates），这些理事会各有职能，分管不同的事务，起初这些理事会在某种意义上起到了德国中央机构的作用（见图1）。每个理事会之下还设有职能更加细化的委员会来处理各种具体事务，如内部事务和通讯理事会之下就设有邮政和通讯委员会、公共安全委员会、健康委员会、教育委员会、宗教事务委员会等，而且有的委员会之下还设有分支委员会，如公共安全委员会之下就设有非纳粹化分支委员会。

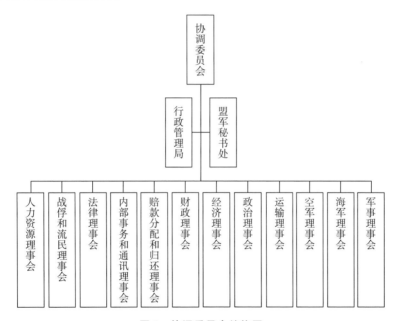

图1　协调委员会结构图

资料来源：Ian D. Turner, ed., *Reconstruction in Post-War Germany: British Occupation Policy and the Western Zones, 1945 – 1955* (Oxford: Berg Publishers Limited, 1989), p. 366。

二　英国对德管制机构的建立、演变及其作用

实际上，早在诺曼底登陆成功之后，英军就组建了一些军事政府机构跟随盟军进入西欧。1945年初，这些机构部署在德国的英军占领区，随着1945年6月盟军在各个占领区重新部署，这些军事政府机构完全担负起占领区的管理职责。

1945 年 8 月末，英国对德管制委员会［The Control Commission for Germany（British Element）］接管了占领区的行政管理权。原来存在的军事政府机构的职能被分散到英国对德管制委员会之中。英国对德管制委员会的高层指示最初主要来自两个部门，一个是柏林的总司令部，另一个是占领区总部或者是占领区执行办公室（Zonal Executive Office）。占领区执行办公室按照功能分布在英占区的数个城镇中，其所在的城镇主要集中于威斯特伐利亚地区的卢贝克、明登、赫福德、拜德厄因、豪森等城市。英占区内都有相应的职能部门机构，这些部门基本上和柏林的四国对德管制委员会的12 个理事会相对应，也就是说，柏林的盟军对德管制委员会以及协调委员会之下的各个理事会在英占区内都有一致的部门相对应。除了这些英国政府设立的官方机构，还有一些独立于对德管制委员会之外的组织。这些组织主要控制英占区内的一些经济生产部门，如北德意志煤炭控制组织（The North German Coal Control），北德意志钢铁控制组织（The North German Iron and Steel Control），北德意志木材控制组织（The North German Timber Control）等。1947 年之后，随着美英占领区的合并，以上的这些经济控制组织变为由英美双方组成的机构，如北德意志煤炭控制组织就变成了英美联合煤炭控制集团（The UK/US Coal Control Group）。[1]

由于国际政治形势的不断变化以及实际工作的需要，英国对德占领区内相应的组织机构一直在不断变化。尤其是 1947 年 1 月英美占领区正式合并后，根据英美两国的协议建立了若干双占区的机构，用来管理和监督西部德国的行政和经济活动，这些机构分散在 5 个不同的城市中，这样做是为了避免出现一个双占区首府。1947 年 6 月双占区机构经过重组后，其主要的行政机构集中到了法兰克福。此后，盟军对英美占领区的管制就通过双占区当局来执行，当时双占区的领导机构就是位于法兰克福法本大厦的双占区控制办公室（the Bipartite Control Office），该机构的负责人是美国的爱德考克（Clarence Adcock）将军和英国的麦克里迪（Gordon Macready）将军。

蒙哥马利元帅的职务在 1946 年 5 月由空军元帅道格拉斯（William Sholto Douglas）接任，但是道格拉斯实际上只是名义上的领导，而英占区的真正的首要领导人是罗伯逊将军。罗伯逊和他的顾问人员很多时间驻在柏林，

---

① Ian D. Turner, ed. , *Reconstruction in Post-War Germany*: *British Occupation Policy and the Western Zones*, *1945 - 1955*, p. 363.

英占区代表每两周参加一次在柏林举行的四国占领当局的会议，同时每周还要在卢贝克参加英占区内部的会议。

英国政府内部有数个政府部门参与英国对德政策的制定。在对德正式占领的最初几个月里，英国对德管制委员会在严格意义上对陆军部负责，但是也接受外交部以及外交部德国司的指令。1945 年 10 月，英国政府组建了一个专门监督占领政策执行的机构，这就是德奥管制办公室（The Control Office for Germany and Austria），该机构的领导者是兰开斯特公爵郡大臣约翰·海因德（John B. Hynd），因此德奥管制办公室经常被戏谑地称为 "海因德司令部"。①

德奥管制办公室的建立，使英国对德政策的制定权从外交部分离出来，不利于英国政府内部制定协调统一的对德政策，而且德奥管制办公室也不被看成对德政策制定的中心。英国外交部在战后对德政策上仍然起着至关重要的作用，尤其是作为英国外交大臣的贝文，其在当时英国内阁中的地位非常重要，仅次于首相艾德礼。英占区很少向德奥管制办公室提供信息和情报，而且英占区的管制委员会当局也常常把该办公室的工作人员看成 "爱管闲事儿的官僚"。② 英占区负责人罗伯逊将军本人也不信任德奥管制办公室，他坚持要求把来自德奥管制办公室给对德管制委员会的通知，通过自己的办公渠道进行转发，同时，罗伯逊本人也同外交部和贝文保持直接联系。由于以上这种原因，德奥管制办公室成为英国对德政策制定过程中可有可无的机构。因此，1947 年外交部新成立了对德政策机构，叫作外交部德国处（The Foreign Office German Section），该部门包括了前德奥管制办公室和外交部原来的德国司（见图 2）。虽然外交部德国处由帕克南勋爵③（Lord Pakenham）直接领导，但是实际上背后还是贝文起主要的作用。

另外，英国政府其他部门也对英国的对德政策施加影响。比如，财政部关注如何减少占领区的花费；商务部的德国处以及供给大臣关注德国的机器设备，并想了解德国的工业情况；粮食大臣关注在对德管制委员会上争夺英占区所缺乏的粮食；防卫大臣则关注安全方面的事务。④ 由于如此之

① Ian D. Turner, ed. , *Reconstruction in Post-War Germany：British Occupation Policy and the Western Zones*, 1945 - 1955, p. 360.

② Ian D. Turner, ed. , *Reconstruction in Post-War Germany：British Occupation Policy and the Western Zones*, 1945 - 1955, p. 361.

③ 帕克南勋爵此时已经代替海因德，成为兰开斯特公爵郡大臣。

④ Ian D. Turner, ed. , *Reconstruction in Post-War Germany：British Occupation Policy and the Western Zones*, 1945 - 1955, p. 361.

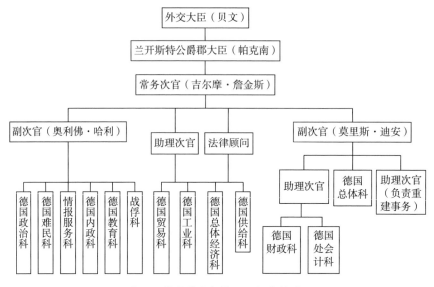

图2　英国外交部德国处机构构成

资料来源：Ian D. Turner, ed., *Reconstruction in Post-War Germany: British Occupation policy and the Western Zones*, 1945 – 1955, p. 365.

多的部门对战后德国政策的关注，为了弥合彼此的利益分歧，内阁不得不成立一些由多个部门代表组成的委员会来处理德国事务。最终，政策的制定主要由内阁和相关的内阁委员会负责，如海外重建委员会（Overseas Reconstruction Committee）。但是实际上，此时已经是对德占领的后期，由于西方占领区的相继合并以及联邦德国的最终建立，内阁中关于具体管制联邦德国的意见分歧也就没有了意义，于是这些相关的委员会和部门也被逐渐取消。此外，战后另一个重要的对德管制机构就是下院评估委员会（The House of Commons on Estimates），该委员会通过派遣人员到德国广泛收集情报，制定提交有关德国的调查报告，并向下院提供对德占领和管制的情报。

第二节　英国在对德问题上面临的困境以及与盟国的矛盾

二战结束后，英国政府在对德政策上面临很多困境。首先，由于战后英国自身的衰败以及德国经济的严重破坏，英国在德国的占领区内面临着巨大的经济和民生的困难。其次，在对德占领初期，美国和法国在是否保留欧洲驻军以及未来鲁尔－莱茵兰地区的地位等问题上，与英国的对德政策产生了不一致甚至是矛盾的地方。最后，此时英国政府对苏联的态度继续恶化，防范德国成为苏联的势力范围越来越成为英国政府所关注的事情。

一　英国在其占领区内面临的经济困难

盟军对德军事占领开始时，整个西占区的情况十分糟糕。二战结束的时候德国有 1500 万人无家可归，许多城市被炸为废墟；整个西占区的煤炭产量只有战前的 1/10，英占区的工业生产仅有战前的 15%；有 500 多万难民涌入西占区，60% 的德国人营养不良。① 英占区面临的困难也很多。由于英占区是工业区，农业不发达，而且英占区的人口数量是最多的，接近2200 万，因此粮食问题成了最困扰英国政府的问题。1945 年 8 月 22 日，英国内阁办公室在给驻华盛顿的盟军参谋长联席会议的电报中指出：1946 年 1月之前，英、法、美三国占领区内所需的粮食为 500 万吨，而下一年西方占领区的粮食短缺额度将超过这个数字。在所需的粮食数额中，英占区所占比例为 45%。② 1945 年 11 月，英国枢密院大臣在给内阁的备忘录中提出了德国英占区的粮食供给问题。该备忘录指出，1945 年 12 月至 1946 年 7 月，英占区所需粮食为 151.5 万吨，然而即使采取各种积极措施，英国也只能提供 38.75 万吨的粮食，粮食缺口超过 100 万吨。③ 为了应对粮食短缺，英占区实行了粮食配给制，1945 年底的时候，重体力劳动者每天得到 2443 卡路里热量的食物，一般劳动者得到 1957 卡热量的食物，儿童仅获得 1375—1543 卡路里热量的食物。④ 到了 1946 年和 1947 年的冬天，欧洲遭遇严寒，德国的粮食供应更加吃紧，鲁尔地区的粮食配给一度降至每人每天 600—700 卡路里，而根据 1936 年的标准，一个成年人要保持身体健康并且能正常工作，每天需要 2400 卡路里热量的食物。⑤ 工业方面，英占区内的鲁尔地区是德国重要的工业基地，但是由于战争的破坏，其工厂和设备遭到严重损失，其中 22% 被摧毁，35% 被破坏。鲁尔地区的煤炭产量由战前日

① 黄永祥主编《不要忘记德国》，中国城市出版社，1997，第 2 页。
② M. E. Pelly, H. J. Yasamee, eds., *Documents on British Policy Overseas*, Series Ⅰ, Vol. Ⅴ, p. 64.
③ CAB/129, CP (45) 302, Food Supplies for Germany, p. 2.
④ CAB/129, CP (46) 8, Report of T. U. C. Delegation on Visit to Germany, p. 7.
⑤ 〔美〕埃德温·哈特里奇：《第四帝国的崛起》，范益世译，世界知识出版社，1982，第 40页。

产 40 万吨降至不足 11 万吨。① 占领区内的大部分桥梁和铁路都被摧毁，由于交通系统被破坏，英占区和其他占领区的物资交换和运输受到严重影响。

英国原打算通过恢复鲁尔地区的工业，特别是增加煤炭、钢铁的产量来从德国外部进口所需的粮食等物资，以减少英国政府在英占区内的费用。但是，由于受到各种因素的限制，英国的打算并不能完全实现。尽管英占区是德国煤矿储藏最为丰富的地区，但是如前所述，由于缺乏食物，煤矿的矿工无法正常工作，由此煤炭产量停滞不前。另外，英占区当局进行的"非纳粹化"改造也对英占区内的工业生产产生了一定影响。根据波茨坦会议的有关协定，战后要彻底铲除德国的纳粹势力，对其进行"非纳粹化"改造。在"非纳粹化"改造中，一大批曾经支持纳粹或者亲纳粹的矿主、企业家都被作为纳粹分子而逮捕。根据英国占领区政治顾问威廉·斯特朗给贝文的报告，1945 年 9 月 5 日，英占区当局逮捕了 44 名莱茵 – 威斯特伐利亚煤矿企业辛迪加（the Rhine-Westphalian Coal Syndicate）的主要成员。斯特朗指出，一方面，这样的大规模逮捕行动对彻底清除残留的纳粹分子以及向德国人民显示盟国进行"非纳粹化"改造的决心都是十分必要的;② 但是另一方面，大量的企业管理层人员被迅速逮捕，导致煤矿管理瘫痪，而英国在这方面又缺乏人员，英占区内"管理 141 个煤矿的机构里仅有 250 名办公人员"。③ 这样的情况导致煤矿管理上的混乱，阻碍了英占区内工矿业的恢复。

在对德占领初期，英国在限制战后德国工业的政策上与其他盟国存在分歧。虽然英国在过去的一系列盟国会议上同意战后限制德国的工业，特别是重工业的发展，但是从根本上来说，英国并不想彻底削弱德国，这在上文中已经有所阐述。特别是英国开始对德占领之后，由于面临着经济上的困难，英国更加希望保留一定的德国工业。然而，波茨坦会议上盟国达成了战后对德国实行非工业化和非军事化的原则，因此盟国在对德占领开始后提出了要限制德国工业发展水平的计划。虽然英国政府参与了该计划的制订，但是其制订过程和最终的结果无法满足英国的愿望。

① 〔美〕埃德温·哈特里奇：《第四帝国的崛起》，第 40 页。

② M. E. Pelly, H. J. Yasamee, eds., *Documents on British Policy Overseas*, Series Ⅰ, Vol. Ⅴ, p. 128.

③ M. E. Pelly, H. J. Yasamee, eds., *Documents on British Policy Overseas*, Series Ⅰ, Vol. Ⅴ, p. 128.

1945 年底，英国政府向盟军协调委员会提交了一份关于战后削减德国工业能力的计划。该计划要求将德国的钢铁产量限制在 900 万吨，并且将减少相关的机械工业，如机床产业、轴承产业等。当这份报告交出后，盟军协调委员会认为"该计划太过温和，尤其是在应该被严格限制的钢铁产业方面"。最后，经过与英国方面的讨论，柏林的盟军对德管制委员会制订了一个"四国方案"，将钢铁产量限制由 900 万吨降至 750 万吨。[①] 实际上，不仅是钢铁产量，在其他的工业产品方面，英国的计划与盟国的计划也有差距，如，对机械和重型设备制造业，英国要求德国保留战前（1938 年）水平的 42%，而四国最终的方案是保留战前水平的 38.5%；对电气工业，英国要求保留 57.5%，但四国的方案是保留 50%。[②] 这些数字说明，未来德国的工业发展水平低于英国的预期，而这就有可能导致英占区内的工业产品不足以支付进口粮食等生活物资，进而给英国的占领带来巨大的经济负担。由于苏联和美国方面表示无条件接受这个"四国方案"，因此英国政府在提出的一些条件得到满足后也同意了该方案。英国政府提出的条件是：德国的西部边界保持不变；战后要将德国的经济作为一个整体来对待；战后德国的人口不超过 6650 万；要保证德国的出口水平足以支付其进口的数额。[③] 英国政府的想法是：首先，要求不能再继续分割德国的领土，这样就能保证有一个比较完整的德国；其次，将德国作为一个统一的经济体来对待，这就能使英占区与其他占领区互通有无，得到所需的物资，特别是粮食；再次，限制德国的人口数量也就意味着遭到其他国家驱逐的德意志人口不能再进入德国，这样就能减少占领区特别是西占区的负担；最后，保持英占区的进出口平衡是英国政府一直寻求的目标，只有保证了这一点才能使英占区自给自足，从而减少英国在占领区内的费用。当然，英国提出的这些条件都是在不得已的情况下做出的一些修补措施。

二　英国与西方盟国在德国问题上的关系

英国政府不仅在英占区内面临严重的经济困难，而且在整个德国问题上与美法等西方主要国家也存在不一致甚至是矛盾的地方。在对德军事占领的初期，美国和法国等盟国对德国的态度对英国很不利。蒙哥马利在 10

---

① CAB/129, CP（46）114, Level of German Industry, p. 2.
② CAB/129, CP（46）114, Level of German Industry, p. 6.
③ CAB/129, CP（46）115, Level of German Industry, p. 1.

月 3 日给首相艾德礼的报告中称：他曾经认为四国对德管制委员会能够可行，但是现在他对此持怀疑态度。对德管制委员会内根本不能达成共识，美国人尤其变得焦躁不安。① 美国在二战结束后迫于国内要求撤军的呼声，多次表示要尽快从欧洲撤军。对德占领开始后，美国希望尽早实现波茨坦协定中将德国作为一个经济整体来对待的有关条文，并且建立德国中央机构，以尽快将管理德国的事务交给该机构，这样就能使美国和美军尽快从占领区中撤出。但是在对德管制委员会中，关于建立德国中央机构的意见迟迟无法达成一致，这使美国占领区的领导艾森豪威尔感到十分不满。艾森豪威尔在 1945 年 9 月就表示，"如果将德国作为一个经济整体来看待以及建立中央行政机构等在柏林会议上达成的协议不能实现的话，他会建议美国政府将自己召回并撤回美国在占领区的军队"。② 9 月 20 日，美军占领区的领导人克莱将军表示，德国"中央行政机构的建立是十分重要的，管理德国不是盟军的工作，盟军应该成为监督者；另外，美国占领区不打算建立区内单独的行政机构；美国的目标是让向文职部门负责的官员们直接掌管德国"。③ 由此可见，在对德占领初期，美国希望建立德国的中央行政机构来代替盟军的占领机构，这样就可以使美军及早撤出德国。在美占区的军方官员看来，美军在德国的任务已经完成，至于下一步该怎样管理和控制德国，这已不是军方的责任，不论是艾森豪威尔还是克莱都想把战后监管德国的任务交给相关的德国行政机构，毕竟军队不是管理经济和社会的专业部门。

英国对美国的态度感到很失望。英占区的政治顾问斯特朗抱怨道："美国人不从未来安全的角度来看待德国问题，这一点与俄国人、法国人以及我们都不一样，美国人更加关心他们多久之后能够从对德国占领和控制的责任中摆脱出来。"④ 英国外交部北美司的唐纳利（J. C. Donnelly）很赞同斯特朗的意见，并且进一步说道："由于这场战争，美国人民在某些方面迅

① M. E. Pelly, H. J. Yasamee, eds., *Documents on British Policy Overseas*, Series Ⅰ, Vol. Ⅴ, p. 178, Note 1.

② M. E. Pelly, H. J. Yasamee, eds., *Documents on British Policy Overseas*, Series Ⅰ, Vol. Ⅴ, p. 142.

③ M. E. Pelly, H. J. Yasamee, eds., *Documents on British Policy Overseas*, Series Ⅰ, Vol. Ⅴ, p. 146, Calendar iii to No. 31.

④ M. E. Pelly, H. J. Yasamee, eds., *Documents on British Policy Overseas*, Series Ⅰ, Vol. Ⅴ, pp. 142 – 143, Note 4.

速成熟起来，但是可以非常清楚地看到，没有人从中学到足够的经验教训，也就是说，他们没有认识到，在欧洲的事情和在中美洲甚至西太平洋地区的事情对他们来说都是同样重要。"① 由于战后英国实力的衰弱，他们希望美国在欧洲的事务上担负更多的责任。战后德国问题是如此复杂和棘手，而美国人对此总是表现出不耐烦，以及尽快从德国事务中脱身的态度，这让英国人既感到失望又有些无奈。

在对德占领初期，英国与法国在对德政策上有着微妙的关系。如上文所述，从整个对德政策的大方向来说，英国不想在战后过分削弱德国，而法国对德国则是欲除之而后快，强烈要求限制和削弱德国。在鲁尔－莱茵兰地区问题上，法国态度很坚决，要求鲁尔地区战后在政治上彻底从德国分裂出来，经济上从属于法国，并在该地区实行国际共管。法国政府还强烈反对波茨坦协定上关于将德国作为一个经济整体来对待，以及战后在德国建立中央行政机构的协议。因为法国担心，将德国作为一个经济整体来看待，鲁尔－莱茵兰地区就无法从德国彻底分离出去，而建立德国相关的中央行政机构则会导致未来德国的再度统一与强大，这些都是法国不想看到的结果。法国对于没有参加有关决定欧洲战后命运以及相关对德政策的会议——雅尔塔会议、波茨坦会议——一直耿耿于怀，而且法国还以此为借口强调波茨坦会议达成的对德政策协议并不能代表法国的意愿。在对德管制委员会的会议上，法方代表就曾提出，由于法国没有参加波茨坦会议，也没有同意波茨坦会议上达成的协定，因此法国代表在对德问题上保留自己的意见。②

在 1945 年 9 月的伦敦外长会议上，法国向英国提出了自己关于战后对德政策的要求。法国对德政策的意见主要有三点：第一，法国不准备接受建立一个德国中央政府的决议；第二，在未确定的领土上建立政党或者中央机构这样的做法是不明智的；第三，德国的边界问题要作为一个整体来讨论，这就涉及将德国的东部领土交给波兰和苏联管理的决定。③ 法国的态度很明确：坚决反对战后在德国建立中央行政机构，以及重建德国的政治党派。另外提到的德国东部边界问题，实际上是为将来能够修改德国西部

---

① M. E. Pelly, H. J. Yasamee, eds., *Documents on British Policy Overseas*, Series Ⅰ. Vol. Ⅴ, p. 143, Note 4.

② M. E. Pelly, H. J. Yasamee, eds., *Documents on British Policy Overseas*, Series Ⅰ. Vol. Ⅴ, p. 143.

③ Roger Bullen, M. E. Pelly, eds., *Documents on British Policy Overseas*, Series Ⅰ. Vol. Ⅱ, p. 86.

边界埋下伏笔，因为既然战后对德国东部边界做了重大调整，那么与法国相邻的德国西部边界也可以做调整。

英国外交部对此做出的回应有三点。首先，拒绝和法国讨论这些问题是不明智的，因为"第一，与法国保持紧密关系是我们的政策，而且也必须看到有关德国的一些重要决定是在法国缺席的情况下达成的；第二，对德管制委员会实行的一致原则能使法国人阻碍执行那些他们反对的决定"。①其次，与此同时，英国外交部认为与法国在这三点上达成一致是很困难的，因为英国认为只有在德国建立起相关的中央行政机构之后，才能更好地处理战后德国的经济问题，而且"把德国看成一个经济的统一体是我们政策中的核心原则"②。最后，英国外交部的意见是在不牺牲原则的情况下同意法国的某些要求。在这里，英国的原则就是战后在德国建立中央政府机构，最终通过一个改造好的德国政府来管理德国；另外，在德国西部边界问题上，不能完全按照法国的意图行事。

面对法国对英、美、苏三国之前所做的相关对德协议的不满，英国所处的位置有点尴尬。这是因为，一方面，从雅尔塔到波茨坦会议上制定的战后对德政策都有英国的参与和制定，因此从根本上来说，在对德占领初期，英国不可能对此前达成的三大国协议进行重大的修改，而法国人的态度实际上就是要在很大程度上否定波茨坦协议的对德政策，这是英国政府不能接受的；但是另一方面，战后英国把与法国建立稳固的同盟关系作为一项重要的外交政策，这一点在第二章中已经有所论述，英国希望战后法国恢复成为欧陆大国，在德国问题上担负起更多的责任，另外，在地中海地区以及中近东地区，英国也需要同法国进行合作，以维护战后其在这一地区的利益。在1945年8月13日英国外交部召开的会议上，贝文以及其他主要官员都认为，无论是作为长远的政策还是作为近期的考虑，与法国建立更紧密的关系都是十分重要的。贝文在会议上表示，"与法国开展关系是非常必要的，我非常急切地想把英国与法国的关系尽快建立在一个更好的基础之上"。为了实现这样的目标，贝文认为"与法国政府在关于地中海东部国家的问题上达成某些协议，这是十分重要的"。③

---

① Roger Bullen, M. E. Pelly, eds., *Documents on British Policy Overseas*, Series Ⅰ, Vol. Ⅱ, pp. 86 – 87.

② Roger Bullen, M. E. Pelly, eds., *Documents on British Policy Overseas*, Series Ⅰ, Vol. Ⅱ, p. 87.

③ M. E. Pelly, H. J. Yasamee, eds., *Documents on British Policy Overseas*, Series Ⅰ, Vol. Ⅴ, p. 16.

从以上论述可以看出，英国在战后初期把法国作为自己未来的重要盟友来对待，但是法国在对德问题上与英国的基本策略有着很大的冲突，这种冲突实际上反映了英法两国不同的战略、安全需要。英国仍旧保留着一些传统的"大陆均势"的对外战略思想，无论是在欧洲事务中抬高法国的地位，还是希望战后不要彻底削弱和瓦解德国，这都是英国不希望欧洲旧有的大国或者强国格局发生重大改变，从而导致未来欧洲出现针对英国的强大力量的表现。但是二战结束后，法国把削弱甚至是消灭德国作为维护国家安全利益的重要方面。由于战争刚刚结束，法国大可以利用世界舆论对德国法西斯政权的憎恨以及盟国对德的军事占领，一鼓作气，把德国彻底从欧洲大国的行列中除名。法国对盟国的战后德国政策是不满意的，因为随着时间的推移，人们对德国的憎恨会逐渐减弱，世界舆论以及国际形势的变化都可能使削弱德国的目标越来越难以达成。由于英法两国国家安全利益的不同，英国在对德问题上处理与法国的关系时有一定的困难，怎样处理好与法国的关系，是英国政府需要认真考虑的问题。

总之，在对德占领初期，英国与美国、法国在对德政策上无法达到步调一致。英国的两大西方盟友在对德问题上各有自己的打算，英、法、美等西方国家在战后对德政策上有所冲突，这也是英国在对德占领初期十分头疼的问题。

三　英国与苏联在德国问题上的矛盾

如果说英国与法国、美国在战后对德政策上存在不一致甚至是矛盾的话，那么英国与苏联则从对德军事占领开始就存在严重的矛盾，而且越来越激化。

英国和苏联的矛盾首先体现在德国赔款问题上。根据雅尔塔会议达成的赔款协议，苏联以及波兰要从西占区拆除工业设备作为赔偿，如果按照《雅尔塔协定》的规定，那么设备拆除要在6个月之内完成，也就是说到1946年的2月完成设备拆除以作为补偿。但是实际上，西占区的设备拆除没有按时完成，而且英国要求重新讨论从西占区拆除设备的数量，以此来尽量保留德国的经济实力，使英占区的工业出口与粮食进口达到平衡。实际上，最初英国并没有打算在德国赔款问题上与苏联闹矛盾。在1945年10月4日英国内阁召开的会议上，贝文表示要执行波茨坦协议中关于德国赔款的内容，即除了保留必要的用于和平时期的经济需要的工业能力之外，西方占领区内其余的工业设备应该用来赔偿战胜国，其中25%给苏联。贝文还特别向内阁强调，苏联这25%的赔偿份额不应该被削减或者推迟分配，因为苏联对此非常敏感。① 贝文表示他已经答应了苏联方面，保证"赔偿计划将会在明年（1946年）2月7日准备好"，另外他还要求在德国的英方代表谨守一点："无论达成怎样的安排，苏联25%的赔偿份额决不能削减或者推迟分配。"② 一方面，贝文的这种态度表现出他本人及其工党政府对《波茨坦协定》的认可，因为《波茨坦协定》最终是由艾德礼和贝文同苏联、美国共同达成的；但是另一方面，贝文还没有对《波茨坦协定》的可执行性产生怀疑，尤其是对其中赔款问题的复杂性以及可能产生的各种棘手问题估计不足。

随着四大国对德占领进程的发展，不久之后，赔款问题便越来越成为英国人头疼的事情。英国政府内部很多人感到赔款问题是一件棘手的事情，因为这涉及同其他大国特别是与苏联的关系。苏联从西占区获得工业设备势必会影响英国对德国的占领政策，特别是英国占领区是德国工业最为密集和发达的地区，一旦大量的工业设备被拆除，这不仅会影响到英占区经济的恢复，而且从长远来看也不符合英国一直以来希望恢复和稳定德国经济的主张。对英国来说，赔款问题的最关键之处就是不能把德国的设备、工厂都拆光，而留给英国一片长满杂草的荒废之地。1945年11月29日，盟国赔偿委员会的英国代表麦克杜格尔（MacDougall）向内阁秘书处经济科（Economic Section of the Cabinet Secretariat）汇报了正在柏林进行的盟国赔偿问题会议的情况。在报告中麦克杜格尔首先提出，《波茨坦协定》使德国的情况发生了重大的改变：

　　1. 最大的改变是将奥得－尼斯河以东的德国领土分割出去。这一地区拥有德国7%的工业、25%的农业土地。失去这一地区后，剩下的德国无疑失去了大量的粮食供应。
　　2. 《波茨坦协定》将奥得－尼斯河以东的包括前德国占领地区、波兰、捷克斯洛伐克、匈牙利等地区的德意志人口转移到削减后的德

---

①　M. E. Pelly, H. J. Yasamee, eds., *Documents on British Policy Overseas*, Series Ⅰ, Vol. Ⅴ, p. 171.

②　M. E. Pelly, H. J. Yasamee, eds., *Documents on British Policy Overseas*, Series Ⅰ, Vol. Ⅴ, p. 171.

国领土。

　　3. 波茨坦决议赋予苏联可以自由地从德国的东部地区获得其想要的所有工业设备。①

　　麦克杜格尔提到的前两点是为了提醒内阁，一方面，《波茨坦协定》使德国失去了大量的领土，尤其是失去了大量的农业地区，这意味着粮食供给大量减少；另一方面，大量的德意志人被驱赶回德国，尤其是很多德国人又涌入了西占区，这样就导致西占区供给的负担大大增加。领土减少的同时人口增加，这一减一增形成一个"剪刀差"，由此维持德国经济和德国人基本生存水平的难度无疑也大大增加。在这样的情况下，波茨坦协定中关于德国赔偿问题的原则很不符合英国的利益。他对波茨坦协议中给予苏联过多的赔款份额表示质疑。他认为，如果仅仅让苏联从德国东部地区获得赔偿，完全可以满足苏联所需的赔偿数量，但是"由于某些计算上的失误，最终没有达成这样的决议。此前达成的协议是苏联得到德国赔款总量的50%。然而苏联占领区只拥有33%的德国工业，7%的德国工业位于被割让的德国领土内，这样苏联就必须另外从西方占领区得到10%可转移的赔偿"②。麦克杜格尔认为，由于苏联可以在德国东部的占领区内任意获得赔偿，所以苏联从苏占区得到的赔偿数额比例远远高于西方国家从西占区获得的赔偿数额，再加上苏联又能从西占区获得另外的赔偿，实际上苏联获得的赔偿比例要高于此前《波茨坦协定》规定的50%。虽然在《波茨坦协定》中西占区可以通过产品交换从苏占区获得15%的赔偿，但是这种交换带有很大的不确定性，因为西占区的生产能力还没有恢复，是否能够有足够的工业产品做交换还存在很大的疑问。总之，《波茨坦协定》并没有考虑到以上的这些实际因素，从而导致西方国家特别是英国在赔款问题上得不到什么好处，而苏联从德国获取的赔偿是一笔稳赚不赔的"好买卖"。

　　此外，麦克杜格尔在报告中还对苏联方面索取德国赔偿的态度表示不满，他说道："苏联人的方法和西方国家的很不一样。我们关心的是如何制订一个计划，这个计划既可行又能让德国的经济自给自足；但他们（苏联

---

① M. E. Pelly, H. J. Yasamee, eds., *Documents on British Policy Overseas*, Series Ⅰ, Vol. Ⅴ, p. 519.

② M. E. Pelly, H. J. Yasamee, eds., *Documents on British Policy Overseas*, Series Ⅰ, Vol. Ⅴ, p. 520.

人）则是想尽可能多地向德国索取，而并没有所谓长期系统的计划。我们倾向于将计划中德国人的生活标准和我们自己的相比较；他们自然就按照他们自己的看法来比较德国人的生活标准，这样就导致在很多情况下他们的标准往往低于我们所制定的德国人的生活标准。"① 因此，在麦克杜格尔看来，苏联就是要榨干德国的每一分钱，而不管德国的经济发展和德国人民的生活水平，苏联的这种做法显然不利于英国希望战后稳定和恢复德国经济的长远打算。

　　除了上述的担忧之外，英国和苏联关于物资和设备交换的谈判也没有取得进展。根据波茨坦协议，苏联从西占区获得的赔偿中有一部分是需要苏占区用同等价值的粮食、煤炭等原料进行交换，这一部分占西占区工业设备价值的15%。然而，到了1945年底，英国与苏联关于该计划的谈判没有取得实质进展。波茨坦协议中有关德国经济的内容这样规定："战后德国保留充分的资源，以使德国人民不依靠国外的援助而生活。在制定德国的经济计划时，应拨出必要的资金，以偿付经对德管制委员会批准的进口。现产产品以及储存物品的出口所得首先应用于偿付这种进口。"② 苏联方面认为，一方面，苏占区内的物资首先要平衡苏联对德国的进口，交换西占区的工业设备则是第二位的；另一方面，波茨坦协议的上述规定不适用于从西方占领区获得的赔偿，即无论是10%直接拆除的无须使用苏占区物质交换的设备，还是15%的用苏占区物资进行交换的设备，对"德国保留必要资金"的条款都不适用。但英国认为，苏联要想继续获得英占区内的设备赔偿，就必须拿出足够的物资来交换。这导致苏英双方关于拆除设备换取物资的谈判陷入僵局。

　　在盟军对德管制委员会内，英苏关于德国赔款的争论从一开始就很激烈。波茨坦会议之后，盟国决定开始拆除西占区的设备作为赔款。第一批拆除的工厂设备清单制定出来以后，苏联就要求优先将这批设备作为赔款交付给自己，但是苏联方面对从西方占领区拆除和分配赔偿设备的行动太慢一直不满。在1945年10月16日盟军协调委员会召开的会议上，苏联代表索科洛夫基斯元帅抱怨道："不能让人理解的是，为什么苏联优先得到作为赔偿的设备的要求已经被拖了两个半月还没有得到执行。据我所知，除

---

① M. E. Pelly, H. J. Yasamee, eds., *Documents on British Policy Overseas*, Series Ⅰ, Vol. Ⅴ, p. 529.

② 〔苏〕萨纳柯耶夫、崔布列夫斯基编《德黑兰、雅尔塔、波茨坦会议文件集》，第512页。

了苏联之外，没有其他的国家提出优先分配赔偿的要求。"① 苏联方面认为自己是获得赔款最多的国家，因而有权比其他的国家先得到赔偿，而且既然只有自己提出了优先得到拆除设备的要求，那么盟军相关的机构应该不会因为多国的要求而使工作量加大，放缓工作进度。可是现在的情况是，西占区拆除和分配赔款设备的行动没有达到苏联的预想。英国的罗伯逊将军则认为："有权接受赔偿的所有国家都能够申请优先得到赔偿。"也就是说，凡是接受德国赔款的国家，在赔偿分配上应该是平等的，虽然现在只有苏联提出要优先得到赔偿，但是其他国家是不是也拥有这样的权利？如果各个接受德国赔偿的国家都要求优先得到赔偿，那么整个战后德国的赔偿计划就乱套了。不过鉴于苏联的不满情绪，英国方面还是做出了一些让步，在这次协调委员会的会议上，英国代表罗伯逊将军表示，"苏联代表要求优先获得赔偿的请求是以波茨坦协议作为根据的，而且苏联的要求也被协调委员会和经济理事会考虑了两个半月，这确实表明该请求被搁置起来了"。② 因而罗伯逊将军表示将制订一个相应的具体计划，来加快确定哪些赔偿可以优先交付给苏联。罗伯逊制订的计划的核心是：所有有权获得德国赔偿的国家也都有权获得优先赔偿，盟国管制委员会当局将会在苏联（包括波兰）和其他国家之间分配这些赔偿；对西占区的工业设备进行估价，在该计划通过之后的 14 天内，要求优先赔偿的国家向盟军协调委员会提交申请；根据对西占区工业设备的估价，其中 25% 的机器设备给苏联，剩余 75% 的机器设备如果没有其他的国家申请优先赔偿，那么就作为以后赔偿分配之用；经过估价，所有的设备以美元的价格列出清单，然后计算出 15% 的用于从苏占区换取物资的设备的价值；当以上步骤完成后，开始进行设备拆除和转运。③

然而，苏联方面对罗伯逊的计划还是感到不满。在一周之后即 10 月 23 日召开的盟军协调委员会会议上，苏英双方再次就赔款问题发生争吵。苏联认为英国计划对西占区的工业设备的估价不符合苏联人的利益，索科洛夫斯基指出，苏联提出的赔款清单上的工厂设备都是相对次要的一些设备，

① M. E. Pelly, H. J. Yasamee, eds., *Documents on British Policy Overseas*, Series Ⅰ, Vol. Ⅴ, p. 239.

② M. E. Pelly, H. J. Yasamee, eds., *Documents on British Policy Overseas*, Series Ⅰ, Vol. Ⅴ, p. 239.

③ M. E. Pelly, H. J. Yasamee, eds., *Documents on British Policy Overseas*, Series Ⅰ, Vol. Ⅴ, p. 260, Note 2.

而 25% 的份额远远不够苏联应该获得的赔偿，他提出估价之后 75% 的设备给苏联，剩余 25% 的设备分给那些有权得到赔偿的国家。另外，他还指出，苏联当局获得优先分配赔偿的要求不应该受到影响，即苏联的赔偿要求应该立即满足，不能等到其他国家提出优先赔偿的要求后和苏联的要求一起处理。① 英国方面，惠特里（John Whiteley）将军作为代表参加了此次会议，他听了苏联代表的意见后，立即表示不能接受苏方的要求，而且惠特里指出，英国是其他赔偿受益国家的"委托人"，因此要考虑到其他国家提出得到赔偿的要求，另外在波茨坦协议中确定的赔偿分配比例应该严格遵守。② 对此，苏联代表索科洛夫斯基强调，苏联关于赔款的要求早在两个多月之前就提交给了对德管制委员会，而且到现在除了法国之外没有其他国家提出赔偿要求，既然那些国家至今还没有提出赔偿要求，那么这说明他们对赔偿的需求不是那么迫切。③ 对此，英国代表惠特里的解释是：有关国家没有提交申请的原因是它们不知道向谁提交申请。④ 苏、英此时的争执越来越大，已经互不相让了。英国代表坚决不同意将给苏联的 25% 的赔偿比率提高到 75%，结果苏方的索科洛夫斯基在会上直接指责英国道："英国代表不仅反对执行波茨坦协议的有关决定，而且采取措施阻碍其他国家执行这些协议。"⑤

　　眼见英苏双方争吵激烈，法国代表和美国代表出面协调。法方代表柯埃尔兹中将（Pierre Koeltz）提出了一个折中的方案：其他国家如果在 15 天之内不提出优先赔偿的要求，那么列在拆除清单上的工厂设备将分给苏联，这样苏联的赔偿比率会超过 25%；苏联的赔偿请求具有优先权；在遵守25%—75% 这一赔偿比例的前提下，可以做出一定的姿态满足苏联的要求⑥。美国代表克莱将军也表示愿意立即将美占区两个工厂的设备拆除交付

①　M. E. Pelly, H. J. Yasamee, eds., *Documents on British Policy Overseas*, Series I, Vol. V, p. 262.

②　M. E. Pelly, H. J. Yasamee, eds., *Documents on British Policy Overseas*, Series I, Vol. V, pp. 262 – 263.

③　M. E. Pelly, H. J. Yasamee, eds., *Documents on British Policy Overseas*, Series I, Vol. V, p. 263.

④　M. E. Pelly, H. J. Yasamee, eds., *Documents on British Policy Overseas*, Series I, Vol. V, p. 263.

⑤　M. E. Pelly, H. J. Yasamee, eds., *Documents on British Policy Overseas*, Series I, Vol. V, p. 265.

⑥　M. E. Pelly, H. J. Yasamee, eds., *Documents on British Policy Overseas*, Series I, Vol. V, p. 266.

苏联。由于法美两国的调停，英苏双方暂时达成了妥协。英国方面同意了法美两国代表的意见，接受了法国代表提出的方案。

得知这个消息后，英国政府内部的反应相当矛盾。陆军部在10月27日给英国对德管制委员会司令部的电报中对后者接受法国方面的计划表示"吃惊"，并且说道："（法国的计划）与罗伯逊将军的计划显然有很大不同……英国以及其他国家在15天之内就提交优先赔偿的申请，这是很困难的事情。那些小国如果申请的话，他们会认为15天的期限是不合理的。"但是，该电报也对这样的结果无可奈何："我们十分倾向罗伯逊将军最初的计划，但是我们也认识到我们无法改变盟军管制委员会上已经同意了的事情。"①

此外，苏联在其占领区内的一系列行为也引起了英国方面的警惕和担忧。首先让英国政府感到担忧的问题并不是发生在德国的占领区行为，而是苏联在奥地利占领区的行为。1945年9月初，苏联政府向奥地利的伦纳政府施压，要求苏联和奥地利政府缔结协议成立联合石油公司，苏、奥两国各占50%的股份，另外苏联还要求开发英国和美国在奥地利齐斯特斯多夫（Zistersdorf）拥有的油田。苏联原本希望奥地利政府能保守秘密，不让英、美等国知道，但是美国获取了相关的情报并且告知了英国。② 齐斯特尔斯多尔弗油田在二战期间是德国重要的石油产地，战时基本上由德国人控制，战后盟国对奥地利实行分区占领，该地区成为苏占区的一部分。英国的石油公司在二战爆发前就在奥地利拥有油田，二战爆发后，纳粹德国侵占了原属于英国的油田和相关设备。然而，苏联在对奥地利进行军事占领之后，以奥地利所有或者德国战败赔偿的名义将英美石油公司的油田和设备收走。根据英方的相关记录，苏联占领当局没收和占有的英国财产有：英美联合控制的石油公司的大量油田设备；在维也纳以及其他奥地利苏占区里的英国壳牌石油公司的大批油罐车和其他机动车；壳牌公司在多瑙河仓库里存放的用于修理油罐的焊接设备，以及相当一部分制成品；等等。③

英国对此事很不满，英国外交部在9月14日的一份备忘录中指出，苏联与奥地利政府在石油生产上进行谈判协商的行为"将会严重损害英国石油公

---

① M. E. Pelly, H. J. Yasamee, eds., *Documents on British Policy Overseas*, Series Ⅰ, Vol. Ⅴ, p. 266, Note 9.

② *FRUS. European Advisory Commission, Austria, Germany, 1945*, p. 582.

③ Roger Bullen, M. E. Pelly, eds., *Documents on British Policy Overseas*, Series Ⅰ, Vol. Ⅱ, p. 184.

司在奥地利的利益"，因此外交部建议贝文应该准备一份全面的备忘录，"把
苏联人在其控制下的各个国家里对我国利益的损害情况记录下来"①。此外，
该备忘录还建议贝文将苏联在奥地利侵犯英国利益的行为拿到当时正在进
行的伦敦外长会议上进行讨论，"将相关的材料整理成备忘录交给贝尔纳斯
和皮杜尔，并努力争取他们的支持。……即便美国和法国不全面支持我们，
我方也应该将该备忘录提交给这次外长会议"。② 此后，奥地利的盟军委员
会同意成立一个关于石油问题的下属委员会，以专门讨论奥地利石油问题。
但是经过数周的讨论之后，一直到 11 月，苏联和西方仍没有达成进一步的
协议。苏联驻奥地利的代表明确表态：苏联认为从前德国人在奥地利拥有
的石油是苏联的财产，而不是为奥地利当局所有。③ 面对苏联的强硬态度，
英国方面也无可奈何，盟国对奥委会英方高级专员理查德·麦克利里
（Richard Mccreery）中将在 11 月 9 日给内阁的电报中认为："我们已经向苏
方强烈反驳他们的这种态度以及由此产生的严重后果，但是我们对俄国人
在他们自己的占领区内对战略物资进行的总体控制是无能为力的。"④

　　苏联在奥地利的行为让英国感到苏联很有可能在德国也会采取类似行
为。针对这一情况，英国内部有人提出以西占区中对苏赔偿的工业设备作
为要挟，让苏联有所顾忌，不再肆无忌惮地损害英国在苏占区内的利益。
如上文提到的英国外交部 9 月 14 日的备忘录中就提出："要告知俄国人，除
非他们采取措施归还和尊重所有联合国成员国的财产和利益，否则我们会
停止从德国的西占区向苏联交付赔偿计划下的机器和设备。"⑤ 麦克利里中
将在给内阁的电报中暗示"我们也可以这样做"，⑥ 即英国也可以像苏联那
样控制自己占领区内的各种物资和财产，苏联人也无可奈何。总之，奥地
利的石油事件使英国对苏联在占领区内任意搜刮包括英国在内的各国财产

①　Roger Bullen, M. E. Pelly, eds., *Documents on British Policy Overseas*, Series Ⅰ, Vol. Ⅱ,
　　p. 183.
②　Roger Bullen, M. E. Pelly, eds., *Documents on British Policy Overseas*, Series Ⅰ, Vol. Ⅱ,
　　p. 182.
③　M. E. Pelly, H. J. Yasamee, eds., *Documents on British Policy Overseas*, Series Ⅰ, Vol. Ⅴ,
　　p. 339, Note 7.
④　M. E. Pelly, H. J. Yasamee, eds., *Documents on British Policy Overseas*, Series Ⅰ, Vol. Ⅴ,
　　p. 339.
⑤　Roger Bullen, M. E. Pelly, eds., *Documents on British Policy Overseas*, Series Ⅰ, Vol. Ⅱ,
　　p. 183.
⑥　M. E. Pelly, H. J. Yasamee, eds., *Documents on British Policy Overseas*, Series Ⅰ, Vol. Ⅴ,
　　p. 339.

的行为感到不安，英国开始考虑是否要尽快完成从西占区拆除工业设备来完成对苏赔偿。

在关于四国占领区之间相互开放的问题上，苏联方面的态度也令英国人不满。本来按照波茨坦协议的相关内容，战后德国要在经济上被视为一个整体，这就需要四个占领区之间相互开放，物资和人员能够相对自由地流通。但是苏联一开始就反对向西方国家开放自己的苏占区。早在波茨坦会议期间，贝文就曾经提出在对德政治原则中加入这样一段话："为了能够正常管理，参与对德管制委员会的各国之间的人员可以通过陆路和空路进行自由的流动。"① 但是，英国的这项意见没有得到苏联的同意。波茨坦会议后不久，即1945年9月30日，贝文写信给莫洛托夫，指出9月22日在柏林召开的协调委员会议上，英国代表再次提出参与对德管制国家的人员在各占领区之间自由流动的计划，但是苏联代表表示"朱可夫元帅认为这样的要求还不够成熟，所以他不同意该计划"。② 贝文在信中指明了各个占领区之间人员流动的必要性：如果没有四国占领区之间人员的自由流动，那么按照波茨坦协议实现对德国恰当的管理就变得不可能。然后，贝文还力图让莫洛托夫劝说朱可夫元帅按照波茨坦会议上所达成的原则，尽快对英国提出的人员自由流动的建议采取"同意的态度"。③ 然而，苏联方面无论是莫洛托夫还是朱可夫，均对英国的要求不感兴趣。莫洛托夫在给贝文的回信中反驳英国的计划是根据波茨坦会议的精神而提出的，他写道："我必须提醒您，在柏林会议上，没有达成任何的关于此议题的具体决议。"而且，他还指出"各个占领区的军事最高长官对于该问题是最有发言权的"。④ 很显然，莫洛托夫根本就不想劝说朱可夫同意四国占领区之间人员自由流动的建议，实际上他的回信就是给贝文"闭门羹"吃。1945年10月底，英占区政治部在向外交部提交的备忘录中就明确说道："很显然，苏联代表对任何涉及开放苏联占领区的政策都不会同意，他们也绝不会向我们透露他

---

① M. E. Pelly, H. J. Yasamee, eds., *Documents on British Policy Overseas*, Series Ⅰ, Vol. Ⅴ, p. 165.

② M. E. Pelly, H. J. Yasamee, eds., *Documents on British Policy Overseas*, Series Ⅰ, Vol. Ⅴ, p. 165, Note 4.

③ M. E. Pelly, H. J. Yasamee, eds., *Documents on British Policy Overseas*, Series Ⅰ, Vol. Ⅴ, p. 166.

④ M. E. Pelly, H. J. Yasamee, eds., *Documents on British Policy Overseas*, Series Ⅰ, Vol. Ⅴ, p. 166, Note 6.

们不想提供的信息。"①

12 月初，在盟国协调委员会的会议上，英美提议在各个占领区都建立四大国的领事馆。每个占领区内都可以有其他三个国家的外交人员驻扎，这样西方国家的人员就能够进入苏占区，进而了解苏占区的各种情况。但是朱可夫元帅表示该问题超出了他的权限，因此他要向莫斯科请求相关的指示。② 而苏占区的领导人索科洛夫斯基则对建立领事馆一事直接表示反对，他在 12 月 6 日的盟军协调委员会的会议上说道："这一提议现在还不成熟，因为德国现阶段还处于军事占领时期，还没有被承认的政府，所以既不能接受外交代表，也不能接受使领馆的人员。"③ 对于苏联的态度，英国方面很是不满，英占区政治部的斯蒂尔（Christopher Steel）在给外交部的电报中指出："这一事件再一次证明：苏联当局拒绝以任何类似的方式来打开苏占区通向外界的大门。"④

虽然英国对苏联的这种态度感到不满，甚至后来有人说，在德国，"'铁幕'已经在苏占区和西占区之间落下"，⑤ 但是在四国分区占领的情况下，德国实际上就是被分成了四个独立的国家，对于苏联不同意四国占领区之间人员自由流动的政策以及设立四国领事馆的方案，英国方面也无可奈何。一方面，英国一直寻求战后德国经济上的统一，特别是希望东西德之间能够实现工业和农业的良性互动，以减轻英占区的粮食危机，同时促进其区内的工业产品的出口；另一方面，无论是英国还是美国，都希望战后德国成为一个自由、民主的国家，而他们担心苏联占领下的德国会成为共产主义向西欧扩张的桥头堡，如果一开始就能够使苏占区向外界开放，西方国家就能有机会对德国的这一地区产生影响，或者至少知道苏联人在这里做了些什么。不管苏联起初的目的是什么，苏联不想开放占领区的行为都在客观上加深了英苏之间，甚至是整个西方同苏联之间的隔阂。

---

① M. E. Pelly, H. J. Yasamee, eds., *Documents on British Policy Overseas*, Series Ⅰ, Vol. Ⅴ, p. 299.

② M. E. Pelly, H. J. Yasamee, eds., *Documents on British Policy Overseas*, Series Ⅰ, Vol. Ⅴ, p. 436.

③ M. E. Pelly, H. J. Yasamee, eds., *Documents on British Policy Overseas*, Series Ⅰ, Vol. Ⅴ, p. 436, Note 5.

④ M. E. Pelly, H. J. Yasamee, eds., *Documents on British Policy Overseas*, Series Ⅰ, Vol. Ⅴ, p. 436, Note 5.

⑤ M. E. Pelly, H. J. Yasamee, eds., *Documents on British Policy Overseas*, Series Ⅰ, Vol. Ⅴ, Preface xxiii.

　　从以上的论述中可以看出，自对德占领开始后，英国同苏联在德国赔偿等问题上有着深刻的矛盾，但是这种矛盾还没有达到让双方在对德问题上彻底决裂的地步。就英国方面来说，战后初期由于自身国力的衰弱，以及从维护战时同盟关系出发，它不想和苏联在德国问题上发生特别重大的利益冲突。虽然苏联在赔偿、没收英国财产以及开放苏占区等问题上与英国存在矛盾，但是英国并不想在这些问题上采取过于强硬的态度。例如，在英苏双方争执比较激烈的赔偿问题上，英国方面还是主张对苏联做出一些让步。1945 年 12 月英占区政治顾问斯特朗给贝文的电报对英国代表在盟军协调委员会上就赔偿问题向苏联做出的让步有着积极的评价。斯特朗说道："在（赔款）这一问题上达成协议，是自盟国对德管制委员会成立以来缓和英国和苏联代表之间的关系的最有效果的举措。……在这件事情上，我们有完全履行《波茨坦协定》相关责任的愿望，甚至是做出的让步都已经让俄国人感到惊喜了。"[1] 英国占领当局政治部的斯蒂尔对在优先赔偿问题上与苏联方面达成协议也表示满意，他在给外交部的电报中说道："虽然在达成此项协议上，英国方面做出的让步要在一定程度上大于苏联方面做出的让步，但是结果是令人满意的。"[2] 英国方面之所以能够做出让步，最终是为了显示英国在赔偿问题上是有诚意的，是愿意履行《波茨坦协定》的，就如斯特朗所说的那样，"由于大部分用于赔偿的工业设备在我们手中，因而苏联代表就会怀疑我们不肯放手将这些机器设备给他们"。[3]

　　除了在赔偿问题上英国愿意同苏联妥协，在其他和苏联存在矛盾的问题上，英国也没有采取什么激烈的对抗措施。无论是对苏联在奥地利没收英国的财产还是对苏联不同意开放苏占区的政策，英国方面除了进行协商谈判外，也没有采取什么实际的对抗行动，毕竟在战后初期四国共管德国的情况下，英国还不想与苏联闹翻。

---

① M. E. Pelly, H. J. Yasamee, eds., *Documents on British Policy Overseas*, Series Ⅰ, Vol. Ⅴ, p. 437.

② M. E. Pelly, H. J. Yasamee, eds., *Documents on British Policy Overseas*, Series Ⅰ, Vol. Ⅴ, p. 437, Note 7.

③ M. E. Pelly, H. J. Yasamee, eds., *Documents on British Policy Overseas*, Series Ⅰ, Vol. Ⅴ, p. 437.

第三节 本章小结

1945 年 6 月，四国对德占领正式开始后，英国便在四国共管的体制下建立了英占区。从整个英国政府的态度来看，处置德国或者说对德实行相关的改造是其十分重视的一件事情。从在占领区内建立管制机构，到在内阁中建立专门研究和实施对德政策的各种委员会，以及行政办公室等方面看，英国政府将战后德国问题视为未来英国对外战略的重要一环。在英国政府看来，德国问题能否得到比较好的解决，对欧洲战后的复兴乃至欧洲未来的联合[①]都有着极为重要的现实意义和战略价值。

如果用一话总结战后初期即 1945—1946 年英国在德国问题上的境况，那么"艰难困苦，前途叵测"再合适不过。一方面，英国接受的是被战火蹂躏的占领区，不仅英占区内德国人口众多，资源紧缺，尤其是粮食已经到了极其匮乏的地步，而且英国本身的经济情况就不是很妙，未来摆在英国政府面前的问题将是棘手的。另一方面，美、苏、法三国在德国问题上步调、政策和态度不一，英国很难与这些占领国实行有效的对德管制政策，这就导致英国在制定对德政策上态度的复杂性。

英国深知，解决英占区的经济、粮食等方面的困难，靠自己是不可能完成的。但是法国也靠不住，这是因为无论是从战争中的损失还是从战后的经济情况来看，法国都比英国还糟糕，因此指望法国帮助自己是不行的，更何况在鲁尔－莱茵兰问题上，两国的要求也不一样，法国还是念念不忘要削弱德国。从苏联方面来看，英国此时与苏联的矛盾要比其与美国、法国的矛盾严重、激烈一些，但是双方还能本着之前达成的《雅尔塔协定》和《波茨坦协定》的精神进行协商。即便是在争吵最为激烈的赔偿问题上，英国也没有向苏联表示过停止赔偿或者停止从英占区拆除设备，因为英国很明白，苏联对赔偿问题是敏感的，而且即使后来英苏矛盾日趋尖锐化，英国也不主张停止向苏联拆除用于赔偿的设备，相关的内容将在下面章节中进行论述。然而，即使此时英苏还没有翻脸，但是英国要借助苏联的力

---

① 国内学者认为，二战后英国乃至整个西欧出于对战争的反思和对"共产主义的仇视"，其欧洲联合的思想更加流行，英国希望欧洲联合一致将德国控制在欧洲联合体之中，以防止德国军国主义的复活，只有这样欧洲才能复兴和繁荣，才能真正解决德国问题。参见赵怀普《英国与欧洲一体化》，世界知识出版社，2004，第 24—27 页。

量，从苏联获取粮食、工业原料等英占区的紧缺物资也是希望渺茫。对于英国来说，在德国问题上既可以成为联合的对象，又有能力给予其巨大支持的就只有美国了。

虽然在战后一年多的时间里，美国在表面上仍然有些回归"孤立主义"的迹象，但是随着美国对德军事占领的开始，战后德国问题已经不可避免地成为美国在欧洲的一项重要的战略问题。因此，在以后的时间里，随着国际形势的迅速变化，英国与美国的对德政策很快就实现了协调和一致，从而为英国进一步解决自身在德国问题上所面临的困难提供了千载难逢的机会。可以说，1945 年的后半年，是此后英美在德国问题上由实行四大国合作向着分裂德国、对抗苏联发展的一个过渡阶段，尽管这个过渡阶段存在的时间比较短。之所以存在这样一个过渡阶段，是因为苏联与西方国家的战时盟友关系还没有破裂，或者说是因为各主要大国在是否要维持这种战时同盟关系上还没有得出确定的结论。但是，随着东西方对抗的趋势很快展现在世人面前，这个过渡阶段也就随之结束。

第四章 战后英国对德政策的转变：从四国共管到联合西方对抗苏联

随着四国对德占领的继续，时间进入 1946 年。这一年，东西方的对抗愈加明显，而英国在这种对抗中越来越把自己纳入与苏联对抗的西方阵营。1946 年到 1947 年，随着冷战的兴起，在德国问题上，英国逐渐放弃了《波茨坦协定》中的四国对德控制的原则，在经济上加速西方占领区的合并和统一；在政治上按照西方的模式建立了地方州政府，并筹划将来建立联邦制的西部德国；在对苏联的政策方面，排除苏联插手西方占领区事务，特别是排除苏联加入对鲁尔地区的国际共管的可能性。英国在德国问题上逐渐与苏联针锋相对。

第一节 东西方对抗的加剧与英国在对德政策上的战略选择

一 东西方对抗加剧背景下英国在对德问题上所面临的挑战与机遇

众所周知，二战结束后，英国已经彻底丧失了霸权地位，沦落为世界二流国家。与此同时，美国和苏联成为世界上两个实力超强的国家。由于东西方在意识形态、经济利益、国家安全利益等方面的矛盾，双方之间的冲突和对抗愈演愈烈。在这样的背景下，英国作为西方传统强国，无论是出于对共产主义的恐惧和仇视，还是出于对苏联在东欧、亚洲等地区扩张的警惕，都表现出对苏联的不信任和敌视。但是英国的力量又不足以单独同苏联对抗，因此当美国凭借战时膨胀起来的经济、军事实力领导西方"遏制"苏联的时候，英国无疑要站到美国一边。

在德国问题上，英国所要面临的主要问题是：第一，如何维持战后德国的经济和德国人民的基本生活水平；第二，如何减轻英国在英占区内的经济负担；第三，如何防止德国被苏联控制；第四，怎样与美国、法国等西方盟国在对德政策上协调一致。

实际上，这四个问题对于英国来说是环环相扣的。维持战后德国经济的运转和德国人民基本的生活水平，既是英国长期以来对德国的基本政策，也是防止德国"赤贫"而无力抵御共产主义和苏联"入侵"的需要。然而要做到这一点，英国就必须向德国倾注大量的资金和各种资源，特别是英占区，由于是德国的主要工业区，因此这里的复兴和人民的温饱更需要外部的支持。但是，实力衰弱的英国已经不能够承担这样的责任。要减轻自己在德国的经济负担，英国必须同西方盟国特别是财大气粗的美国在对德政策上达成一致，让美国人在德国承担更多的责任，并为西方国家占领下的德国提供更多的经济和物资援助。

总体来说，英国在对德问题上所面临的挑战就是，战后日渐衰弱的英国无法独自承担维持德国英占区的经济负担。在1945年和1946年冬天，由于大量东部德国的难民涌入，以及农业生产尚未恢复，英占区的粮食供给越发紧张。1946年5月，当时的枢密院院长赫伯特·莫里森（Herbert Morrison）在下院讲话中说道："我们的国家……所处的境况变得无法忍受。英国自身在粮食进口方面要依靠很多国家，但是现在实际上……英国还要承担喂饱2000万德国人的责任。"[1] 他还指出，自1945年秋到1946年5月，英国已经把手中的近50万吨粮食运往德国。[2] 英占区的粮食供给连每天每人1500卡路里热量都不能保证，而且1946年7月英国本土也不得不实行面包配给制，这是在二战期间也不曾出现过的状况。在德国，英占区当局采取各种措施来增加食物供给。负责德国事务的兰开斯特公爵郡大臣海伍德在1946年4月的下院讲话中就提到："我们（在德国的农业）的政策就是为人们生产尽可能多的食物。由于缺乏种子、肥料和农业设备，农业生产受到了严重阻碍。为了生产粮食作物，在德国开垦了65万英亩的草地，减少了牲畜存栏量，禁止了奢侈品的生产，在城镇的花园里种植马铃薯和其他蔬菜。"[3] 虽然英占区采取了各种措施来保证区内德国人的食物供给，但

---

① HANSARD, HC Deb 31 May, 1946, Vol. 423, cc1510, http://hansard.millbanksystems.com/.

② HANSARD, HC Deb 31 May, 1946, Vol. 423, cc1511, http://hansard.millbanksystems.com/.

③ HANSARD, HC Deb 16 April, 1946, Vol. 421, cc2520, http://hansard.millbanksystems.com/.

是仍旧不能满足其需求。

由于德国经济在战争中遭到巨大的打击，同时根据《雅尔塔协定》和《波茨坦协定》的相关内容，战后要拆除德国的工业设备作为战争赔偿，这使工业密集的英占区的经济难以得到恢复。这就造成英国在承担恢复占领区经济任务的同时，不能从德国的工业恢复中得到补偿。1946 年，英美两个占领区全年的总出口收入没超过 5 亿马克，而之前的计划是 1949 年所有占领区的出口收入达到 36 亿马克。这与英国政府历来主张的实现德国进出口收支平衡的原则相去甚远。另外，英占区的工业生产也迟迟没有复苏的迹象。鲁尔区是重要的煤炭出口区，二战结束后德国的煤炭产量不足战前的 30%。到 1946 年的 3 月份，煤炭产量又比 1945 年下降了 20%。由于缺乏煤炭，钢铁工业受到很大影响，一年的产量只有 200 万吨。[①] 正如英国财政大臣道尔顿（Hugh Dalton）在给内阁的备忘录所说的那样："我们在该占领区所花的费用已经大大超出我们的预期，而且我们从占领区能够得到的东西确实是远远小于我们应该得到的。"[②] 根据财政大臣的估计，整个 1946 财政年度英国需要支付 1.01 亿英镑用于德国的进口，其中 5900 万英镑用于支付德国的粮食进口，3200 万英镑用于其他商品和原料的进口，还有 1000 万英镑用于英占区各种行政事务开支。而与此相对应的是，1946 年，英国从德国的出口中只能得到 4900 万英镑。[③] 很显然，英占区已经成了英国巨大的财政和经济负担。

虽然有以上重重困难，但是英国还是没有打算放弃德国。例如，枢密院院长莫里森在下院的讲话中尽管对德国给英国带来的负担感到忧虑，但是他话锋一转，仍然强调德国的重要性："如果英国占领下的德国遭受严重的饥荒，接下来就会发生一系列的严重后果。由于矿工挨饿，鲁尔地区不能生产煤炭，而鲁尔地区的煤炭不仅是德国、法国所急需的，而且是整个欧洲所急需的——整个欧洲的经济已经卷入其中。"然后他又指出，一旦德国粮食危机无法解决，就会产生严重的后果："如果德国继续挨饿，那么麻烦就会产生，骚乱就不可避免。实际上，纳粹党就是在这样的环境下产生的。……因此无论从政治、经济还是军事方面来说，我们必须寻求给英占

---

① 〔英〕迈克尔·鲍尔弗、约翰·梅尔：《第二次世界大战史大全（10）——四国对德国和奥地利的管制》，安徽大学外语系译，上海译文出版社，1995，第 213 页。

② CAB129/10，CP（46）218，The Cost of The British Zone in Germany, p. 1.

③ CAB129/10，CP（46）218，The Cost of The British Zone in Germany, p. 1.

区的德国人提供足够的食物，尽量维持他们的生活。"①

此外，国际形势的变化又给英国在对德政策上带来了机遇。进入战后的第二年美苏关系越发紧张。1946 年 2 月 9 日，斯大林在莫斯科选区的选民大会上发表重要演说，严厉批判资本主义制度，并指出："资本主义各国发展的不平衡会造成极大的混乱，战争是不可避免的。"苏联要搞更多的五年计划来促进国家的工业化，使苏联"具有足以应付各种意外事件的保障"。② 斯大林的讲话在西方世界引起了强烈震动，西方国家的一些领导人扬言这是斯大林对西方发动了"冷战"。③ 不久之后的 2 月 22 日，美国驻苏联代办乔治·凯南（George Kenan）向国内发回了著名的 8000 字长电报，提出了一整套遏制苏联的方针、策略。与凯南的长电报相对应，9 月 27 日，苏联驻美国大使尼古拉·诺维科夫（Nikola Novikov）给参加巴黎外长会议的苏联代表团写了一份秘密报告。该报告分析了战后美国对外政策和美国的全球扩张行为，指出美国战后对外政策的特征是"谋求世界霸权"，并视苏联为其霸权政策的主要障碍，为此美国正在扩充军备并把苏联作为未来的战争对象。④ 与此同时，在东欧、伊朗、土耳其海峡等问题上，美国也与苏联针锋相对。

在这样的背景下，美国的对德政策也正在发生着变化。最显著的变化就是在德国的赔偿问题上。早在 1945 年 5 月，美国国务院就给盟国赔偿委员会的美国代表做出了指示，提出了战后德国战争赔偿的基本原则，即：首先，"德国战争潜力被摧毁，通过对德国机器、设备和其他财产的拆除和剥夺，阻止德国再次复兴"；其次，"为了执行《雅尔塔协定》的相关内容……赔偿委员会制订的赔偿计划要符合美国在德国的经济和安全目标"。⑤ 所谓符合美国的"经济和安全目标"，实际上是在表明美国不想重蹈一战结束后在德国赔款问题上的覆辙。一战结束后，美国向德国提供了大量贷款，使其能够偿还对协约国的战争赔款。但是这种赔款模式后来由于经济大危机的到来而崩溃，美国中断了给德国的贷款，从而导致了整个欧洲国家金融

① HANSARD, HC Deb 31 May, 1946, Vol. 423, cc1512, http://hansard.millbanksystems.com/.

② 全文参见《斯大林选集》下卷，人民出版社，1979，第 488—500 页。

③ 陈乐民：《战后西欧国际关系 1945—1984》，中国社会科学出版社，1987，第 52 页。

④ 参见齐世荣、廖学盛主编《20 世纪的历史巨变》，学习出版社，2005，第 453—455 页。关于诺维科夫报告的详细情况，参见张盛发《斯大林与冷战》，中国社会科学出版社，2000，第 186—192 页。

⑤ FRUS, 1945, Vol. 3, p. 1222.

和财政的问题。对德国来说，美国的贷款还给其工业复兴和重整军备提供了支持。因此，二战后美国政府认为要吸取一战赔款的教训，在德国赔款问题上美国不再主动向德国"输血"。国务院做出的指示中特别强调了以下三点：第一，"任何建立在以美国或者其他国家将会直接或者间接地给德国的重建或者赔款提供财政支持的赔偿计划，本政府将予以反对"；第二，"赔偿计划的本质不是促进或者重建德国的经济能力"；第三，"赔偿计划不应该让美国去承担维持德国人民生活水平的义务"。①

然而，随着美国实行相关的对德占领政策，美国逐渐意识到对德国经济放任不管将会带来严重的后果。美占区司令官克莱成立了一个德国生活水平委员会，该委员会在 1945 年 9 月给盟国的报告中指出，一方面，如果对德国工业采取严厉的非军事化措施，就很难保持其贸易收支平衡。而且，如果德国得不到盟国的经济援助，其经济将难以为继。② 另一方面，大量的赔偿物资从德国运往苏联，这其中既有从西占区拆除的工业设备，也有苏联自己从苏占区获取的赔偿。美国方面认为，如果按照《波茨坦协定》中将德国作为一个经济整体来对待的条款，苏占区的粮食、木材、工业原料等资源就可以被用于西占区经济的恢复，这样就可以减少德国所需的进口物资，同时增加德国的出口，从而大大减轻西方国家维持德国经济的负担。美国人认为，要实现经济上将德国作为一个整体，就应该建立相应的中央机构来管理德国的进出口事务和各占领区之间物资的流动。

因此，在 1946 年 4 月巴黎召开的外长会议上，美国国务卿贝尔纳斯提议讨论德国的经济问题，其中包括：为了实现整个德国的出口增长，对德国所拥有的资源予以利用；在以后 90 天内，就实现德国经济统一的程序尽可能达成协议。③ 但是，莫洛托夫在会上拒绝讨论美国的提议，进而重提 100 亿美元赔偿的要求。与此同时，在 4 月 26 日的盟国协调委员会会议上，美占区司令官克莱将军提议：赔偿原则、进出口计划和中央机构是相互关联的，而且只有建立了中央机构，才能使赔偿原则和进出口计划得以实行。克莱要求各对德占领国的政府同意该提议作为今后对德经济政策的指导方针。但是，协调委员会的苏联代表表示，"进出口计划仅仅和赔偿之后的德

---

① *FRUS*, *1945*, Vol. 3, pp. 1222 – 1224.

② 崔丕：《美国的冷战战略与巴黎统筹委员会、中国委员会（1945—1994）》，中华书局，2005，第 47 页。

③ 〔英〕迈克尔·鲍尔弗、约翰·梅尔：《第二次世界大战史大全（10）——四国对德国和奥地利的管制》，第 214 页。

国剩余的生产能力有关"。① 苏联的态度很明显，获得足够的赔偿是当下的重要任务，如果德国的经济统一的话，苏联对于苏占区的经济控制就会遭到削弱，因此苏联方面坚决反对在德国建立统一的管理经济的中央机构。鉴于苏联的反对态度，克莱将军于是在 5 月 3 日宣布："为了保护美占区的经济，从美占区起运的一切赔偿物资，除二十四个预定的赔偿工厂外，将停止交运。"② 也就是说，美国在德国战争赔款问题上的思路由"赔偿→工业水平→复兴"转为"复兴→工业水平→赔偿"。③ 不再从经济上压制德国，转而复兴德国的经济，这是美国出于与苏联对抗与同时减轻占领区经济负担的考虑而实行的政策。

综上所述，由于美国对德经济政策以及相关的赔偿政策的转变，英国在对德政策上不再是"形单影只"。英国长期以来所寻求的保留德国一定经济实力的目标在 1946 年之后越来越得到美国方面的认可，或者说在复兴（统一）德国经济的问题上英美的利益趋于一致。因此，在这种情况下，英国的对德政策就有可能得到美国方面的大力支持或者协助，这对于英国来说是个非常有利的机遇。

二　英国在对德政策上的战略选择

如果说在经济上德国的英占区对英国来说是一个沉重的经济负担，那么在政治上却并非如此。英国在欧洲大陆的核心地带拥有这一片重要的战略要地，无论是未来防止苏联向西欧扩张，还是增强英国在欧洲事务乃至欧洲领导权上的分量，无疑都有着重大作用。英国政府的未来德国政策的走向关系着英国重大的国家经济、政治和安全利益。

从对德政策所面临的挑战来看，英国主要由于国家实力的衰弱无力承担在德的各项经济和政治事务。但是从机遇方面来看，在东西方对抗气氛浓厚的情况下，美国在德国问题上的态度和政策越来越有利于英国。在这样的国际环境下，英国的对德政策可以有以下几个选择。

第一种选择是按照传统的"光辉独立"的外交战略，放弃对德国已经或者将要承担的责任和义务，彻底丢掉德国这个包袱，从欧洲大陆退出，

---

① 　*FRUS*, 1946, Vol. 5, p. 546.

② 　〔英〕迈克尔·鲍尔弗、约翰·梅尔：《第二次世界大战史大全（10）——四国对德国和奥地利的管制》，第 216 页。

③ 　参见崔丕《美国的冷战战略与巴黎统筹委员会、中国委员会（1945—1994）》，第 42—44 页。

专心经营国内事务和其他的海外殖民地。

第二种选择是继续按照《雅尔塔协定》和《波茨坦协定》的相关精神，四大国对德国实行军事占领和管制，待到四大国在对德问题上利益一致、关系理顺之后，再对德国进行相应的政治和经济改造，使之彻底不能再对世界和平产生威胁。

第三种选择是放弃与苏联在德国问题上的合作，进而加强与西方国家，特别是美国的合作，对西占区的德国实行西方式的政治、民主和经济改造，使之成为西方社会的一员，同时遏制苏联通过在德国东部的占领区向西欧渗透。

通过具体分析以上三种选择可以看到，虽然战后英国在实力上已经不能与过去的"日不落帝国"相提并论，但是综观战后西欧各国，德国、法国作为欧战的主要战场，均受到重创。英国虽然遭受过纳粹空军的狂轰滥炸，但是其本土并没有发生过大规模的地面战争，相对来说，英国是欧洲大国中损失相对最小的国家，而且控制着大量的殖民地和自治领。从英国的外交传统来看，英国长期以来就是欧洲和国际事务的主要参与者，"英国是一个在国际活动中长期扮演主角或者重要角色的国家"。① 英国在战后仍然希望自己以世界大国或者强国的身份出现在国际关系事务中，而且从战后对德事务上看，无论是对战争期间三国首脑会晤中战后对德政策的制定，还是对战后对德政策的实施，英国都积极参与。虽然在一些"大趋势"上英国不能完全按照自己的想法来行动，但是如果没有英国的参与，战后对德政策的制定和实施或许将会是另一番情景。所以说，上面所提到的第一种选择显然不可能为英国政府所考虑。

就第二种选择来看，维持四国占领的状态，最关键的是英国与苏联的关系能够得到协调，并且在对德政策的利益方面能够达成一致。然而对德占领不到一年，英国同苏联在赔偿、占领区开放等问题上的矛盾越来越尖锐。同时，在德国之外，英苏的矛盾和冲突也在加剧，英国对苏联扩张的担忧与日俱增。1946 年 2 月，英国外交部联合情报委员会（Joint Intelligence Committee）提出了关于苏联战略利益和目的的研究报告，时任英国驻苏联临时代办的弗兰克·罗伯茨（Frank Roberts）由此向国内拍发了一系列关于

---

① 陈乐民主编《战后英国外交史》，世界知识出版社，1994，第 19 页。

苏联对外政策的电报，这就是著名的"罗伯茨长电报"①。罗伯茨长电报认为：当下苏联的扩张与沙皇时代的俄国扩张政策没有本质上的不同，而且由于战时共同的敌人消失，英苏同盟关系的基础也就不复存在，英苏之间的矛盾将会上升，因此英国要积极联合美国和西欧国家来遏制苏联。"罗伯茨长电报"对英国冷战政策的形成产生了重要作用。在此之后，丘吉尔于3月5日在美国富尔顿进行了著名的"铁幕演说"，公开宣扬对苏联的遏制以及东西方的对抗。不论是从英苏关系整个发展情况来看，还是从双方对德政策的矛盾来看，英国继续按照《波茨坦协定》的精神维持与苏联共同一致的对德政策是越来越不可能了。

最终的结果是，英国在对德政策上做出了第三种选择，决心在德国问题上形成一种"西方同盟"（Western Union）政策，联合或者依靠美国完成西方占领区的统一，按照英美等国的民主模式改造德国的政治体制和经济模式，使西部德国成为遏制苏联向西方扩张的前沿阵地。当然英国这种政策的产生和实施也是一个渐进的过程，其中也出现了一定的波折。下文将专门对此进行论述。

第二节　巴黎外长会议前后英国在德国问题上与苏联矛盾的尖锐化

一　巴黎外长会议前英国在德国问题上对苏联的态度

如上文所述，在1946年初巴黎外长会议召开之前，英国政府内部就对苏政策展开了一系列讨论，并且把苏联看成西欧乃至西方世界安全的重大威胁。具体到德国问题上就是，英国的态度也是越来越清晰：苏联很有可能会控制整个德国，一旦这样的情况发生，将对西欧形成巨大的威胁，因此一定要防止德国尤其是西占区的德国被苏联势力渗透。

英国对鲁尔地区的政策就体现了其针对和防范苏联的态度。由于鲁尔地区是德国的重要工业区，如何管理好这一地区是英国政府要考虑的事情。

---

① 关于"罗伯茨长电报"的相关研究，可参见黄亚红《试论英国冷战政策的形成（1944—1946）》，《世界历史》1996年第3期；李世安《英国与冷战的起源》，《历史研究》1999年第4期；韩长青《罗伯茨电报和英国对苏政策方针的转折（1946—1947）》，《历史教学》（高校版）2008年第6期。

战后英国政府对鲁尔地区的态度，就是通过对鲁尔地区实行国际化，由西方国家控制这一地区使其成为西欧经济复兴的重要支柱，而且特别强调鲁尔必须是"西方阵营中的鲁尔"。1945 年 8 月 17 日，贝文对财政大臣道尔顿表示："鲁尔的工业（钢铁和化学工业）应该实行公有，并且要建立一个国际组织来运营这些工业"，从长远来看"要把鲁尔地区的工业作为正在逐渐形成的'西方联盟'的经济支撑点"。[1] 但是，苏联参与鲁尔地区国际共管，这在英国看来是不可接受的。11 月，贝文又对比利时外长斯巴克（Paul-Henri Spaak）说道："如果鲁尔地区的'国际化'意味着苏联人参与的话，那么这将是一个错误的决定。鲁尔地区应该在西欧国家的势力之内，而且这一地区应该与西欧国家的经济紧密相连，为西欧的繁荣服务。"[2] 1946 年 1 月，由英国外交部和其他部门联合成立的经济与工业计划委员会[3]（Economic and Industrial Planning Staff，EIPS）向内阁提交了一份关于鲁尔地区未来地位的报告。[4] 该报告的核心内容是未来鲁尔地区应该仍然作为德国的一部分予以保留，同时要使这一地区处于国际共管之下。根据这个报告，1946 年 3 月 11 日，贝文向内阁提交一份名为《德国和鲁尔地区的未来》的备忘录，分析了苏联对德国的影响。

贝文认为，领土上，《波茨坦协定》中将德国东部的大片领土给予波兰和苏联管辖，由此导致的是大量的德国人被驱逐到了德国其他的地区，这给德国带来了严重的经济问题和社会问题。德国被割让领土使"苏联政府可以通过归还德国部分失去的领土来拉拢德国人加入它的阵营"。[5] 经济上，德国东部大片的粮食产地被割让，同时大量来自东部德国的人来到西部德国，这加重了德国的粮食问题。更严重的是，"由于《波茨坦协定》中关于将德国作为一个经济整体来对待的决议没有执行，所以德国的经济困境也进一步加深。苏占区在经济和政治上实际上是一个封闭的地区，其工农业生产的财富被剥夺，土地由于非经济因素被再分配，这一地区还要供养驻

①　M. E. Pelly, H. J. Yasamee, eds., *Documents on British Policy Overseas*, Series Ⅰ. Vol. Ⅴ, p. 4, Note 5.

②　Sean Greenwood, "Bevin, the Ruhr and the Division of Germany: August 1945 – December 1946," *The Historical Journal* 1 (1986): 204 – 205.

③　经济与工业计划委员会根据外交部的指令于 1944 年 1 月成立，其主要任务是根据外交部以及其他相关部门提供的情报和信息，来研究德国投降后的经济和工业问题。

④　该报告的全文见：CAB129/9, CP (46) 156, Annex (A)。

⑤　CAB129/9, CP (46) 156, The Future of Germany and the Ruhr, p. 2.

扎在那里的苏联军队，那里的工厂按照苏联人的命令进行生产"。① 在政治上，"苏联人在其占领区内推行类似于在其他苏联控制地区的政治模式"。苏联正在全力以赴地准备建立一个统一工人党，"该政党的高层会被苏联迅速控制，而且它还会将原有的社会民主党并入共产党，而该党的领导人实际上在苏联接受共产主义培训，工会也是按照苏联的形式组织起来的"②。

根据以上分析，贝文认为，苏联的目标就是要把东部德国纳入自己的控制范围，形成一个"自卢卑克至的里雅斯特一线（Luebeck-Tergeste）往东的由苏联控制的稳固的集团"。③ 在这样的一个苏联集团中，不仅芬兰、波兰、匈牙利、罗马尼亚、南斯拉夫、保加利亚和阿尔巴尼亚已经被纳入苏联的势力范围，而且奥地利和德国也存在被苏联势力控制的危险。此外，贝文还对苏联未来的对德经济政策感到担忧。他在备忘录中指出，由于苏联政府正在准备实施新的"五年计划"，该计划必然导致苏联大量利用其控制地区的各种资源，当然东部德国的资源也肯定被苏联人使用，"很有可能的是，与现在相比，这一地区会更加封闭"，"毫无疑问，苏联的贸易将会填补德国与东欧国家之间的贸易空白"，而且"他们（苏联人）对于控制海上交通线的兴趣非常的浓厚……最近波兰人要求永久得到吕根岛④的煤炭码头和自由港，这件事情并不是巧合"。⑤ 贝文在备忘录的最后总结了英国在德国政策上要实现的利益：（1）防止德国再次发动侵略战争，威胁自身安全；（2）在德国和欧洲实现合理的经济繁荣；（3）减少由于占领德国和供养德国人民食物给英国带来的花费；（4）建立一个民主的、奉行西方意识形态的德国；（5）尽可能地控制住苏联的影响力和控制力，将其限制在越往东的地带越好；（6）复兴法国，使其成为西方民主势力中的坚定成员。⑥

贝文的这一对苏态度得到英国参谋长委员会的积极响应。其实英国参谋长委员会早在二战结束之前就认为战后苏联将成为西方的巨大威胁，本书的第二章对此已经有所论述。贝文关于《德国和鲁尔地区的未来》备忘录提出后不久，4 月初，参谋长委员会也向内阁提交了一份关于德国和鲁尔

---

① CAB129/9，CP（46）156，The Future of Germany and the Ruhr，p. 2.
② CAB129/9，CP（46）156，The Future of Germany and the Ruhr，p. 3.
③ CAB129/9，CP（46）156，The Future of Germany and the Ruhr，p. 3.
④ 吕根岛（Rügen）是德国最大的岛屿，位于德国东北部的波罗的海，当时位于苏联占领区内。
⑤ CAB129/9，CP（46）156，The Future of Germany and the Ruhr，p. 3.
⑥ CAB129/9，CP（46）156，The Future of Germany and the Ruhr，p. 11.

地区的报告。该报告指出："我们在西欧的主要战略目标是：（a）没有一个潜在的敌对国家控制西欧；（b）鉴于未来可能产生的任何冲突，我们的战略防线要尽可能地向东扩展。"① 这里所谓的"敌对国家"，很显然指的是苏联，而尽可能地向东扩展防线是要提醒防止苏联西扩。参谋长委员会的报告进一步指出："从现在看来，一旦盟国结束对德占领，唯一能够在德国建立控制性影响的国家就是俄国。……很显然，最坏的情况就是：出现一个被俄国所控制的复兴了的德国。"② 在参谋长委员会看来，德国对英国的威胁已经远远不如苏联那样大了，而且暗示：在对抗苏联方面，德国可以给西方提供重要的帮助；一旦英苏发生冲突或战争，德国可以成为遏制、延缓苏联进攻的屏障，"如果德国采取抵抗措施，就可以为我们争取必要的时间来发展自身的力量，以及让美国将其资源投入进来"。③ 报告最后总结道："从对德长远的政策考虑，要充分意识到，比起德国来，苏联是更加危险的潜在敌人；从军事角度看，西部德国不能被苏联控制。"④

当然，英国政府内部也存在不同的意见。英占区政治顾问斯特朗就认为苏联并不想肢解德国，或者把德国变为共产主义国家，苏联仅仅是想在柏林建立一个弱小和顺从的政府，"我不认为四大国在德国的合作是失败的，而且四大国合作的原则也不应该被丢弃"。⑤ 比如，经济与工业计划委员会于 1946 年 1 月向内阁提交了一份关于鲁尔地区工业管理方案的报告，该报告建议战后鲁尔地区在政治上仍然属于德国，并受未来德国中央政府的管辖。但是对鲁尔地区的经济特别是工矿企业实行国际共管，由包括苏联在内的主要盟国在鲁尔地区建立一个"国际控股集团"。该集团由各个参与国家的代表组成的会议机关来指导，每个参与共管的国家都有表决权，拥有相同的股份，关于集团的决定根据超过 50% 的简单多数原则来通过。⑥

---

① CAB129/8，CP（46）139，Annex C. O. S.（46）105（O），The Future of Germany and the Ruhr, p. 5.

② CAB129/8，CP（46）139，Annex C. O. S.（46）105（O），The Future of Germany and the Ruhr, p. 5.

③ CAB129/8，CP（46）139，Annex C. O. S.（46）105（O），The Future of Germany and the Ruhr, p. 6.

④ CAB129/8，CP（46）139，Annex C. O. S.（46）105（O），The Future of Germany and the Ruhr, p. 8.

⑤ 英国外交部档案：F. O. 371/55400，C 2311/14/18，27 Feb. 1946，Strang minute. 转引自 Sean Greenwood，*Bevin, the Ruhr and the Division of Germany: August 1945 - December 1946*，p. 206。

⑥ CAB129/8，CP（46）139，Annex A，Economic and Industrial Planning Staff，The Control of the Ruhr.

如果按照该方案对鲁尔工业进行管理的话，苏联将参加进来，这样苏联就可以插手处理西部德国的鲁尔地区事务，显然经济与工业计划委员会仍在按照"四国对德管制"的原则考虑德国和鲁尔地区的工业问题。针对此方案，贝文向内阁表示，"该计划有巨大的内在危险"，"我们要意识到柏林的德国中央政府在经济和政治上都与苏联政府有联系"。[1] 对于该计划要把苏联人也请来参加对鲁尔地区的共管，贝文显然是反对的，而参谋长委员会的态度更加明确："经济与工业计划委员会提出的方案中，让苏联人参与鲁尔地区的经济事务，这是我们坚决反对的。"[2]

由此可见，在巴黎外长会议召开之前，不论是外交部的贝文还是参谋长委员会，其态度都很明确，就是要防止德国落入苏联的控制之中，而且在德国问题上更加倾向在经济上复兴德国。当然，复兴德国的理由有两个：一个是防止德国经济崩溃造成社会动荡，给苏联和共产主义渗透进整个德国提供机会；另一个就是复兴德国经济，能够减少英国对德占领的负担。

二　巴黎外长会议上英苏在德国问题上的矛盾

1946 年 4 月 25 日，盟国外长会议在巴黎召开，此次会议分为两个阶段：4 月 29 日至 5 月 16 日为第一阶段，7 月 9 日至 8 月中旬为第二阶段。此次会议的主题就是如何处置德国、意大利这两个法西斯轴心国，以及它们的附庸国：罗马尼亚、保加利亚、匈牙利和芬兰等国。会议关于意、罗、保、匈、芬五国达成了处置意见，并且起草了对这五国的和约。但是在如何处置德国的问题上，英、美同苏联的矛盾明显加剧。

巴黎外长会议召开后不久，英国外交大臣贝文就向内阁提交了一份名为《对德政策》的备忘录，提出了在外长会议上讨论德国问题的基本原则。该备忘录一开始就指出当前德国问题的严重性，贝文指出："我们在德国面临着一些难题，其中需要特别提到的就是，我们是否要继续努力来建立一个统一（实行联邦制）的德国，或者由于苏联的态度以及共产主义统治西部德国的威胁，我们将后者视作一种危险进而努力建立一个西部德国国家。"[3] 对于未来德国的走向，贝文显然对实现德国的统一产生了很大的疑

---

① CAB129/9，CP（46）156，The Future of Germany and the Ruhr，p. 5.

② CAB129/8，CP（46）139，p. 8.

③ CAB129/9，CP（46）186，Policy Toward Germany，p. 1.

虑，他说道："我个人认为现在德国分裂的危险更大了。"① 但即使是这样，英国也不能公开提出分裂德国的言论，而且要在外长会议上与美、苏、法商讨建立德国统一的政治机构的问题。该备忘录建议未来在德国建立非中央化的联邦制作为其国家体制，扩大地方行政机构的权力。在关于苏联对德政策的分析上，该备忘录指出："苏联的政策主要有三个方面：（1）不惜任何代价地阻止一个强大和独立德国的复兴。（2）防止西部德国，特别是鲁尔地区被带入西方民主集团的阵营中。（3）保证德国逐渐'向东'靠拢，保持苏联在此地的强大的、独占的（如果可能的话）影响力。苏联人还没有决定是要一个统一的德国，还是仅保留自己在德国的占领区而已。他们现在正双管齐下，一方面在其自己的占领区内保证自己的安全，在柏林强力推行共产主义，另一方面准备在西占区发动进一步的行动。"② 贝文认为，苏联在德国的政策已经严重侵犯了英国，乃至整个西方的利益。因此，在该备忘录中，贝文强烈要求在对德政策上做出重大调整。他说道："直到最近，我们还把德国问题仅仅看成……如何防止一个强大的、具有侵略性的德国的复兴。……而现在的对德政策不能仅仅从这一方面出发，也不能将其作为一个主要的目标。因为苏联已经变得和德国一样，甚至更加危险。"③ 由此可见，在会议召开之际，英国在德国问题上已经彻底失去了与苏联继续合作、维护四国共管原则的意愿。

在外长会议上，英国同苏联的争吵更加激烈。贝文在会上提出要按照《波茨坦协定》的相关内容，将德国作为一个经济整体来对待，同时所有必需的资源都要在全德国内部平等分配，只有这样才能真正体现四国共同管制德国的原则，并且减轻英国纳税人的负担。莫洛托夫反对英国的方案，他坚持认为："只有四国共同控制德国的工业，特别是对鲁尔地区实行共管，才能使德国的工业和对外贸易得到发展，也只有在这样的情况下德国才会实现经济的统一。"④ 贝文不能容许苏联插手鲁尔地区，因此他对莫洛托夫说，不能同意任何对鲁尔地区采取的特殊控制措施，除非这种措施是相互的。其实贝文就是要求如果苏联参与鲁尔地区国际共管的话，那么就必须让西方国家参与苏占区的经济事务，这对苏联来说显然是不能同意的。

---

① CAB129/9, CP（46）186, Policy Toward Germany, p. 1.

② CAB129/9, CP（46）186, Policy Toward Germany, p. 2.

③ CAB129/9, CP（46）186, Policy Toward Germany, p. 3.

④ CAB129/11, CP（46）292, Annex A: Synopsis of Paris Discussions on Germany, p. 5.

在关于从东部德国获得原材料问题上，莫洛托夫坚持认为，来自苏占区的生活必需品和原料只能用西战区内用于赔偿的机器设备来换取。① 在关于德国未来的政治体制方面，莫洛托夫表示："德国不能被消灭掉，这就意味着德国的工业不能被摧毁，德国不能被肢解，也不能强行要求德国实行联邦制，除非德国人民希望这样做。要通过一定程序建立一个德国的中央政府。"贝文希望战后德国实行地方分权，即建立非中央化的政治体制，因此他不同意莫洛托夫的意见，并指出："英王陛下政府虽然在关于未来德国政治体制问题上并不存在偏见，但是我们坚持倾向于把德国建成一个松散的国家。"② 在赔款问题上，莫洛托夫坚持苏联要从德国获得价值100亿美元的赔偿，因为这是《雅尔塔协定》明确规定的，而且他还表示，苏联政府"要继续从德国现有产品中获取赔偿，直到赔偿数量达到自己应得的数量"。贝文和美国国务卿贝尔纳斯则坚决反对莫洛托夫的言论，贝文正式声明，"英王陛下政府不接受莫洛托夫关于赔款问题的阐释"，③ "关于赔款问题，我们从来没有答应过将100亿美元作为苏联从德国获取的赔款数额"。④

总之，英国和苏联都坚持《波茨坦协定》中有利于自己的原则，而同时相互指责对方违背了此前达成的关于德国问题的协议。在这样的氛围下，英苏很难就德国的一些重要问题达成妥协。

三　英国在巴黎外长会议上的收获

对英国来说，它在巴黎外长会议并非一无所获。在德国问题上，有三方面出现了对英国有利的局势。

第一，在此次外长会议上，法国政府再次提出要把鲁尔－莱茵兰地区从德国分裂出来，这是英国一贯反对的。与此同时，尽管美国国务卿贝尔纳斯表示理解法国的安全需求，也基本同意将萨尔地区交给法国来管理，但是他不主张鲁尔－莱茵兰地区在政治上独立。苏联外长莫洛托夫没有明确表态，只是说德国西部领土问题需要进一步研究，至于鲁尔－莱茵兰地区，莫洛托夫表示，如果不经过当地德国人民的公投决议，这一地区不能从德国分裂出去。⑤ 于是，英国一直希望保留完整的德国，特别是其不想让

---

① CAB129/11, CP (46) 292, Annex A: Synopsis of Paris Discussions on Germany, p. 5.

② CAB129/11, CP (46) 292, Annex A: Synopsis of Paris Discussions on Germany, p. 6.

③ CAB129/11, CP (46) 292, Annex A: Synopsis of Paris Discussions on Germany, p. 6.

④ FRUS, 1946, Vol. 2, p. 868.

⑤ CAB129/11, CP (46) 292, Annex A: Synopsis of Paris Discussions on Germany, p. 6.

鲁尔－莱茵兰地区被分裂出去的打算得到了美国的支持，从另一个方面来看，苏联对此问题的态度不温不火，显然也不太热衷法国分裂鲁尔－莱茵兰地区的计划，这样法国在这一问题上就处于孤立地位。

第二，美苏在德国问题上的矛盾和分歧越来越明显。正如前文提到的那样，由于苏联方面继续要求从德国提取战争赔偿，美占区司令官克莱将军宣布停止从其占领区内拆除赔偿设备的行动。针对美国人的行动，苏联对德军事占领当局长官索科洛夫斯基元帅于7月5日正式发布命令：苏占区内用于赔偿的德国工厂的所有权转为苏联政府所有。[①] 这样，苏联就可以从德国工厂现有的生产产品中提取赔偿。这导致了美苏之间极大的矛盾，贝文听说莫洛托夫和贝尔纳斯之间发生了激烈的争吵，争吵中莫洛托夫指责贝尔纳斯说，美国方面停止赔偿是在执行帝国主义扩张政策，还骂英美两国狼狈为奸。[②] 此外，美国方面曾提出一个德国非军事化的方案，其核心内容是盟军结束在德国的军事占领后，由"四大国"监督德国的非军事化，特别是监督德国可能用于生产军事物资的工业。[③] 在会上，苏联方面以及莫洛托夫由于担心此计划会导致西方国家干预苏占区的经济事务而予以坚决反对。为了能够尽早缔结对德和约，贝尔纳斯建议立即成立一个特别机构来考虑关于德国的长期问题，特别是对德和约的问题。但是莫洛托夫认为，在一些具体原则问题尚未解决之前建立该特别机构是"不可想象的"，因为这些原则问题得不到解决，该机构就没有展开工作的基础。[④] 莫洛托夫的态度表明，如果英美不能满足苏联在德国问题上的一些要求，或者不能就一些问题达成协议的话，进一步讨论长期对德政策是不可能的。美苏在德国问题上矛盾的尖锐，使英国更加有机可乘，联合美国对付苏联。

第三，美国公开表示了合并占领区，并将德国作为一个经济整体来对待的意愿。巴黎外长会议第二阶段开始后不久，英苏双方就在7月10日的会议上各自宣布了对德政策声明。苏联方面，莫洛托夫在声明中坚持要求建立全德统一的中央政府，德国要履行对苏联的赔偿义务，鲁尔地区必须

① Beate Ruhm von Oppen, ed. , *Documents on Germany Under Occupation 1945－1954* (London: Oxford University Press, 1955), p. 141.

② Anne Deighton, *The Impossible Peace: Britain, the Division of Germany and the Origins of the Cold War* (Oxford: The Clarendon Press, 1990), p. 81.

③ *FRUS, 1946*, Vol. 2, p. 82.

④ CAB129/11, CP (46) 292, Annex A: Synopsis of Paris Discussions on Germany, p. 6.

实行四国共管。① 贝文则在声明中说道："我必须正式声明，联合王国将会在互利、互助的基础上与其他占领区进行全面的合作。但是至今为止没有任何一个占领区提出过互利、互助的要求，也没有达成相关的协议来执行整个波茨坦议定书的内容。因此我国政府将被迫对英国在德国的占领区实行一种管理形式，这样的管理形式会使英国的纳税人不再承担更多的义务。我很遗憾地看到我们被迫陷入这种形势，这会导致将来的合作困难重重。"② 贝文的声明意味着英国不再寻求整个德国的完全统一，并且要在可能的情况下承担有限的责任，因为德国经济一体化的实现看来是不可能的。就在英国发表声明后的第二天，即 7 月 11 日，美国国务卿贝尔纳斯也发表声明："我希望能够避免出现贝文先生强调的那种形势。我仍然希望与会同仁能够同意建立一个德国中央行政机构，以此来保证德国统一经济体的实现。……美国将同在德国的其他占领当局合作，来把各自的占领区统一起来作为一个经济整体来对待。"③ 7 月 20 日，美国正式向盟国对德管制委员会提出英美占领区合并的方案。美国公开表示合并占领区，这对英国来说无疑是具有重要影响的。(本书将在以下章节中论述英美占领区合并的问题) 英国独立维持英占区已经是捉襟见肘，在经济和财政上也面临重重困难，更不用提将整个西方占领区下的德国纳入西方集团并使其成为对抗苏联的前沿阵地。美国对合并占领区的表态，给了英国实现自己对德政策目标的重要支持。

第三节 英国与英美双占区的建立

一 英国对美国提议合并占领区的反应

当美国国务卿贝尔纳斯在巴黎外长会议上提出愿意与其他占领区合并的计划后，英国政府内部对此产生了强烈反应。实际上，早在 1945 年 11 月，美占区司令克莱将军就曾向英占区的罗伯逊将军提出过占领区合并的意见。1945 年 11 月 13 日，克莱在给罗伯逊的信件中说道："为了能够按照《波茨坦协定》所规定的原则，把德国作为一个经济整体来看待，美国代表认为建立德国的中央机构是非常必要的，这也是为了执行波茨坦会议上所

① *FRUS*, *1946*, Vol. 2, pp. 872 – 873.
② *FRUS*, *1946*, Vol. 2, p. 868.
③ *FRUS*, *1946*, Vol. 2, p. 897.

达成的政策。因而我建议英美两方联合起来，建立管理两个占领区的中央
行政机构。"① 当时美国之所以提出这个建议，主要是针对法国。法国战后
的对德政策极力反对建立德国的中央政府，主张彻底肢解、削弱德国，因
此美国想通过与英国合作，先把两国占领区进行合并以尽快促成对德国经
济的统一管理，并推动德国中央政府的建立。然而，当时英国的态度并不
是很积极，罗伯逊在给克莱的回复中强调了四国协商一致的原则，并且表
示不要过分忽视法国的态度，他写道："最关键的因素是要根据《波茨坦协
定》取得四国协商一致；给法国时间来让其转变态度，如果法国在年底之
前仍然不接受我们的意见，那么英国准备接受克莱的计划。"② 但是直到第
二年7月的外长会议，法国也没有改变对建立德国中央政府的反对态度。在
此期间，英美也没有采取实质性的行动来推动占领区的合并。就英国方面
来说，战后初期它仍然对由四大国合作来处理德国事务保有一定的希望，
同时出于同法国结盟的考虑，还不想在合并占领区的问题上走得太快，以
避免刺激法国。但是随着英苏关系的紧张，以及英占区给英国上下带来了
严重的财政和经济负担，当美国再次提出占领区合并的意见后，英国的反
应就大不一样了。

　　如前所述，在巴黎外长会议上，英美两国都表示了与其他占领区在经
济上进行合作的态度。只不过英国是由于压力所迫，无力独自应对英占区
的各项事务，因而希望能和西方国家共同承担在德国的义务，而美国是出
于实现德国在经济上的统一，以防止苏联控制德国的目的而提出合并占领
区。就在美国正式提出合并占领区的意见之后，贝文在1946年7月23日向
内阁提交了一份备忘录，陈述对美国提出合并占领区的看法。贝文指出：
"我们应该完全理解美国人提出该计划的原因，并且给予迅速和全面的支
持。如果我们对美方的建议没有给予积极的响应，那么我们就是置美国人
于难堪之地了，而他们的行动准则和动机和我们的想法完全一样的。"③ 贝
文认为，英美占领区的合并对英国来说有以下两个好处。

　　第一，从长远来看，英美合并占领区能够减轻英国的经济负担，同时
又能让英国在德国问题上保持应有的重要作用。贝文认为比起英国单独经

---

① M. E. Pelly, H. J. Yasamee, eds., *Documents on British Policy Overseas*, Series I, Vol. V, p. 382.

② M. E. Pelly, H. J. Yasamee, eds., *Documents on British Policy Overseas*, Series I, Vol. V, p. 383.

③ CAB129/11, CP (46) 292, Germany: Results of the Paris Discussions, p. 3.

营占领区来说，英美占领区的合并不会立即减轻英国在占领区内的财政负担，但是从长远来看合并占领区"一定会让我们得到更大、更多的好处，而且还会在未来经济发展方面给我们很大的希望"。按照美国人提出的计划，英美占领区合并之后会建立共同的进出口管理系统，这样的话英国就可以通过美国方面进口更多的急需物资如粮食等，这就可以大大缓解英占区资源紧张的局面。贝文提醒内阁：如果不让英国驻德国的代表对美国提出的方案给予迅速和积极的回复，那我们的地位就是很尴尬。①

第二，英美合并占领区是在苏联方面拒绝执行《波茨坦协定》关于将德国作为经济统一体来对待的原则下进行的，这样虽然会形成英、美联合同苏联对抗的形势，但是贝文认为这样的情况不会让世界舆论觉得英美正在挑起与苏联的纠纷。这是因为美国的方案只主张经济上将英占区、美占区合并，而在政治上暂不建立相关的统一机构，而且也不考虑建立类似双占区首都这样的做法。另外，贝尔纳斯也表示美国的方案是开放性的，不是对四国管制德国机制的破坏，美国欢迎苏联和法国加入。贝文十分赞成美国在合并占领区问题上对外所表现出的态度，他指出："美国的方案也是我们所希望的，而且我们希望苏占区或早或晚地和英、美占领区一起把德国作为一个经济整体来看待。"② 如此一来，英美合并占领区从道义上讲是为了实现德国经济的正常化，从法理上讲也没有违背《波茨坦协定》的精神。

当然，贝文一定知道，英美方面的计划在苏联看来是不可能接受的，但是在该备忘录中贝文仍然提到了万一苏联愿意加入占领区合并中来，英国应该采取什么样的措施，他写道："如果苏联同意加入包含整个德国的组织，我们必须坚持要求将整个德国的资源一起用来消除财政亏空，这些亏空是在同其他占领区之间实现收支平衡的时候积累起来的。"③ 实际上，贝文还是在提醒内阁，不能让英国人自己承担德国的经济问题。总之，贝文认为无论苏联加不加入占领区合并中来都对西方有利，他说："对于英美合并占领区，如果苏联同意加入，那么它就得遵守英美制定的规则，如果苏联拒绝，那么英国与美国一起行动在道义上就更加有利了。"④

---

① CAB129/11, CP（46）292, Germany: Results of the Paris Discussions, p. 3.

② CAB129/11, CP（46）292, Germany: Results of the Paris Discussions, p. 4.

③ CAB129/11, CP（46）292, Germany: Results of the Paris Discussions, p. 4.

④ CAB129/11, CP（46）292, Germany: Results of the Paris Discussions, p. 4.

根据以上的分析，贝文在备忘录中强烈要求内阁对于美国提出的合并占领区的计划做出积极响应，他写道："等着其他政府是否同意该计划确实对于我们来说是有些好处的，但是根据（以上）提到的原因，看来我们是不能再拖延了。"① 该备忘录得到内阁批准，同时内阁也指出，有关合并占领区后的财政问题留到以后再达成协议。

二 英国与占领区合并后的财政分摊问题

虽然英国政府中以贝文为代表的很多人都看到了英美合并占领区所带来的好处，但是在具体实行建立双占区的过程中，有很多方面对英国是不利的，其中最重要的一点就是双占区的财政负担分配问题。英美两国代表在巴黎外长会议之后就开始了合并占领区问题谈判，贝文向贝尔纳斯提出英美占领区合并后，英国政府仅能承担 1/4 的财政支出，剩下的由美国来承担，但是贝尔纳斯表示美国和英国要平摊占领费用。

1946 年 10 月 17 日，贝文在给内阁的备忘录中汇报了英美双方关于该问题的讨论结果。但是贝文对财政问题并不十分担忧，他在该备忘录中说道："沉重的财政负担并不是内阁在 7 月决定实行合并占领区的政策所导致的结果。合并占领区之后，即使分摊 50% 的占领费用，这也意味着我们的财政负担没有增加反而还减少了。"② 另外，贝文认为，一旦占领区合并，英国就可以从美国得到更多的资金用于加快鲁尔煤炭的生产，他说道："假设有足够的资本，我们就能努力增加煤炭生产，德国就有了足够的煤炭，双占区经过一段时间后就能够偿还投资。"③ 但是，内阁中也有人对今后双占区的财政问题提出了担忧，在贝文备忘录提交内阁的第二天，即 10 月 18日，财政大臣休·道尔顿也向内阁提交了一份关于德国问题的备忘录，他认为，英国在德国的占领费用"不会因为英美占领区的合并而有实质上的减少，而且占领区的合并最早也要等到 1947 年才能实现"，但是本财政年结束之前还需要 3000 万至 4000 万英镑来支付英占区的费用。④ 因此，道尔顿一方面支持向美国人提出英国只能承担 1/4 的费用，另一方面提出减轻英国财政负担的三条建议：一是加大德国的出口；二是立即采取行动，从英

---

① CAB129/11, CP（46）292, Germany: Results of the Paris Discussions, p. 4.
② CAB129/13, CP（46）383, Germany: Results of the Paris Discussions, p. 1.
③ CAB129/13, CP（46）383, Germany: Results of the Paris Discussions, p. 1.
④ CAB129/13, CP（46）385, Germany: Results of the Paris Discussions, p. 1.

占区获得英国所需的机器和其他物资，"现在我们要从德国获得赔偿，而不是给他们东西了"；三是德国的大部分财政赤字必须由美国人来承担，如果美国不同意分担英国的花费，那么只能让美国人用美元支付从英占区输出到美占区的物资（输出量每年有1.6亿美元）①。很显然，道尔顿主张一方面在德国占领费用上采取"以我为主"的策略，通过加大德国的出口，从德国获取战争赔偿来抵偿英国在占领区的花费；另一方面对美国实行美元支付的政策，这样就能从德国的出口中获得英国紧缺的美元。

当然，贝文也看到了分摊占领费用对于英国来说是一项沉重的负担，他坦言："这超出了这个国家的支付能力，我们应该让美国承担更多……费用比例。"② 但是他对通过用美元支付英占区出口物资来达到减轻财政负担的政策表示质疑，他认为这在政治上是有损于西方国家的整体利益的，而且内阁早在7月就否决了此意见。当时内阁的意见是，"短期来看，用美元支付德国出口的物资会让英占区的经济情况有所缓解，但是受到损失的是西欧国家和美国"。③ 贝文的建议是，"为了能让美国承担双占区更多的占领费用，可以向他们指出我们财政上的困难，另外美国人表示过他们不会让占领区合并因为财政原因而失败的"。④ 在这里，贝文对美国寄予了很大的期望，他认为美国不会对德国的现状放任不管，因为在此之前的9月6日，美国国务卿贝尔纳斯在德国斯图加特做了关于对德政策的重要讲话。在讲话中贝尔纳斯说："我们希望德国的经济统一。如果完全的经济一体化不能实现，那我们就会尽全力保证最大可能的一体化。"⑤ 这体现出美国要实现德国经济统一的决心，因而作为最早同意美国合并占领区的英国很可能会得到美国"倾尽全力"的帮助。贝文从另一方面分析认为，假如美国今后承担了大部分财政负担，那么英国将来在对德问题上的发言权就相对减弱了，他指出："如果美国人同意承担起运转两个占领区的主要责任，那么他们将会希望在对德长期政策上起到领导作用。到时候我们可以影响他们的政策，但是我们也必须准备着做出某种牺牲来接受他们的观点。"⑥ 实际上，贝文很明白这样的道理，英美两国谁出的钱多，谁就能在未来的德国问题

---

① CAB129/13, CP（46）385, Germany: Results of the Paris Discussions, p. 2.

② CAB129/13, CP（46）383, Germany: Results of the Paris Discussions, p. 6.

③ CAB128/6, CM（46）, 25 July 1946.

④ CAB129/13, CP（46）383, Germany: Results of the Paris Discussions, p. 6.

⑤ Beate Ruhm von Oppen, ed., *Documents on Germany Under Occupation 1945 – 1954*, p. 155.

⑥ CAB129/13, CP（46）383, Germany: Results of the Paris Discussions, p. 7.

上做主。

11 月，贝文率领英国代表团赴纽约参加外长会议，同时与美国商讨占领区合并的具体事宜。英美开始讨论占领区合并问题后，美国在给英国的占领区合并方案中仍然强调双方今后要均摊双占区的费用。11 月 25 日，英国内阁中的多个部门即财政部、外交部、粮食部和对德奥管制办公室，一致通过了一份备忘录，该备忘录授权贝文在与美国讨论合并占领区的时候，在美国答应以下条件后可以接受美国合并占领区的方案。

这些条件主要是：（1）英国承担的财政负担（指美元和其他硬通货）不能超过 3 亿美元；（2）美国今后要承担合并后占领区的粮食供给；（3）美国不能插手英国关于鲁尔地区工业社会化的事务；（4）在不影响德国经济的情况下，尽快使其偿还英国用于德国进口所支付的费用。[①] 对于以上条件，美国方面基本接受，因此双方的谈判迅速达成协议。12 月 2 日，贝文和贝尔纳斯分别代表英美两国政府正式签署了英美占领区的经济合并协议。[②] 1947 年 1 月 1 日，该协议正式开始执行，英美占领区完成了经济上的合并。

虽然此次达成的合并协议没有减轻英国的财政负担，但 1947 年 6 月 5 日，美国国务卿在哈佛大学发表重要演讲，表示美国政府愿意为战后欧洲的复兴提供帮助。不久，欧洲复兴计划即马歇尔计划正式启动。马歇尔计划将德国也纳入进来，因此英美两国政府于 10 月 8 日在华盛顿又讨论了双占区的财政费用问题，12 月 17 日，双方达成相关协定，规定美国将承担双占区 1947 年最后两个月和 1948 年全年的所有财政费用。这样，英国在双占区的财政负担就由此前的一半减少到了 1/4。

三　双占区的建立与英国通过德国遏制苏联的冷战政策

实际上，在双占区建立过程中，从开始提出意向到 1946 年 12 月正式公布，英美方面一直强调双占区仅是为了更好地管理两个占领区的经济事务，而且还强调双占区也欢迎其他占领区加入进来，以促进对德经济一体化的实现。就在英美签署占领区经济合并协议后不久，12 月 4 日，英国对德管制委员会的经济委员会主席塞西尔·维尔（Cecil Weir）就发表声明称："必须强调的是，在华盛顿达成的协议安排仅仅是完成德国经济统一的第一

---

① CAB129/15, CP (46) 438, Anglo-American Discussions on Germany, p. 1.

② 该协议全文参见 Beate Ruhm von Oppen, ed., *Documents on Germany Under Occupation*, 1945 – 1954, pp. 195 – 199。

步。英美政府任何时候都准备和渴望与其他占领国当局进行讨论，来商议将英美已达成的协议扩大到他们的占领区内。"① 表面上看，英国的态度是为了实现德国的经济统一，进而为最终解决德国问题打下基础，但是实际上英国政府很明白，让其他占领区加入是很难的事情，尤其是让苏联加入英美主导的德国经济一体化是根本不可能的。这是因为，此时东西方对抗的形势越来越明显，苏联对英美的猜忌也越来越重。贝文在 1946 年 10 月对德政策的备忘录中分析了将来苏联加入英美占领区合并的可能性。贝文提出要实现德国经济一体化，就必须向苏联提出以下条件：（1）各种紧缺资源要在各个占领区内公平地分配，而且要有统一的分配标准；（2）将德国作为一个整体，对其制订一致的进出口计划；（3）只要任何一个占领区有财政赤字，那么就不能从现有产品中提取赔偿；（4）苏联应该向英美占领区支付一定的款项来平衡由于苏联提取赔偿所造成的财政赤字；（5）四大国应该通过达成协议来合理分担由于向德国提供资金所造成的财政赤字。② 可以看出，贝文的五个条件的核心是：要求苏联停止从德国索取赔偿，并且支付由于索取赔偿给西方占领区造成的财政赤字；统一德国的进出口和相关资源的分配。对于以上条件，贝文认为苏联绝不会（never）接受第 4 条，不太可能（unlikely）接受第 5 条，很可能不接受（probably not）第 3 条。③ 实际上贝文认为苏联在涉及赔偿问题的时候是很难妥协的，让苏联支付因为提取赔偿而造成的占领区财政赤字，无疑就是让其把吃到嘴的肉再吐出来，对此苏联是决不会答应的。然而，停止索取赔偿与对德实行经济一体化又是密切相关的，苏联从 1946 年 7 月宣布从苏占区现有生产中提取赔偿，如果这种行为不停止那么就无法实现对德生产的统一管理。另外，如果德国经济实现一体化后其内部的货物实行自由流通，而苏联仍然从其占领区内提取赔偿，苏占区的资源就会被抽干，那么就势必会造成西方占领区的物资流向苏占区，最终吃亏的还是英美等西方国家。因此，贝文的判断是："如果在以上的条件方面不能获得（苏联的）妥协，那么我们就只能被迫将英美占领区从德国分离出来。"贝文进一步指出："如果没有建立中央政治机构和经济机构，并且没有建立独立的货币体系的话，这样一个

---

① Beate Ruhm von Oppen, ed., *Documents on Germany Under Occupation*, 1945 – 1954, p. 200.

② CAB129/13, CP（46）383, Germany：Results of the Paris Discussions, p. 8.

③ CAB129/13, CP（46）383, Germany：Results of the Paris Discussions, p. 8.

地区能否继续生存下去是值得怀疑的。"① 而按照贝文的意图,一旦英美占领区从德国分离出来,就要成立中央政治机构和经济机构,并实行单独的货币体系,这也就意味着德国实质上的分裂。

贝文还认为,即便和苏联达成经济一体化的相关协议,对于西方国家来说也不一定是好事,他在备忘录中指出:"苏联在其占领区内实行的政策实际上也是在建立一个独立的东部德国。即使苏联愿意达成协议,但是它也不会按照协议的精神来行动。我们没有机会去检查苏联在自己占领区内的所作所为,也不能强迫它与我们合作。进一步讲,经济一体化能够让苏联人自由地进入西部德国,而西部德国由于经济上的困难和政治上的不团结,势必不能抵御共产主义的扩张。"②

英占区政治顾问斯特朗也有类似的担心。斯特朗在 1946 年 12 月向外交部提交了一份报告,该报告是由斯特朗与英占区司令罗伯逊将军经过商议讨论后联名提交给外交部的。在该报告中,斯特朗分析了苏联对德国的经济政策,他认为,首先,由于苏联已经将德国大量的工业设备、科学家和技术工人带走,再加上这一地区和其东部的领土已经完全脱离,所以说,东部德国如果和西占区在经济上合并的话,也只能是西占区的负担而不是财富;其次,苏联当局把苏占区搜刮干净后,有可能在将来的 6 个月内会考虑将其占领区与西方占领区在经济上进行合并;再次,苏联当局为了达到上述目的,会在现在或者在就要召开的外长会议上制订初步的计划;最后,苏联人有可能制订相应的计划来使自己参与对西占区工业的控制,同时他们也会计划从西占区的产品和机器设备中获得赔偿。对于苏联可能采取的政策,斯特朗给外交部的建议是:第一,如果苏联有在经济上与英美占领区合并的计划,英国政府就要十分小心地对待,如果接受合并苏占区,也要仔细考虑其中的利害关系,因为苏联人想利用西占区的资源,同时会损害英美的利益;第二,美国人同意苏联加入,这是英国不愿看到的,我们应该尽力提醒美国人,同时也要声明,如果将来出现财政上的损失,则应该由美国来承担。③ 当然,斯特朗也提出了苏占区加入德国经济一体化的条件,主要包括:苏占区的资源要由各国共用;苏联当局要与英美共同执行统一的对德进出口计划;苏联不能再从德国现有生产产品中提取赔偿;在

---

① CAB129/13, CP (46) 383, Germany: Results of the Paris Discussions, p. 8.
② CAB129/13, CP (46) 383, Germany: Results of the Paris Discussions, p. 8.
③ CAB129/13, CP (46) 461, Germany: Soviet Economic Policy, pp. 1 – 2.

重建德国经济方面，苏联要承担和英美同样的财政负担。[①] 这些条件与贝文曾经提出的大同小异，实际上斯特朗也明白让苏联人答应这些条件是很困难的。可见在斯特朗和罗伯逊看来，苏联加入德国经济一体化对英国来说并不是好事，也可以说，英国方面希望的德国经济一体化是由西方国家来主导，并且对苏联采取排斥态度。之所以如此，主要是由于苏联在东部德国获取了大量赔偿[②]，特别是苏联从占领区产品中提取赔偿的行为，使英国认为苏联就是在榨干德国的财富。斯特朗在报告中举例指出，1946 年 5—11 月，苏占区纺织产品的 70% 作为赔偿被苏联人拿走，15% 分配给了在德国的苏联机构，用于德国人消费的仅有 5%。[③]

由此可以看出，英国以实现德国经济一体化为借口，想把西部德国纳入西方阵营。虽然英国一直宣称欢迎其他占领区（主要指苏占区）加入由英美主导的德国经济一体化，但是英国很清楚苏联不可能同意英国提出的前提条件，即苏联放弃从现有德国产品中提取赔偿、在实现各占领区之间人员物资的自由流动以及共同承担德国占领费用的前提条件下与英美进行合作。而且从另一方面来说，即使苏占区加入也只会给英美带来麻烦。英国其实很明白，出于对联进行遏制以及将西部德国作为对抗苏联的桥头堡的战略目的，战后的德国是不可能在经济上被作为一个统一体来对待的。所以说，双占区的建立是英国实施分裂德国的实际行动之一，而且随着双占区的成立以及相关管理事务的需要，双占区也不再只是一个英国自称的"经济合作的区域"，而是更具有行政上的职能。

在 1947 年 3 月 10 日召开的英、美、苏、法四国莫斯科外长会议上，英美和苏联在德国统一问题上仍然是争吵不休，也没有取得什么实质性结果。但是在此次会议上，贝文和马歇尔经过讨论后认为英美双方应该就双占区的管理问题做进一步的协商，并且指示英国的罗伯逊将军和美国的克莱将军进行相关的谈判。[④] 特别需要指出的是，正是在会议期间的 3 月 12 日，美国总统杜鲁门发表了关于援助希腊和土耳其的国情咨文，这标志着杜鲁

---

① CAB129/13, CP (46) 461, Germany：Soviet Economic Policy, p. 4.
② 从 1945 年起至 1953 年，据估计，苏联从苏占区以及之后的民主德国获得的赔偿约为 150 亿美元，该数额大大超过了《雅尔塔协定》所规定的 100 亿美元。参见刘同舜、姚春龄主编《战后世界历史长编》第 8 册，上海人民出版社，1992，第 258—259 页。
③ CAB129/13, CP (46) 461, Germany：Soviet Economic Policy, p. 2.
④ CAB129/13, CP (47) 143, Implementation of the Fusion Arrangements in the British and United States Zones of Germany, p. 1.

门主义的出台和美国冷战政策的正式形成。杜鲁门主义出台的直接导火索就是英国政府知会美国自身无法承担援助希腊、土耳其任务，希望美国接手以防止这两国落入苏联之手。英国此时虽然无力维护对其自身有重要战略意义的希腊和土耳其两国的稳定，但是英国也绝不会拱手将这两国让给苏联，因此要求美国承担起"维护自由世界"的重大责任，杜鲁门主义的出台表明美国"当仁不让"，接受了这个责任。另外，不光是希腊和土耳其，作为欧洲重要国家的德国也更在这个"责任"之中，所以在德国问题上，防止苏联和"共产主义的扩张"就成了英美两国共同的战略利益所在。杜鲁门主义出台之后，英国加紧同美国一起制定和实施分裂德国、遏制苏联的政策。

　　1947 年 5 月 15 日，贝文在下院辩论中表示，英美双方在双占区管理问题上已经就基本原则达成一致，"在这样的情况下我们对（双占区）就能更加有效地进行控制，而且我也十分同意将双占区的管理机构尽快集中到一个地方——法兰克福，只有这样才能使双占区的运转效率提高"①。双占区刚建立的时候，很多经济管理部门都是分散在多个城市中的，这样做就可以给外界一个印象：双占区没有一个真正的首都。然而，此时贝文也不在乎将各个管理机构集中于一个城市会给人造成双占区有了一个首都城市的印象了。5 月 29 日，驻德国的英美军政府最高军事长官罗伯逊将军和克莱将军签署协议，改组双占区的经济机构，成立经济委员会（Economic Coun-cil），其下设一个总的执行机构——执行委员会（Executive Committee）。经济委员会由 54 名委员组成，委员按照 750000:1 的比例由双占区的各州选举产生，经济委员会和执行委员会都设在法兰克福。② 经济委员会的主要职能有：在英美军政府的授权下指导占领区的重建工作；批准和颁布相关的法令来管理各州之间产品、原料、能源的生产、运输、分配，以及整个双占区的交通运输（除了通往占领区之外的交通）；任命执行委员会的成员，限定其管理权限；讨论和通过委员会和其他部门的年度财政报告等。③

　　双占区经济委员会成立之后，英国对外基本上不再宣传欢迎苏占区也加入占领区的合并，而且贝文多次表示德国统一的希望渺茫，并且把阻碍德国问题解决的责任归咎于没有一个德国政府来供盟国打交道。在 5 月 15

---

①　*BDFA*，Part Ⅳ，Series F，Vol. 10，p. 339.

②　*BDFA*，Part Ⅳ，Series F，Vol. 10，p. 343，345

③　*BDFA*，Part Ⅳ，Series F，Vol. 10，pp. 343 – 344.

日的下院辩论发言中，贝文就强调，"在我离开伦敦去莫斯科参加外长会议之前，我就表示过，最终确定对德和平条约的事情不会在莫斯科外长会议上取得什么成果"，解决德国问题"是既重要又很复杂的一件事情，我们要明白没有一个德国政府可以来打交道"。[1] 双占区管理机构的改组和重建，在贝文看来可以为今后建立一个亲西方的德国政府打下良好基础，经济委员会由德国人组成，这也为以后联邦德国政府的建立做了相应的人才准备。这是因为，双占区经济委员会不仅有管理经济的权力，而且也有了一定的行政权力，这就使双占区的政治性更加明显，英国感到与苏联在德国问题上达成一致已经是不可能了，分裂德国和建立亲西方的德国政府也已经不可避免。

总之，双占区新机构的建立让贝文深感鼓舞，他对下院议员们说道："英美驻德国代表达成这样的协议将会使我们合并占领区的工作能够成功地进行，……可以说我们正在倾尽全力去重建一个爱好和平的德国，它一方面不会给英国的纳税人增加负担，另一方面不会再次成为对世界和平的威胁。"[2]

可以看出，英国希望建立双占区的直接原因是减轻在德国占领区的经济负担，但是更深刻的原因是要防止西部德国落入苏联之手，同时将西部德国改造成西方文明的"橱窗"，以遏制苏联进一步向西方扩张。所以，当美苏冷战开始之后，英国在德国问题上对苏政策的考虑与美国的整个冷战思想和政策是不谋而合的，特别是 1947 年杜鲁门主义和马歇尔计划的相继出台，使英国在分裂德国、遏制苏联的政策上拥有了可信、可靠、可用的盟友——美国。可信，指的是美国在意识形态、政治经济制度和反共反苏方面与英国是根本相同的；可靠，指的是美国的经济实力和军事力量足以重建德国并且对抗苏联；可用，指的是 1947 年冷战正式开始后，美国彻底抛弃了"孤立主义"，承担了对欧洲的各种军事、经济责任，并且展开了一系列行动。

第四节　英国拉拢法国加入英美对德政策体系

本书的第二章第四节已经论述了 1945 年战后英法在处置德国问题上的政策以及相应的关系。法国极力想要削弱、肢解德国的主张遭到了英国、

---

[1]　*BDFA*, Part Ⅳ, Series F, Vol. 10, p. 330.

[2]　*BDFA*, Part Ⅳ, Series F, Vol. 10, p. 339.

美国的反对。但是英国还是想极力拉拢法国与自己结盟，这是因为战后英国的极度衰落及其在与大国关系的变迁情势中，无法在英美、英法、英苏等关系中就德国处置问题达成平衡。从苏联来说，一方面，它在战后要完全消除德国对自身的威胁，进而强烈要求彻底削弱德国，苏联大规模拆除德国境内工业设备作为战争赔偿就是当时最好的例子；另一方面，为了巩固西部边界，增大自己的战略缓冲地带，也寻求将德国特别是苏占区下的德国纳入自己的势力范围，因此战后苏联积极支持东部德国内的统一社会党合并其他德国非社会主义党派，使其听命于苏联的指示。二战结束后初期，迫于国内的呼声，美国曾一度想迅速从欧洲撤出军队，回归"孤立主义"。但是，美国的政治家们已经深知美国已经和欧洲产生了密不可分的关系，尤其此时美国的政治、经济、军事实力空前强大，其领导西方、称霸世界的野心已经昭然若揭，而苏联在东欧和德国的种种行为已经被美国看作共产主义向欧洲的"侵略扩张"。因此，美国的杜鲁门主义、马歇尔计划等一系列遏制苏联的措施纷纷出台，冷战随之开始。在冷战已经发生、东西方处于极度对立的国际大背景下，英国既要努力在欧洲事务中积极发挥自身的作用，又希望遏制苏联，于是与法国结盟就成为英国采取的一个重要步骤。

一 英法结盟与《英法同盟互助条约》的签订

在这一时期，英法结盟的最重要的表现就是双方于 1947 年 3 月 4 日在法国敦刻尔克签署《英法同盟互助条约》（又称《敦刻尔克条约》）。

1946 年 10 月底，法国举行大选，虽然共产党获得的选票最多，但是由于社会党的不合作，法共未能成功组阁。12 月 12 日，法国暂时组成了由社会党人莱昂·布鲁姆（André Léon Blum）组成的看守内阁，该内阁任期至 1947 年 1 月法国选出新总统。布鲁姆及其所在的法国社会党一直以来以亲英著称，他本人在战后也大力鼓吹英法结盟对西欧的稳定有着积极的作用。1947 年 1 月 1 日布鲁姆写信给艾德礼提出希望访问伦敦。在 1 月 6 日的内阁会议上，贝文十分同意布鲁姆的请求，他说："我们应尽我们所能去支持他的政府，如果他的政府能够维持下去，那么这无论是对法国还是对欧洲未来的社会民主制度都是非常有价值的。"① 后来在艾德礼的邀请下，布鲁姆

---

① Alan Bullock, *Ernest Bevin, Foreign Secretary, 1945－1951*, p. 357.

于1月13日抵达伦敦，开始访问英国。1月14日，贝文与布鲁姆进行了会谈。在英法结盟问题上，贝文表示："自战后以来，英国政府一直十分希望同法国政府达成结盟的意向，但是戴高乐政府要求英国接受其对鲁尔地区未来的安排"，这是英国政府所不能接受的。① 贝文进一步指出，法国内部有人认为英美合并占领区后损害了法国人的利益，这种看法是不对的；希望德国的法占区能够和英美占领区合并；英法结盟能够防止德国再次威胁欧洲的和平。布鲁姆表示愿意同英国商议结盟的问题，但是再次提出鲁尔地区未来的地位问题，并提出从鲁尔地区得到法国急需的煤炭是同英法结盟问题紧密相连的，而且他感到，与重建法国相比，英国更热衷于德国的重建。② 但是贝文不断向布鲁姆表示英法结盟可以很好地限制和防范德国，另外，贝文也十分爽快地同意考虑法国从鲁尔地区得到煤炭的要求，他说："（英占区）煤产量已经达到25万吨/天，这将能为……法国提供充足的德国煤炭。"贝文还表示将连夜进行相关的调查，给法方增加煤炭配给的一个确切日期。③ 在这样的情况下，布鲁姆表示了与英国缔结同盟条约的意愿。1月16日，英法双方发表公报指出："在防止德国再次产生威胁方面，英法两国有共同的利益。因此双方一致同意，在《联合国宪章》第52条的框架下，④ 为了防止德国再次发动侵略以及保卫和平与安全，两国应该尽早地缔结同盟条约。"⑤

虽然几天之后（1月19日）布鲁姆政府就被新的联合政府取代，但是新的联合政府的总理皮杜尔继承了布鲁姆的政策。2月16日英法双方代表开始进行结盟的正式会谈；2月底，条约草案被英法两国内阁批准；3月4日，两国正式签署条约。条约的主要内容有：

> 1.……缔约双方于任何一方的安全受到威胁时，不管这威胁系来自德国采取的侵略政策或者来自旨在便利这种政策的德国行动，经彼此协商后并在相应的场合与负有对德国采取行动责任的其他国家协商后，

---

① *BDFA*, Part Ⅳ, Series F, Vol. 10, p. 256.
② *BDFA*, Part Ⅳ, Series F, Vol. 10, p. 257.
③ *BDFA*, Part Ⅳ, Series F, Vol. 10, p. 255.
④ 《联合国宪章》第52条规定，可以建立相应的地区或区域机关来维护地区和国际的和平、安全，但是这不能和联合国的宗旨及原则相冲突。参见世界知识出版社编《国际条约集（1945—1947）》，世界知识出版社，1959，第47—48页。
⑤ *BDFA*, Part Ⅳ, Series F, Vol. 10, p. 257.

将采取一致行动以制止这种威胁。

2. 倘缔约一方再度卷入对德冲突，……缔约另一方将立即尽力给予已被卷入冲突的缔约一方以一切所有的军事和其他支援力量。

3. 如遇缔约任何一方由于德国不履行投降书或任何继续解决办法所规定的经济义务而蒙受损失时，缔约双方将彼此协商并在相应的场合与负有对德国采取行动责任的其他国家协商以便采取一致行动来应付这情况。

4. 注意到联合国其他会员国的利益，缔约双方就有关影响它们的经济关系问题将通过不断协商，采取一切可能的步骤来促进两国的繁荣和经济安全，从而使它们对联合国经济和社会的目的做出更有效的贡献。

5. ……缔约任何一方都不得签订或加入反对缔约另一方的任何同盟，并不得承受与本条约相抵触的任何义务。条约规定有效期为五十年。①

从主要内容上看，该条约极力避免给人以这样的印象，即英法两国要独自处理德国问题。很明显，战后的英法两国都已经极度衰弱，两国即使联合起来也没有能力处理德国问题，条约规定要经过同"负有对德国采取行动责任的其他国家协商后"才能采取行动，显然这个"其他国家"指的就是美国。这就表明英法两国并不是要撇开美国自行处置德国，因为英法都需要美国在德国问题上予以帮助。从英国对德政策的层面上看，条约既在一定程度地满足了法国防范德国崛起和侵略的安全需要，又规定预防的是德国的侵略行动，没有指出要限制或者对抗德国，这也就为以后德国的经济复兴做出了一定的保证。另外，从该条约的产生过程中可以看到，英国方面极力向法国保证要防范德国的威胁，虽然英国在德国问题上更深层的目的是要拉拢法国加入对抗苏联的阵营，但在整个条约产生过程中对苏联方面的问题只字不提。英国之所以这样做，一方面是向法国民众表明英国愿意在防范德国的威胁上同法国合作；另一方面是英国担心实力强大的法国共产党会因为英法结盟有针对苏联的倾向而采取反对态度。

但是从根本上来说，《英法同盟互助条约》并没有完全满足法国对防范德国的战略安全需要，而且英国也没有得到法国会在德国问题上合作的保

---

① 条约内容参见世界知识出版社编《国际条约集（1945—1947）》，第438—439页。

证。特别是英美双占区的存在，将德国实际上分成了三大块：双占区、苏占区、法占区。怎样才能够让法国在德国问题上同英美加强合作，加入建设西部德国的行列以对抗苏联，这是英国政府需要进一步考虑的事情。

二　英法关于鲁尔地区的政策协调

关于鲁尔地区问题，虽然英国从一开始就否定了法国分裂鲁尔地区的要求，但是法国一直没有放弃这方面的努力。然而，英国在这一问题上却毫不退让。1946 年 2 月 1 日，在贝文与法国驻英国大使马西里的会谈中，马西里坚持法国对德国的强硬态度，而贝文则明确指出："在德国处于饥饿的条件下去控制德国人，这样的做法是不可行的。这样一个政策在未来几年的时间内会导致德国有一个好战的反应……鲁尔的工业通过服务于大众能有利于欧洲的团结。"[1] 此后在 1946 年 4 月巴黎外长会议上，贝文再次向法国方面表达了英国对德政策的态度，即 "德国问题的解决要着眼于整个德国的未来"，英国会考虑法国的愿望，但是英国认为法国对德问题的解决方案 "越来越不能有效"。[2] 此后，英美两国着手筹划合并各自的占领区、加快建立一个亲西方德国的行动。为此，美国也反对法国的方案。1946 年 9 月 6 日，美国国务卿贝尔纳斯公开表示："凡是对无可争议的属于德国的地区所提出的任何要求，美国都将不予支持；凡不是出自于当地居民自己的要求而想脱离德国的地区，美国也不予支持。据美国所知，鲁尔区和莱茵州的居民仍然希望与德国的其余地区联合在一起，美国将不违背这一愿望。"[3] 法国对此虽然心有不甘，但是英美两国的表态使法国不得不放弃自己的打算。此外，英美为了安抚法国，都同意了法国将萨尔地区从德国中独立出来，并使其在经济上归属法国的要求。

英美占领区合并后，两国都开始考虑要复兴德国（西部）的工业，这一方面是重建欧洲的需要，另一方面也是担心经济衰败的德国会被共产主义 "赤化"。然而，复兴德国的工业在法国看来是一个敏感的问题，出于维护刚刚建立的英法同盟的目的，英国在这个问题上也比较谨慎。早在 1947 年 2 月，英美双方就开始考虑修改德国的工业水平计划，4 月莫斯科外长会

① *BDFA*, Part Ⅲ, Series F, Vol. 3, p. 25.

② *BDFA*, Part Ⅲ, Series F, Vol. 1, p. 277.

③ 〔联邦德国〕康拉德·阿登纳：《阿登纳回忆录（1945—1953）》第 1 卷，上海外国语学院德法语系德语组部分同志译，上海人民出版社，1976，第 105 页。

议结束后，驻柏林的英美两国代表就开始了关于修改工业水平计划的谈判。5 月，美国提出德国全部的钢产量（除了萨尔和西里西亚地区之外）要达到每年 1350 万吨，其中 1250 万吨用于内部消费，100 万吨用于出口。① 这个数字基本上达到了战前 1936 年德国钢产量的 85%—90% 。对于美国的方案，贝文在给内阁的备忘录中指出：“接受美国的这一数字将会有可能使法国人对我们在德国的企图有所怀疑，而且会导致我们与法国政府之间的关系遭到挫折。”② 另外，英国的谈判代表在给外交部的报告中也认为，美国提出的数字过高，允许德国生产如此多的钢“是对安全的一个潜在威胁”，“这将会使德国人有能力将重要的钢材用于战争目的”。③ 英国方面的意见是：同意增加德国的钢产量，但是年产量要保持在 1050 万吨至 1100 万吨之间，“只有这样才不会产生严重的后果”。④ 最后，双方确定将钢产量规定为年产 1070 万吨。

　　果不其然，法国在得知英美要修改双占区德国的工业水平后，立即向英美政府表示反对。鉴于此，贝文立即同美方进行了沟通，英美双方都认为修改双占区工业水平要争取法国人的理解。7 月 21 日，美国国务卿马歇尔在给贝文的信中说：“我已经收到了皮杜尔以个人名义发来的消息，他直截了当地表达了他对该计划所产生的后果的警告……法国政府在这件事情上的态度不能被忽视，并且我觉得我们必须向法国政府提交照会，向其表达我们的意图。因此，我建议我们分别向皮杜尔提出照会向他说明，在法国政府对此进行全面考虑并且有适当的机会表达自己的意见之前，美国和英国政府暂停宣布两国达成的关于修改双占区工业水平计划。”⑤ 当天贝文在同美国驻英国大使道格拉斯（Lewis Douglas）谈话时就表示赞同马歇尔的看法，并且说：“由于法国人的反对导致困难产生，我觉得最好再考虑一下该计划，使该计划不仅能为德国重建提供帮助，而且能对解决欧洲的问题有所益处。”⑥ 贝文希望修改双占区工业水平计划，一定程度上是希望恢复德国经济的做法能够实现双赢：一方面，德国的经济恢复能有利于战后欧洲的重建；另一方面，出于维护英法同盟关系，以及恢复欧洲均势的考虑，

---

① CAB129/19, CP (47) 163, Level of Germany Industry, Annex：Germany Steel Industry, p. 1.
② CAB129/19, CP (47) 163, Level of Germany Industry, Annex：Germany Steel Industry, p. 1.
③ CAB129/19, CP (47) 163, Level of Germany Industry, Annex：Germany Steel Industry, p. 1.
④ CAB129/19, CP (47) 163, Level of Germany Industry, Annex：Germany Steel Industry, p. 2.
⑤ CAB129/20, CP (47) 210, Annex：Message from Mr. Marshall to Mr. Bevin.
⑥ CAB129/20, CP (47) 210, Appendix, p. 1.

英国不想撇开法国与美国一起搞德国的重建事业，这样会给当时政局不稳的法国政府火上浇油。贝文在给内阁的报告中称："如果我们和美国人继续行动，……将达成的协议对外公布，那么这将无疑会导致法国政府面临一个极为困难的国际形势，甚至导致该政府的垮台。"① 总之，贝文希望法国能够理解英国的"良苦用心"，通过与法国协商让其同意修改双占区德国的工业水平计划，同时这也为以后法国加入西方占领区的合并起到铺垫作用，因为如果法国占领区合并进来，法占区也必须在恢复德国工业经济方面做出一定的贡献。

当然，英国对法国反对修改工业水平计划的态度不可能是"一忍再忍的"，也不可能一直等着法国人转变态度而无所作为。贝文在7月22日给内阁的备忘录中就表示：9月初之前，不会在工业水平计划实施上采取实际步骤，但同时暗示，这段时间是给法国人用来考虑以及提出自己意见的，而英美实施新的工业水平计划是不可能更改的事情了。② 随着双占区的运转以及马歇尔计划的出台，英国需要将双占区纳入美国援助欧洲重建的计划，因此进一步劝说和催促法国同意双占区修改工业水平计划。8月7日，贝文在同法国驻英公使帕里斯（Paris）的谈话中说："过去的两年中，英王陛下政府在处理德国问题时实行了积极的措施和行动，但是英国的措施和行动总是遭到反对。同时，英国纳税人的钱在不断外流。我觉得现在是到了我们必须达成解决方案的时候了。我不反对法国提议进行相关的讨论，但如果讨论是为了拖延时间，那我是不会参加这种讨论的。"③ 显然，贝文已经对法国人不耐烦了，紧接着他委婉、客气地表示："我们在萨尔问题上给予法国很多帮助，我认为现在法国是时候在鲁尔问题上对我们'投桃报李'了。如果法国政府能够接受我们提出的1070万吨钢产量，那么我们的形势将大为改观。"随后，他话锋一转，语气强硬地说："我必须坦言，法国对此问题的焦虑并没有打动我。……我必须向法国政府声明，我们已经厌倦了看着我们的计划由于被否定而受到严重的阻挠。"④ 由此可以看出，贝文以及英国政府已经对法国政府的反对态度十分厌烦，贝文在这里实际上是警告法国人：即使法国人不同意，英美修改双占区工业水平的计划也要实

---

①　CAB129/20，CP（47）209，Germany，p.1.

②　CAB129/20，CP（47）209，Germany，pp.1-2.

③　*BDFA*，Part Ⅳ，Series F，Vol. 10，p. 371.

④　*BDFA*，Part Ⅳ，Series F，Vol. 10，pp. 371-372.

施，希望法国不要一意孤行。另外，美国方面的态度和英国一致，美国驻英大使道格拉斯对贝文表示：美国政府认为在德国问题上不能再向法国让步了，在巴黎会议①上我们要坚持我们的工业水平计划。② 英美在该问题上态度坚定，此时关于马歇尔计划的谈判刚刚开始，而法国由于经济上的困难不得不求助于美国，所以也不得不做出妥协。在 8 月召开的英、美、法三方关于德国工业水平计划的伦敦会议上，法国最终同意了英美修改双占区工业水平计划。8 月 29 日，英美公布了双占区工业水平修改计划，其中规定：双占区的工业能力保持在 1936 年的 70%—75% 的水平，钢的年产量为 1070 万吨，重型机械工业保持在战前 80% 的水平，轻型机械工业水平是战前的 119%。③该计划的公布让贝文总算松了一口气，他在 9 月 1 日对道格拉斯说："我对该结果是满意的，但是我认为这个结果还是被耽误了，我们在早期阶段缺乏对德国难题的充分考虑，这导致政治上的困难形势。不过现在我们实现了目标，我感觉法国的反对意见将会迅速消失，而且我们也能展开工作。"④

从以上英国在德国鲁尔地区问题以及修改工业水平计划问题上的表现看，英国虽然从英法结盟的方面考虑，为了能让法国在战后对德事务上起到更大作用，不得不让法国在对德政策方面有更大的发言权，但是法国在对德政策上过于严厉的态度又与英国此时希望恢复德国一定经济实力，不希望过分削弱德国的战略有所冲突。不过，此时英国的战略已经基本确定，而且在德国问题上与美国基本达成了一致，法国作为实力相对弱小的一方，无力改变英美的既定方针。

在这里还要指出的是，虽然在对德政策上英国与法国存在着很大差异甚至是矛盾，但是英国并没有对法国采取强硬措施去改变法国的态度，而是耐心地同法国商议。这说明，一方面，英国要维护英法同盟，另一方面，英国在德国问题上要把法国拉进西方同盟的阵营，因为要使西占区最后能够"三合一"，并最终成为对抗苏联的前沿阵地，法占区是不可或缺的。

三　英国与三占区的合并以及西方六国的伦敦会议

英国希望看到法占区最终能够同双占区合并，这样西方国家在德国问

---

① 1947 年 7 月至 8 月召开，主要是讨论马歇尔计划，大多数西欧国家参加了该会议。

② *BDFA*, Part Ⅳ, Series F, Vol. 10, p. 372.

③ Beate Ruhm von Oppen, ed., *Documents on Germany Under Occupation, 1945 – 1954*, pp. 240 – 242.

④ *BDFA*, Part Ⅳ, Series F, Vol. 10, p. 373.

题上才能真正做到协调一致，以共同对付苏联。从最终结果来看，法国是最后将自己的占领区合并到西方占领区的，其中的一个重要原因是法国同苏联的关系并不像英美那样在战后不久就恶化。

战后初期，法国认为德国仍旧是其在欧洲大陆的唯一潜在威胁，而苏联对于法国来说，无论从历史的角度还是从现实政治关系的角度出发都还没有构成安全威胁。从法国国内政治状况来看，战后法国共产党力量比较强大，1947 年 1 月 22 日法兰西第四共和国首届内阁成立，由社会党、共产党和人民党三党联合组阁，其中共产党人占据了 5 个部长席位，法共总书记多列士（Maurice Thorez）担任副总理，共产党人弗朗索瓦·皮佑担任国防部长。因此，鉴于法国的具体情况，英国在同法国商议对德政策的时候，一方面向法国人解释一定程度上恢复德国经济、不要过分削弱德国才是维护欧洲和平的长久之计，希望通过与法国结盟来减少法国对德国威胁的担忧；另一方面，英国很少将其对苏联在德国问题上对西方的威胁和对"苏联共产主义扩张"的焦虑向法国提及，因为英国担心过度的反苏言论会导致法国共产党反对政府参与西方占领区之间的合作。

然而，随着战后国际关系的风云突变、"冷战"的全面展开，以及欧洲两大集团对抗的形成，法国的国际政治环境和国内局势也有了很大的变化。随着杜鲁门主义和马歇尔计划的出台，一直以为可以在美苏之间保持平衡的法国必须做出投靠一方的选择，而无论是从地缘政治、意识形态出发还是从国家利益出发，法国无疑都要把自己划入西方集团。对于法国来说，更为紧迫的问题是如何恢复自身的经济，在三党联合政府中，人民党和社会党都是亲英美派的代表，它们都极力主张在经济上依靠美国的援助来实现法国经济的复兴。1947 年 5 月 7 日，法国从美国控制下的国际复兴开发银行获得了 2.5 亿美元的贷款。马歇尔计划出台后，1947 年 12 月至 1948 年 3 月，法国又从美国获得 3.12 亿美元的紧急实物援助，1948 年至 1952 年，法国从马歇尔计划中总共获得了 26.29 亿美元的援助，占马歇尔计划援助总额的 20.2%，而意大利和联邦德国仅分别占 11% 和 10.1%。[①] 从法国国内的情况来看，1947 年 5 月，法国国内掀起了反共浪潮。5 月 5 日，法国政府宣布终止法共部长职务，原因是在雷诺工厂罢工事件上，法共部长和议员

①　参见丁建弘、陆世澄、刘祺宝主编《战后德国的分裂与统一》，人民出版社，1996，第 67 页；张锡昌、周剑卿《战后法国外交史（1944—1992）》，世界知识出版社，1993，第 36—37 页。

对政府投了不信任票，时任法国总理的拉马迪埃（Paul Ramadier）以此为借口将共产党人清除出政府。进入 1947 年下半年后，法国国内形势以及对美国援助的需求为法国在对德政策上与英美靠拢打下了基础。

1947 年 11 月 25 日至 12 月 15 日，第五次四国外长会议在伦敦举行。会议召开之前，法国外长皮杜尔就对外界表示，如果此次外长会议上四国还不能达成协议，法占区就可能同英美占领区合并。① 在此次会议上苏联同英、美各执己见，互不相让，会议没有达成任何结果，最终不欢而散。然而，此次会议在英美两国拉拢法国方面却有收获。实际上，在四国外长会议前的 11 月 8 日至 12 月 4 日，在英美的支持下，萨尔议会在法国政府的导演下制定和通过宪法，正式宣布萨尔脱离德国建立自治政府，同时在经济上并入法国，萨尔的最高权力归法国，法国负责其外交和防务。法国虽然没有在鲁尔－莱茵兰的政策方面得到英美的支持，但最终还是收获了萨尔这颗"果实"。就在萨尔宪法通过的当天，美国副国务卿杜勒斯访问巴黎，他在同法国政府会谈后表示，已经没有任何"巨大的障碍能够在德国问题上把美法两国政府分开"。② 法占区与英美占领区的合并已经是大势所趋，但是在一些具体问题上，英法之间还有待协商。因此英、美、法三国同意在伦敦副外长会议上讨论三国占领区的合并问题。在会议召开之前，贝文向内阁指出，"法国现在最终放弃了这种企图，即在苏联政府同我们和美国政府之间起到沟通德国事务的桥梁作用。……但是他们在一些问题上没有与我们和美国方面达成一致"。③

另外，贝文分析现在法国是希望加入占领区合并的，但是法国还有一些国家安全方面的考虑，这主要有三方面内容：一是东部边界地区的安全，即未来防范德国的侵略；二是英法军事协商对话，即希望得到英国进一步的军事保证；三是鲁尔地区，即参与鲁尔地区国际共管以及军事占领。对于以上法国关心的问题，贝文认为，"如果我们想让法国和我们一起重建西欧，并在德国政策上保持一致，那么我们就必须尽力在这些方面满足他们的需要"。④

1948 年 2 月，英、美、法、荷、比、卢六国副外长在伦敦召开关于德

---

① CAB129/23，CP（48）5，Policy in Germany，p. 8.
② 丁建弘、陆世澄、刘祺宝主编《战后德国的分裂与统一》，第 68 页。
③ CAB129/23，CP（48）5，Policy in Germany，p. 8.
④ CAB129/23，CP（48）5，Policy in Germany，p. 9.

国问题的会议。此次伦敦会议分成两个阶段，会议第一阶段是从 2 月 23 日至 3 月 6 日。在德国问题上，法国提出了五条要求：（1）永久占领鲁尔和莱茵兰地区；（2）对鲁尔实行国际共管；（3）三大国接受对德实行非军事化的《贝尔纳斯条约》①；（4）西方国家要讨论和制定关于安全的一系列原则；（5）未来德国政府要建立在一个松散的联邦制的基础上。② 法国同时表示愿意做出以下的让步：法国不再寻求将鲁尔从德国分离出去，同时愿意将法占区同双占区合并。③ 针对法国的条件，贝文一方面表示希望同美国进行商议，另一方面向法国方面施压，从西方国家进行联合的角度劝说法国尽快将对德政策与英美保持一致。3 月 1 日，法国驻英大使马西里请求与贝文会谈，贝文在谈话中表示，最近西欧的局势不稳，因此"有必要在政治、经济和军事方面为西方联盟建立一定的基础"，他还进一步解释了"西方联盟"："当我谈到西方联盟的时候并不是指西欧的联盟，而是一个美国也会参加的联盟。"④ 很显然，贝文在强调法国与英美在欧洲事务上应进一步合作，只有这样才能维护欧洲的稳定。听了贝文的话，马西里立即表示同意，并且诉说了法国对苏联威胁的担忧："现在苏联在距离法国 200 英里的地方有火箭发射基地，这样的话，法国大部分领土都是在其射程之内。法国政府充分意识到欧洲的形势已经改变。我们非常愿意考虑对德国的新政策，这样的政策可以把西德经济同西欧的经济紧密结合起来。"⑤ 由此可以看出，法国对苏联也产生了一定的担忧，同时也表达了改变旧有的削弱德国的政策，转而同英美合作共同发展包括西部德国在内的西欧国家经济的意愿。不过马西里随即话锋一转，提出法国要参与鲁尔地区的国际共管。贝文对此进行了反驳，他说道："法国在没有将其占领区同英美占领区合并之前，就要求在控制鲁尔地区这一问题上同英美拥有平等的地位，这是英国决不能接受的。……无论是议会还是公众都不会同意法国在没有分担财政责任的情况下得到同等的发言权。除非三国占领区合并，否则我是不会让法国

---

① 在 1946 年 7 月的巴黎外长会议上，美国贝尔纳斯曾提出一个德国非军事化的方案，其核心内容是盟军结束在德国的军事占领后，由四大国监督德国的非军事化，特别是监督德国可能用于生产军事物资的工业。在此次伦敦会议上，各国接受了贝尔纳斯的方案，并称之为《贝尔纳斯条约》，其主要内容是在对德占领结束后由西方国家监督德国的非军事化。

② CAB129/25, CP（48）78, Talks on Germany, p. 3.

③ CAB129/25, CP（48）78, Talks on Germany, pp. 1 - 2.

④ *BDFA*, Part Ⅳ, Series F, Vol. 13, p. 30.

⑤ *BDFA*, Part Ⅳ, Series F, Vol. 13, p. 30.

和比利时加入对鲁尔地区的某些控制领域。"① 贝文的话绵里藏针，有两层意思：一方面，让法国人明白，在法占区同意合并占领区之前不会让法国参与鲁尔地区的国际共管；另一方面，法国同意合并占领区也并不意味着英美会完全承担起法占区的占领费用，法国在未来的联邦德国建设中也是要做出自己的贡献。在伦敦会议第一阶段，由于法国参与鲁尔地区的国际共管等一些要求没有得到满足，会议没有达成相关协议。

会议的第二阶段是从 4 月 20 日至 6 月 1 日，由于美国威胁法国如果不同意合并占领区，美国将会削减马歇尔计划对法国的援助，法国最终同意了占领区的合并。在英、美、法三国在伦敦举行关于德国问题的三方会谈期间，5 月 25 日，法国大使马西里又求见贝文，他对贝文表示，在合并占领区的问题上法国政府面临以下的困难。首先，当时主政的法国社会党人对合并占领区的一些决议"有着巨大的疑虑"，他们担心合并占领区会损害法国的利益。这主要是来自法国议会的压力，议会指责法国外长皮杜尔在谈判中让出的利益太多。马西里希望贝文能够表态，说明虽然法国做出了让步，但是在其他方面会得到好处。其次，法国的社会党人对鲁尔地区国际共管协议没有涉及对德国煤矿的管理这一点不满意，因为此前英美曾达成协议，将鲁尔地区的煤矿交给德国人来管理。② 对于马西里的诉苦，贝文显得不是十分在意，他表示将会尽力帮助皮杜尔和法国政府，然而具体怎么做，他却只字未提。③ 而对于法国对鲁尔地区煤矿管理的不满，贝文则直接说："我认为鲁尔煤矿的管理权不在德国人的手中是不可能的。"④ 此时，三个占领区合并之事已经基本成型，只不过法国仍在为自己争取最大的利益，英国此时已经处于主动地位，英美早已形成"统一战线"，而法国不仅在德国问题上基本没有什么可以讨价还价的筹码，而且在经济方面有求于美国，贝文已经看透了这一点，因此对马西里提出的要求，他要么是敷衍了事，要么是直言拒绝。

当然，英美最终还是在一定程度上考虑了法国的利益，1948 年 6 月 7 日发表的会议公报《伦敦协议书》规定：法国参与鲁尔地区的国际共管；

① *BDFA*, Part Ⅳ, Series F, Vol. 13, pp. 30 – 31.
② *BDFA*, Part Ⅳ, Series F, Vol. 13, pp. 39 – 40.
③ *BDFA*, Part Ⅳ, Series F, Vol. 13, p. 39.
④ *BDFA*, Part Ⅳ, Series F, Vol. 13, p. 40.

另外，对德全面军事结束后，西方盟国继续占领鲁尔－莱茵兰地区。[1] 最终，法国议会以微弱多数于6月16日通过了《伦敦协议书》。

第五节　本章小结

英国早在巴黎外长会议之前就对未来在德国问题上与苏联的关系产生了"悲观"的看法。英国外交部和参谋长委员会都认为苏联已经是未来英国的最大威胁，同时由于在德国问题上的"四大国共管"机制使苏联有可能插手西占区的事务，这更加剧了英国对苏联的担心。当巴黎外长会议上苏联在德国问题上与英、美针锋相对时，英国认为这就印证了自己之前的看法。巴黎外长会议之后双占区的建立，实际上就是英国采取实际措施，通过联合美国来抵御苏联在德国对西方的威胁。英国将西占区的德国建成反苏防共的前沿阵地的战略企图已经由"初现端倪"逐步发展到"明目张胆"。

从本章第一节的分析中可以看出，美苏对抗的国际大环境是有利于英国的对德政策的。要解决在德国问题上所面临的困难，英国需要和美国、法国结成"统一战线"，尤其是需要美国的全方位帮助，以减轻英国在英占区的负担，但是减轻负担并不意味着英国要在对德政策上无所作为，任由美国方面摆布自己。所以，英国急切拉拢法国并与其结盟，并在德国问题上让法国向自己靠拢，这不仅是为了整个"西方联盟"的利益，也是英国希望借助法国的力量在对德政策上拥有与美国相对平衡的地位和权力。为了让法国尽快加入英美对德政策体系，英国可以说是对法国软硬兼施。英国联合美国向法国施压，逼迫其就范，英国在鲁尔问题以及修改工业计划水平等问题上的所作所为很能体现这种情况。然而，英美也考虑到法国的利益以及其国内的民心、民意。英美在经济上给予其援助，并在萨尔问题上全力支持法国的要求。于是，在德国问题上，英、美、法就形成了一种特殊的互动关系：英国拉拢法国并与其结盟，使其能尽快与英国在对德政策上达成一致，并且在未来的对德政策上与美国在实力上保持平衡；同时，英国又联合美国通过以上所说的软硬兼施的办法，使法国站到自己一方，可以说英国对法国是"又打又拉"。

---

[1]　Beate Ruhm von Oppen, ed., *Documents on Germany Under Occupation*, *1945 – 1954*, pp. 287 – 289.

1946—1947 年，英国在对德政策上采取的最大动作无疑是合并英占区与美占区建立双占区。英国认为，合并占领区对自身有两大好处：第一，减轻自己在德国的经济负担；第二，在政治上向苏联显示西方在德国问题上的团结程度。虽然英国一开始想让美国承担双占区财政负担的计划没有成功，但是这并没有影响英国希望与美国合并占领区的热情，因为英国看到双占区的建立有着如上所述的政治意义；同时，美国与苏联的对抗愈演愈烈，势必要投入更多的力量，这样的话，美国在双占区就会承担起更大的责任。对英国来说，双占区建立后不久，美国就承担了大部分财政负担，这在很大程度上也再次表明了美国联合英国在德国问题上实现西占区德国经济一体化的强烈决心，同时英国也最终实现了减轻其在英占区的经济负担的目的。

第五章　英国与德国的分裂

　　1947年12月伦敦第五次外长会议结束后，英国已经基本放弃通过与苏联合作的方式来解决德国问题。正如在第四章所论述的，英国争取与美国、法国等西方国家在对德政策上实现一致，并将三个西方国家的占领区合并，但这只是德国分裂的开始。在此之后，面对苏联对柏林的封锁，英国通过各种手段让西方国家的力量保留在德国，第一次柏林危机的结束也标志着东西方在德国问题上采取了实际上分裂德国但表面上高呼统一德国的政策。西方国家最终将西占区德国变为后来的联邦德国。在这一过程中，英国采取的政策和发挥的作用是不可忽视的。

第一节　柏林危机前夕英国的对德政策

　　如上文所述，在1947年底的伦敦外长会议上，英美和苏联就德国问题的交涉已经彻底陷入僵局。在1948年2月至6月召开的西欧六国会议上，英国与美国、法国在德国问题上达成基本一致，西占区的合并已经不可避免。在这样的背景下，英国在德国问题上要考虑两方面：第一，西方国家在德国问题上的政策和行动势必引起苏联的不满，苏联必定要采取一定的反击措施以应对西方，在这样的情况下英国怎样看待和应对苏联的反击和挑战；第二，英国怎样看待西方主要盟国法国和美国对待苏联的态度，以及进一步协商西方的对德政策。

一　苏联对西方国家分裂德国的反应及英国的态度

　　在1947年12月的伦敦外长会议上，苏联就已经觉察出西方国家就组建西占区德国政府、分裂德国有所行动。莫洛托夫在会上要求废除双占区合并的协议，而且指责西方盟国西占区的政治合并计划。① 此后，眼见西方国家一步步地进行着分裂德国的步骤，苏联采取了相应的对策，并通过各种行动向西方国家发出警告（见表1）。

表1　1947年12月至1948年2月期间苏联在德国针对西方国家的部分行动

时间	具体行动
1947 年 12 月 11 日	苏联命令禁止两名英国官员参加在柏林苏占区的基督教民主联盟的会议
1947 年 12 月 15 日	苏联拒绝四国调查组在苏占区自由活动
1947 年 12 月 19 日	苏联方面声称，虽然现在柏林仍处于四国共管之下，但如果情况有变，四国共管机制就不再起作用并且停止存在
1948 年 1 月 6 日	苏联扩大了对法兰克福和柏林之间运行的美国军用列车的检查范围，并且要求检查车上德国乘客的相关证件
1948 年 1 月 11 日	苏联占领军当局指责西方在法兰克福组建经济管理机构的行为是"对《波茨坦协定》的明目张胆的违背，这将会导致柏林地位的改变"
1948 年 1 月 15 日	苏联口头要求柏林市政府禁止德国的车辆经西占区进入苏占区
1948 年 1 月 24 日	载着英国官员和 120 名德国人由柏林开往比勒菲尔德的晚间列车被苏联扣留 11 个小时，苏方以车上的德国人没有携带足够的通关文件为由将其送回柏林
1948 年 2 月 13 日	苏联加强了苏占区经济委员会的权力以针对西方国家在法兰克福的机构

资料来源：Paul Preston and Michael Partridge, eds., *BDFA*, Part Ⅳ, Series F, Vol. 13, pp. 66 –75。

1948 年 2 月 13 日，苏联大使会见贝文并向其提出苏联政府的照会，抗议英、法、美三国抛开苏联召开伦敦会议单独讨论德国问题。苏方指出："苏联政府认为，此次伦敦召开的会议是对四国对德管制原则的违反，也是对《波茨坦协定》的违背，没有哪条协议规定在关于德国问题的讨论中排除任何一个占领国，就如同此次在伦敦召开的会议。"② 10 天后，即 2 月 23 日，贝文对苏联大使做出回复。贝文的回复全文如下：③

阁下：

在此我很荣幸地谈及您在 2 月 13 日的照会，该照会表达了苏联政府的一些看法，这些看法主要是对新闻界报道关于英国、美国和法国

---

① *BDFA*, Part Ⅳ, Series F, Vol. 13, p. 66.

② 苏联政府的抗议照会在《英国海外事务文件集》中没有收录，在贝文给苏联大使的回复中可以看出苏联部分的反对意见，参见 *BDFA*, Part Ⅳ, Series F, Vol. 13, pp. 21 –22。

③ *BDFA*, Part Ⅳ, Series F, Vol. 13, pp. 21 –22。

政府计划于 2 月 19 日在伦敦召开讨论德国问题会议的。

联合王国政府已经仔细研究了您提出的看法，并且已经达成了结论。苏联政府认为，此次伦敦召开的会议是对四国对德管制机制的违反，也是对《波茨坦协定》的违背，没有哪条协议规定在关于德国问题的讨论中排除任何一个占领国，就如同此次将要在伦敦召开的会议。

在战争结束后，英王陛下政府通过其在德国的授权代表一直致力于实现德国的真正统一，以及在和平与民主的基础上对该国进行重建。德国的统一仍然是英王陛下政府对德国的政策，虽然英王陛下政府不断努力，但是由于某些非英政府所能掌控的原因，这一目标仍然未能达成。实际上，苏联政府一直以来对实现真正的经济统一，即全德国的食品和工业产品自由流动和交换这一问题持反对态度，这给盟国已经造成了巨大的负担。英王陛下政府已经多次声明，不能再允许这样的情况继续下去。英占区中已经产生了这样的情况，这是出于占领的需要，而英王陛下政府对此不能将之作为自身的责任，但是同时也不打算无视这种情况。作为一个完全承担了义务的占领国，英王陛下政府决心使用任何可能的实际措施来缓解这种情况。这是为了德国和平地恢复，也是为了欧洲不受到损害，尤其是不能让整个欧洲的生活水平降低。

苏联政府决定反对其他占领国通过协商来解决德国各地所面临的一系列问题，这些问题是由于他们在占领德国后承担了责任才产生的，因而英王陛下政府对苏联政府的决定感到吃惊。

致敬
欧内斯特·贝文

贝文在给苏联大使的回复中明确表示，没有邀请苏联参加讨论德国问题的伦敦会议的原因是苏联长期以来反对西方统一德国，特别是对德实行经济一体化的政策。对于英国来说，苏联的行为导致自身在德国的负担不断加重，在这样的情况下，西方三国不得不讨论西占区的对德政策。贝文的意思很明确，既然苏联不愿意和西方国家就德国经济一体化达成一致，那么苏联就不能反对西方国家内部达成一致的政策。换句话说，英国政府以及美国政府、法国政府是在履行占领国的责任，要恢复德国正常的政治和经济秩序，所以要在伦敦开会讨论德国问题，实际上，这也是在暗示苏联在德国问题上没有尽到责任。这份对苏联的回复在 2 月 24 日在媒体上公布。

就在 2 月 23 日英、法、美三国会议召开的当天，捷克斯洛伐克、波兰、南斯拉夫三国驻英大使向贝文提交了一份声明，该声明是 2 月 17 日至 18 日以上三国外长在布拉格会议后达成的"关于德国的声明"。该份声明的核心内容是：西方国家撇开苏联独自讨论对德政策违反了四国对德管制原则，而且西方三国恢复德国的工业和经济，以及建立各种机构是违背《雅尔塔协定》和《波茨坦协定》精神的，他们担心德国复兴会威胁欧洲的安全。捷克斯洛伐克、波兰和南斯拉夫三国认为应该在四大国对德管制体系下尽快恢复四大国的外交会谈，继续进行对德国的非工业化、非军事化、非纳粹化以及民主化改造，另外这三国也抱怨在德国问题上它们这样的小国没有发言权，不能参与对德政策的制定。①

针对三国的声明，贝文的回应也很坚决。他向三国大使指出，英国在此之前曾多次试图同苏联在德国问题上达成协议，但是苏联方面坚决不让步，这导致英国政府在德国承担了过多的责任，也给英国的纳税人带来了负担。② 关于四国对德问题的协商讨论，贝文则明确表态，由于苏联的不合作，四大国关于德国问题的讨论已经彻底失败。他向捷克斯洛伐克大使说道："我已经花了两年半的时间来试图在四国协商的基础上达成协议，但是这已经完全失败了。"③ 他对波兰大使说："我们真的是很想在解决德国问题上达成协议的，但是苏联政府的态度……使得我们这一目的无法达成。"对于贝文的态度，波兰大使显得非常失望，但是他临走的时候还在劝说贝文在四国协商的基础上达成协议。④ 此外，贝文进一步指责苏联在德国问题上的不合作态度，他用讽刺苏联的话语对南斯拉夫大使说："现在能做的最有帮助的事情，就是劝说苏联政府在现有问题上对其他国家表现出更多的诚意，而不是自以为什么都做得对而去教训他的那些曾经的盟友。"⑤

捷、波、南三国向英国提交声明，体现出这三国本身对德国问题是否能够在东西方之间得到和平、稳妥解决的急切关心。这是因为，一旦英国

---

①　该声明是用法语写成并递交给英国外交部的，全文参见 *BDFA*, Part Ⅳ, Series F, Vol. 13, pp. 24 – 26。

②　*BDFA*, Part Ⅳ, Series F, Vol. 13, p. 22.

③　*BDFA*, Part Ⅳ, Series F, Vol. 13, p. 22.

④　*BDFA*, Part Ⅳ, Series F, Vol. 13, p. 23.

⑤　*BDFA*, Part Ⅳ, Series F, Vol. 13, p. 24.

同苏联在德国出现对抗，周围的小国如捷克斯洛伐克和波兰等国势必会受到牵连。此外，从当时的苏东关系来讲，苏联事前不可能不知道这三个国家同英国讨论德国问题，所以三国提交的对德声明以及与贝文的会谈很可能使苏联能从侧面或者通过间接的途径来了解英国的反应。从会后贝文总结与三国大使的谈话来看，他也感到三国提交的声明有替苏联试探英国政策的意味。比如，波兰大使就告诉贝文，莫洛托夫在上次伦敦四国外长会议之前曾经向自己表示，"他非常有信心在此次外长会议上就某些问题取得进展。莫洛托夫先生那时候没有预料到会议会失败，他在会议上的挑衅言论是出于苏联国际宣传的考虑"①。波兰大使的话表明，一方面，波兰想通过阐述苏联的态度劝说英国以四国谈判为基础来重新开始讨论德国问题，尽力挽回德国问题上东西方分裂的局势；另一方面，将苏联同西方国家在德国问题上的矛盾看成由苏联对外宣传所致，这给英国和贝文一个暗示：苏联有可能会重新回到谈判桌上讨论德国问题。然而对于此种表态，贝文的立场很明确，他说："我们参加外长会议是去开会解决问题的，而不是去听宣传口号的。我发现很难区别什么是宣传，什么是固执的拒绝。"②贝文的口气带有很浓的讽刺挖苦意味，更重要的是，他很可能在通过与波兰大使的谈话向苏联释放强硬信号，明确表示同苏联在德国问题上进行谈判和解的可能性已经基本上不存在了，而且西方合并占领区、建立西德政府的计划也不会改变。

二　英国人眼中的美法对苏态度

虽然英国与美国、法国在西占区的合并以及建立政治机构方面基本达成一致，但是涉及西方盟国在德国问题上对苏联的态度，英国则与美、法不同。简单来说就是，在英国人看来，法国对苏联的态度过于谨慎小心，而美国对苏联的态度又过于强硬。

在西方六国召开伦敦会议期间，法国驻英大使马西里就曾经向贝文表示，法国担心苏联方面会对西方国家在德国的政治行动计划产生剧烈反应，而且过早地宣布对德国的政治计划会使西方在应对苏联的挑战方面没有时间做周详的考虑。因此，马西里建议贝文"在对外宣布会议结果之前，要

① *BDFA*, Part Ⅳ, Series F, Vol. 13, p. 23.
② *BDFA*, Part Ⅳ, Series F, Vol. 13, p. 23.

召开一次与会全体外长会议"，要求谨慎考虑苏联方面的反应。① 对此贝文指出，"由三大国或者更多的国家外长参加的会议来讨论政治计划，这本身就是我们对苏联采取的最强硬的对抗行为"。也就是说，现在西方国家目的已经被苏联察觉，过分的谨慎也没有什么用，西方国家应该尽快就西占区德国的政治体制达成协议，不让苏联有太多的时间对西方的行动做出"回应"。贝文还说道："德国问题的解决应该通过军政府或者西方盟国政府之间的协商，我不准备在超出此范围之外进行协商。"② 实际上，贝文是向法国表示，英国不打算在德国问题上，特别是西占区德国未来的政治地位问题上同苏联打交道，或者考虑苏联的态度。

然而，法国对苏联的疑虑还是没有消除。6 月 15 日的伦敦六国外长会议结束后不久，法国驻英大使和法国参加会议的代表肖伟尔（Jean Chauvel）拜见贝文。这次拜会中，肖伟尔再次提出要考虑苏联对西方对德政策的态度，他表示法国总理布鲁姆希望《伦敦协议书》执行之前能向莫斯科发出一份照会，向其阐述西方国家的意图。但贝文表示"这是个极大的错误"，"只会导致我们处境尴尬并延误我们的计划"，如果要通知苏联，也要等到协议书的内容开始执行之后，即便到那时候是否真的要知会苏联使其知道西方国家的计划，也还要进一步考虑。贝文强调："现阶段我不会做出这样的选择的。"③ 显然，贝文对法国在对德政策上害怕激怒苏联的态度有所不满，他在法国人面前极力表明自己对苏联的强硬立场，他说道："我认为既然三国关于德国政策已经做出了决定，我们就应该继续走下去。任何犹豫的迹象在苏联人看来都是软弱的表现。"④

与法国担忧苏联的情绪不同，美国在德国问题上则显得相当大胆，在一些问题上并不把苏联的反应和可能带来的后果放在心上。1948 年 3 月 3 日，美国驻英国大使道格拉斯要求与贝文商议德国赔偿问题。在此之前，他已经同法国大使以及英占区政治顾问斯特朗谈论了该问题，并且向英法双方提出了一份美国关于赔偿问题的计划，该计划的主要内容有两条：第一，停止从西占区给苏联的一切赔偿，包括《波茨坦协定》中规定的 10%的无偿交给苏联的机器设备，以及 15%用于交换苏占区原料的赔偿只有在

---

① *BDFA*, Part Ⅳ, Series F, Vol. 13, p. 40.
② *BDFA*, Part Ⅳ, Series F, Vol. 13, p. 40.
③ *BDFA*, Part Ⅳ, Series F, Vol. 13, p. 49.
④ *BDFA*, Part Ⅳ, Series F, Vol. 13, p. 48.

苏联向西方支付了等价值的物资后才能继续交付；第二，西占区国家重新商议赔偿清单中的内容，将未来能用于"欧洲复兴计划"的工厂和设备从赔偿清单中删除，另外还要大量减少赔偿清单里重型电力设备、采煤设备、铁路修造厂、农业机器等的数量。① 从美国的这份赔偿计划中不难看出，一方面，美国希望英国跟随它停止从西占区向苏联拆除设备，不让苏联再从西占区得到赔偿以用于苏联的经济重建和发展；另一方面，复兴战后德国以及整个西欧是美国的方针，因此美国希望保留德国特别是西占区德国的工厂和设备，以用于西欧的经济复兴。

　　英国对美国这份赔偿计划的反应却比较冷淡。贝文对道格拉斯表示，在这份赔偿计划提交给内阁之前，要与英占区司令官以及斯特朗等人进一步讨论，之后贝文提出了两点看法。第一，他自己曾经公开表示过"德国的战争机器要被有效地拆除，德国的工业水平要被确定在一个合适的程度上，而且德国人要知道他们的地位"。② 贝文的意思是，德国仍然是战败国以及被占领国，英国在限制德国工业和非军事化方面对外界做出了承诺，更重要的是，美国的赔偿计划就是在明目张胆地恢复德国的工业和经济实力，这有可能造成苏联以及其他欧洲国家的极大不满或者警惕。第二，贝文提醒道格拉斯，"一直以来，我都把赔偿问题看作整个《波茨坦协定》之外的一个独立的问题，而且《波茨坦协定》的内容是对令人不可接受的《雅尔塔协定》的修改"，因此，"我认为美国政府现在希望我在赔偿问题上不光否认《雅尔塔协定》还要不承认《波茨坦协定》。我只能说这是毫无理由的，这在英国以及其他国家看来就是一种反苏的举动"。③ 贝文认为，在赔偿问题上放弃遵守《雅尔塔协定》甚至是《波茨坦协定》是有风险的，这既给了苏联人以口实来指责西方针对苏联并且破坏盟国关系，而且其他国家，特别是那些接受德国赔偿的国家也会担心新的赔偿计划将会损害自己的利益。贝文在向道格拉斯指出这两点之后，又进一步强调说："苏联一直将赔偿问题看作一个性命攸关的问题"，如果英美等西方国家在赔偿问题上彻底与苏联翻脸，那么最严重的后果是苏联将强迫西方盟国从柏林撤走，"一旦这种情况出现，我们要么灰溜溜地撤走，要么就准备打一仗。美国做

---

① 　*BDFA*，Part Ⅳ，Series F，Vol. 13，pp. 31 – 32.
② 　*BDFA*，Part Ⅳ，Series F，Vol. 13，p. 31.
③ 　*BDFA*，Part Ⅳ，Series F，Vol. 13，p. 31.

好了面临这一情况的准备了吗?"① 由此可以看出，贝文对于美国的赔偿计划将会导致苏联的强烈反应有着谨慎的考虑，他看到了苏联对于索取赔偿用于国内经济恢复和重建的急切心情，而在这一问题上美国态度过于强硬，这令英国十分不安。如果苏联真的采取激烈的对抗措施，西方国家要么是做出妥协，要么是与苏联发生战争，这两种情况都是英国不想看到的。

3 月 6 日，道格拉斯再次拜见贝文，仍然希望贝文能够同意以美方提出的新的赔偿方案作为将来德国对苏联赔偿的基本政策。贝文再次反对美国的这种做法，他说:"我认为按照美国的方案行动，其后果将是很糟糕的，……会使本来就危机重重的四国共管机制更加脆弱。目前，据我所知，苏联人已经履行了他们那边的义务，因而当苏联人理由正当、充分的时候，和他们争吵就会是个错误。……我对苏联的所作所为也有强烈的反感，但是如果我要同苏联争吵也要找个好的理由。我还认为最好不要引起众怒，让苏联那些卫星国的公众舆论也来反对我们。"② 所以，在贝文看来，停止从西占区拆除机器设备给苏联是违反《波茨坦协定》的，而且停止拆除设备的理由还不够充分，这很可能会给苏联制造不利于西方国家舆论的借口，而且东欧国家获取的德国赔偿是从给苏联拆除的机器中分出来的，因此东欧国家也会反对西方的做法。最终，贝文的态度是应该继续拆除西占区的设备给苏联，但同时观察苏联的行动，而美国新的赔偿计划是不会提交给英国内阁讨论的。

在德国赔偿问题上，英国之所以希望不要过分激怒苏联，首先是因为英国认为停止对苏联的赔偿是触犯苏联底线的事情，况且英国认为停止拆除西占区设备的理由还不充分，这会让苏联认为并在国际上宣传:西方国家停止拆除德国的工业设备是保留德国军事力量来反对苏联的行为，是发动对抗甚至是战争的前奏。另外，早在 1945 年的雅尔塔会议、波茨坦会议上，主要盟国就已经在赔偿问题上达成了协议，由于重新修改赔偿协议是一个涉及很多国家利益的事情，因而美国新的赔偿计划会导致赔偿体系发生混乱，这种混乱不仅涉及苏联和东欧国家，而且会导致西欧国家在赔偿问题上产生分歧。

---

① *BDFA*, Part Ⅳ, Series F, Vol. 13, p. 31.
② *BDFA*, Part Ⅳ, Series F, Vol. 13, pp. 32 – 33.

三　英国对苏联对德政策的判断

在贝文看来，法国、美国在德国问题上对苏联的态度是不太合适的，要么太"软弱"，要么太"强硬"，那么当时英国在对德政策上对苏联的态度又是怎样呢？或者说英国是如何判断苏联在德国问题上的政策的呢？

在 1948 年 1 月 4 日向内阁提交的备忘录中，贝文提出了"英国外交政策的首要目标"，明确指出："从波罗的海沿奥得河，经的里亚斯特至黑海一线，苏联政府已经建立了一个稳定的政治和经济封锁带。在近期内，我们不可能指望着同这条封锁线之后的欧洲国家重建和保持正常的关系。"在贝文看来，欧洲分裂的局面已经不能避免，而打破苏联的"铁幕"也不是一朝一夕的事情，因此他认为英国外交的首要目标是在英国的主导下，依靠英国海外殖民地和自治领，并借助美国的力量，建立一个西欧的联盟，以应对苏联及其共产主义的扩张。[1] 显然，贝文把苏联对西方的威胁作为西欧联合的基本理由，而且进一步指出，西方国家之间如果不团结，那么无疑就是在"默许俄国的扩张并且是坐视西欧堡垒被各个击破而无所作为"。[2]

1 月 5 日，贝文向内阁提交了一份题为《对苏联政策的评价》的备忘录。该份备忘录的保密级别较高，被要求只能在内阁小范围地传阅。在这份备忘录中，贝文指出："苏联政府现在的政策是建立在这样一种预想之下：马歇尔计划将要而且必须失败，如同马克思理论所宣传的那样，资本主义国家之间相互争吵，它们的实力将会因为萧条和危机而瓦解。如果这些预想被事实证明是不对的，那么苏联政府会迅速改变其政策，但是在那之前苏联是不会这么做的。"[3] 这就是说，苏联在近一段时间内不会采取应对西欧急剧扩张和挑战的政策，它在等着"资本主义危机"的到来，因此西欧国家的团结以及西欧经济复兴是防止苏联向西扩张的最有效的方法。该备忘录认为："苏联政策的首要目标就是推进和加快其自身的重建，并且希望在物质繁荣方面超过西方。"为了实现这个目标，"苏联不会冒险采用战争手段，尤其是此时原子弹的秘密被盎格鲁－撒克逊国家垄断。它很可能通过'冷战'的办法来得到它所需要的东西"。[4] 这里，贝文是想说明，

---

① CAB/129, CP（48）6, The First Aim of British Foreign Policy, p. 1.
② CAB/129, CP（48）6, The First Aim of British Foreign Policy, p. 2.
③ CAB/129, CP（48）7, Review of Soviet Policy, p. 1.
④ CAB/129, CP（48）7, Review of Soviet Policy, p. 2.

战后苏联需要一个时期进行各方面的重建，这就需要有一个相对和平、稳定的国际、国内环境，同时核武器被美国垄断，在这种情况下，苏联不愿意同时也不可能同西方国家发动战争。

在德国问题上，该备忘录指出："苏联在德国的政治政策……是通过建立类似于德国盖世太保一样的警察国家来实现对政治局势完全的控制。"苏联使用的具体方法是：第一，渗透和控制苏占区内所有的政党，全力支持统一社会党①，同时压制基督教民主联盟（以下简称"基民盟"）和自由民主党（以下简称"自民党"）在苏占区的发展；第二，在苏占区议会选举中违背民意，减少基民盟和自民党的议会席位，使统一社会党在议会中占据优势。② 而在经济方面，"苏联则是通过对苏占区的掠夺来得到其经济重建所需的资源"。另外，苏联指责英美是分裂德国的元凶，并且在对外宣传时声称，西方国家恢复德国的经济实力的做法，是扶植德国军国主义来针对苏联和东欧的社会主义国家。③

从以上贝文对苏联政策的看法中可以总结出以下几点：第一，虽然贝文对苏联在德国尤其是苏占区内的政策十分不满，但是苏联以及其控制下的东欧地区已经成为共产主义的坚固堡垒，西欧国家乃至整个西方在短时间内不可能打破这个堡垒；第二，西欧国家要团结一致，同时与美国结盟，在马歇尔计划的援助下恢复西欧的经济，以应对苏联及其共产主义的扩张；第三，苏联在近期内不会采取军事手段强行向西欧推进，东西方不排除使用战争手段即以"冷战"方式来进行对抗。

在1月5日这一天，贝文还向内阁提交了另一份名为《在德国的政策》的备忘录。在该备忘录中涉及苏联在德国的政策，以及英国应采取的对应措施。这份备忘录实际上是将贝文的对苏政策具体运用到德国问题上，其中他首先提出："英国对德政策的指导性原则应该是：英国政府不会参与分裂德国以对付东欧共产主义扩张的这样一个集团。……英国政府的目标是尽快使用必要的措施，将德国建成一个稳定、和平和民主的国家，如果可能的话，通过四大国达成协议来实现。然而，这样的协议是不能保证达成的，所以那些准备合作的国家要采取实际措施来实现我们的目标，而且不

---

① 1946年2月底，苏占区的共产党和社会民主党达成协议，决定两党合并组成统一社会党。
② CAB/129, CP（48）7, Review of Soviet Policy, p. 4.
③ CAB/129, CP（48）7, Review of Soviet Policy, pp. 5 - 6.

能再拖延。"① 贝文所说的这些话虽然冠冕堂皇，但是实际上就是承认了苏联对东欧的控制，所谓的不参与分裂德国的行动，从当时和后来看，都是为了掩饰苏联对其分裂德国的指责。虽然说"如果可能的话通过四大国协商"来解决德国问题，但是贝文更强调的是后面一句，其中心意思是：与苏联协商解决德国问题已经不可能，西方国家应该迅速行动，实现西占区德国的稳定以防止其被共产主义占据。贝文最担心的就是苏联将整个德国控制在手，他说道："德国在近期之内不会成为世界和平的威胁。真正的危险是德国的任何一部分同苏联联合起来。如果苏联的人力资源同德国的工业技术水平相结合，将会给西欧带来极大的危险。"② 随着东西方的冷战与对抗的形势日益明显，贝文认为德国的分裂已经成为事实，"这是整个世界形势发展的结果，因为世界上也在发生着这样的分裂"。虽然德国的分裂已经不可避免，但是英国还是要呼吁德国的统一，而德国未来的统一之路"是建立和发展西占区德国的政治和经济体制，同时苏占区的德国人厌倦了苏联人的统治方式，最终同西占区德国合并"。贝文还特别强调："德国统一的任务是德国人民首要的任务而不是占领国当局的首要任务。西方国家可以支持德国人民的统一事业，但是不能出面去完成德国的统一。"③ 也就是说，德国问题最终解决的模式或方法是：西方国家支持下的西占区德国的经济、政治得到良好的发展，同时苏占区德国逐渐不满苏联统治下的政治、经济模式，以西占区德国逐渐融化苏占区德国的"共产主义壁垒"，使苏占区德国投入西占区德国的怀抱，最终完成统一。而在这一过程中，英国不会直接出面干预两德的重新统一。这是因为，一方面，一旦英国干预两德的统一，这就坐实了苏联对其分裂德国的指责；另一方面，一旦英国和其他西方国家直接插手德国的统一问题，这就很有可能引起苏联的极大不满，进而使英国乃至西方与苏东集团发生正面冲突或者战争。关于赔偿问题，贝文还做了特别的阐述，他明确提出：要继续执行赔偿计划。1947年底的外长会议结束后，马歇尔曾向贝文提出美国要终止从美占区向苏联交付拆除的机械设备。当时，贝文立即表示反对，并且劝说马歇尔不要采取这种"不明智的政策"。④ 这是因为赔偿问题对苏联来说是极为敏感的事

① CAB129/23, CP (48) 5, Policy in Germany, p. 1.
② CAB129/23, CP (48) 5, Policy in Germany, p. 4.
③ CAB129/23, CP (48) 5, Policy in Germany, pp. 3 - 4.
④ CAB129/23, CP (48) 5, Policy in Germany, p. 7.

情，苏联不仅"会把终止赔偿看作东西方之间的彻底决裂"，而且会以此为借口，"让盟国在柏林的地位岌岌可危"。① 从这里也不难看出，贝文后来对于美国方面提出修改赔偿计划，从一开始就是持反对意见的。

第二节　柏林危机期间英国联合美国与苏联进行对抗

苏联对西方召开六国会议以及在分裂德国方面的种种行动早已不满，因此势必要对其进行相应的反击。1948 年 3 月 20 日，苏联驻德国军事长官索科洛夫斯基元帅在盟国控制委员会的会议上正式宣布，苏联退出四国管制委员会。同日，索科洛夫斯基通知柏林的美方军事长官，从 4 月 1 日起，苏联方面将检查所有通过苏占区的美国人的证件和货运行李，此后苏联对柏林实行了一系列交通管制措施，对西方人员进入柏林设置重重障碍。在《伦敦协议书》得到西方国家批准后的第二天，即 6 月 18 日，西方国家在西占区德国开始了货币改革，以"B 记"马克代替原有的帝国马克。对此，苏联针锋相对，于 6 月 22 日宣布在苏占区和整个柏林发行"D 记"马克，6 月 24 日，苏联方面宣布彻底封锁柏林，切断了西柏林与西占区德国之间的水陆交通，开始封锁柏林，历史上有名的第一次柏林危机就此爆发，并形成冷战的第一次高潮。

一　英国对苏联封锁柏林的最初反应

自从 3 月苏联开始小规模地进行针对西方国家的行动后，英国方面对此就做出了强烈反应。当时西方六国的伦敦会谈正在进行，而法国还在对是否合并占领区心存犹豫，对于苏联的行动，英占区司令官罗伯逊将军对法国军政府当局说道："如果我们再这样毫无目的地谈下去，说不定哪天早上醒来就会发现苏联的镰刀斧头旗在莱茵河畔飘扬了。"② 在苏联对柏林进行全面封锁之前，英美两国就讨论了很多计划和对策以应对苏联的挑战。当时，英国方面有很多人将苏联的行为看作发动战争的信号，时任保守党领袖的温斯顿·丘吉尔就提出要做好同苏联的战争准备，甚至提出要使用核

---

① CAB129/23，CP（48）5，Policy in Germany，p. 8.
② *FRUS，1948*，Vol. 2，p. 159.

武器来威胁苏联。4 月①，丘吉尔甚至向美国提出向苏联投掷原子弹，以迫使其从柏林和苏占区德国撤退。丘吉尔在与美国驻英国大使道格拉斯的谈话中明确表示："如果苏联发展原子弹，那么战争将会不可避免，……现在是时候告诉苏联，如果他们不从柏林退出，不放弃苏占区德国，不撤回到波兰境内的话，我们就将他们的城市夷为平地。……我们不能对苏联绥靖，只有这样它才会退缩。"② 此外，丘吉尔还提出，检查苏联在西方国家港口停泊的货船和人员，并且干扰苏联使用苏伊士运河与巴拿马运河的航海通道。然而，道格拉斯认为丘吉尔的政策是"不理智，不可行的"。在道格拉斯看来，对苏联威胁使用核武器就是"挥舞着一束稻草却假装是一根大棒，而这实际上毫无作用"。③ 丘吉尔的这种核威胁政策不仅没有得到美国方面的支持，英国政府的艾德礼和贝文也反对这种战争冒险行为，因而他们在之后制定的应对柏林危机的政策中根本不提威胁使用战争手段或者威胁使用核武器。

4 月，当苏联加强对西占区和柏林之间的交通限制和检查后，美国想强行通过苏联的封锁进入西柏林。美占区司令官克莱将军提出在使用武装保护的情况下，让西方国家的车队经高速公路或者铁路进入柏林。为了试探苏联的态度，克莱故意从西柏林开出一列有武装保护的火车，当火车进入苏占区后，苏联当局将其调转到侧线铁路，并让其在那里停了好几天。看到苏联方面封锁柏林的态度坚决，克莱放弃了强行通过苏占区的计划。与此同时，英军当局的罗伯逊将军对美方硬闯苏占区的方法也不赞成。他在 4 月 2 日给外交部的电文中指出："这个主意将来是不会成功的，因为只要有几辆坦克横挡在路上就能拦住（西方的）车队，更别说苏联人还会派出他们最好的（人员、装备）来执行这种任务。"④ 外交部在给罗伯逊的回电中肯定了他的想法，并且指示他同克莱进一步商量应对危机的计策。由此看来，英国政府内部的主要意见还是在德国和柏林问题上不与苏联闹僵，更

---

① 实际上，早在 1948 年 1 月 23 日下院关于外交事务的辩论中，丘吉尔就曾指出，原子武器被西方垄断的时间是短暂的，"拥有原子弹只能给我们三四年的喘息时间"，而过了这段时间，"苏联政府也会拥有原子弹，那时候我想我们就不能和苏联人在一些关键的问题上讨价还价了"。参见 HANSARD, HC Deb 23 January, 1948, vol. 446, cc561。

② *FRUS, 1948*, Vol. 2, p. 895.

③ *FRUS, 1948*, Vol. 2, p. 895.

④ Files of Foreign Office（英国外交部档案缩微胶卷，以下简称 FO），FO 371/70490/C2529, From Berlin to Foreign Office.

不能与之发生战争，然而这并不代表英国会放弃西柏林，并从那里撤退。同时，在柏林危机前夕，贝文并不认为苏联会对西方做出什么过激的反应，他在 6 月 4 日与道格拉斯的会谈中表示："经过仔细考虑过所有可能性之后，我确信如果我们坚持自己政策的话，苏联方面不会有什么强烈的反应。在柏林它将可能被激怒，很可能发动宣传大肆攻击我们，然而仅此而已。"①

然而，当 6 月苏联开始对西柏林进行全面封锁时，西方国家一片哗然，对西方是否能够继续留在西柏林还不确定。尤其是美国，虽然全面封锁柏林之前，苏联的种种行动已经表明，西柏林与外界的联系随时可能被切断，但是杜鲁门政府一直没有下定是否要留在柏林的决心。正如杜鲁门在 6 月 28 日的会议上对下属所表示的那样，可以"试探性地同意不惜一切代价留在德国的政策"，但是他又说，"这不是最后的决定"，这表明这只是他的临时决定。②

但是，英国的态度与美国有所不同。6 月 25 日，即苏联全面封锁西柏林通往西占区陆路交通的第二天，英国驻柏林军事长官罗伯逊就给苏联代表索科洛夫斯基发去了一份抗议信，他在信中声明，如果苏联方面不恢复西柏林的交通，那么由此导致的后果要由苏联方面负责。③ 同时，英国政府对苏占区苏联控制的报纸宣称的西方国家将要放弃柏林的说法做出了回应。英国政府公开声明："这种报道是完全不真实的，也根本不能代表英国政府的真实意图。我们打算留在柏林的声明仍然有效。"④ 此外，英国还劝说美国要坚定在德国及柏林的政策。6 月 25 日，贝文还会见了美国大使道格拉斯，向其阐述了英国方面对应对柏林危机的看法，贝文的主要意见有三。第一，要加强英美两国之间关于柏林问题的交流和沟通，这主要包括：两国在德国的军政府要立即讨论应对柏林危机的政策；华盛顿的英美联合参谋长会议从军事角度制定相关的对策实施步骤。第二，关于为西柏林的驻军和居民提供给养的问题，贝文力劝美国向西柏林空运物资，"以维护柏林德国人的士气"。第三，贝文表示将要考虑美国的轰炸机是否可以进驻欧洲的问题。⑤ 贝文特别强调，如果放弃柏林，那么将会对西占区德国乃至整个

① *BDFA*, Part Ⅳ, Series F, Vol. 13, p. 43.

② Deborah Welch Larson, "The Origins of Commitment: Truman and West Berlin," *Journal of Cold War Studies* 1 (2011): 18.

③ *FRUS*, *1948*, Vol. 2, p. 921.

④ *FRUS*, *1948*, Vol. 2, p. 922.

⑤ *BDFA*, Part Ⅳ, Series F, Vol. 13, p. 143.

西欧产生严重的后果。① 英国竭力支持美国在西柏林保留西方的力量，并且
不断警告美国：西方势力撤出西柏林，不仅会使西方丢掉一个插入东欧地
区的桥头堡，而且更重要的是，这会显示出西方的软弱，以及在与苏联对
抗中的西方的劣势地位，从而影响整个冷战的大局。

随后，道格拉斯向美国政府表示，自己完全同意贝文对德国形势的分
析。道格拉斯又代表美国向贝文表示：美国已经决定在柏林危机中采取强
硬的政策。美国总统杜鲁门也表态："苏联没有权利通过直接或者间接的方
法迫使我们从柏林撤退。"② 由此可见，美国坚定了留在柏林的决心。

柏林危机爆发前后，英国方面首先否定了使用武力措施打通西占区同
西柏林的交通，以及使用战争手段威胁苏联来解决德国问题的政策。同时，
英国政府由于认识到西柏林对西方在冷战中的重要意义，不仅坚定了自己
决不撤出柏林的决心，而且向美国施加影响，力图在这一问题上实现英美
政策一致。

二　英国与对西柏林的空运行动

在下定了坚决留在柏林的决心后，在被封锁的情况下怎样解决西柏林
驻军的给养以及250万西柏林平民的日常生活，立即就成为英国政府必须面
对的问题。柏林危机开始后，英国驻柏林的军政府就向内阁汇报：西柏林
平民的食物储备仅够维持24天，由西方国家占有的发电厂只能满足西柏林
50%的用电需求。同时英国军政府的布朗（John Brown）少将向内阁报告
说，驻柏林的英国军队可以通过空运进行补给。他再次指出，使用火车运
输以及公路车队运输都是行不通的，而向西柏林的德国人空运物资又是很
难满足其需求的。③ 6月25日，英国内阁召开会议讨论柏林问题，达成的意
见是：要求英国在德国的军政府立即与美国、法国当局商议"维持西柏林
平民的供给的可能性，特别是要考虑使用空运的办法向平民运输给养的问
题"。④ 得到内阁的指示后，罗伯逊立即与美国的克莱将军进行了讨论与协
商。罗伯逊再次强调，使用铁路和公路运输是根本不可能的，他建议克莱

① *FRUS*, *1948*, Vol. 2, p. 924.
② Alan Bullock, *Ernest Bevin*: *Foreign Secretary*, *1945 – 1951*, pp. 577 – 578.
③ CAB/128, CM（48）, 43rd Conclusions, Minute 3, p. 83.
④ CAB/128, CM（48）, 43rd Conclusions, Minute 3, p. 83.

"必须集中力量来扩大空运的规模"。①

6月28日，贝文在英国内阁会议上指出，"要全力增加柏林英占区平民的食物储存量。现在要达到这个目标只能靠空运了"。② 此外，英国防务大臣对英美空运能力做出了评估，他指出："现在英国皇家空军每天可以向柏林运送75吨，但是不久之后可以增加到每天400吨，到7月3日可达750吨。这就达到了每天的最大运量，而且这样的运量不可能维持一个月。……美国空军现在每天的运输量是1000吨。"然而，这样的运输量是远远不能满足西柏林250万德国人的日常需求的。另外，会上还讨论了苏联当局是否可能会对西方国家的空运行动采取干扰措施，因为英国驻柏林的军政府向内阁报告说，苏联可能使用战斗机或者防空气球来妨碍西方国家的空运行动。对此，内阁的指示是：苏联战斗机的干扰是可以忍受的，但是可以打掉苏联的防空气球。③ 经过内阁的讨论之后，英国政府决心使用空运的办法解决当务之急。

虽然英国方面空运物资到柏林的决心很大，但是美国方面一开始显得信心不足。6月29日，美军代表威廉·德雷珀（William Draper）将军和威廉·魏德迈（William Wedemeyer）将军在访问伦敦期间与贝文进行了交谈。会谈中，身为美国陆军部副部长的德雷珀表示，美国所提供的空中运输量大约是每天1000吨，贝文听后立即表示这样的运输量是不够的，而"美国人拥有大量的资源，他们能够做得更好"。而且，他特别强调："除了完成供养柏林居民的任务外，这还具有巨大的心理价值，即我们不仅向柏林而且是向其他的西欧国家，当然也包括苏联在内的东欧国家显示我们强大的空中力量。"④ 不知道是不是被贝文强烈的话语感染，两位将军"反应积极"，他们表示，将与克莱将军进一步商议整个事情，并且"要尽力达到外长先生的要求"。魏德迈甚至发出了这样的豪言壮语："我们很快就有能力做到像当年通过'驼峰航线'向中国空运战争物资那样的事情。"⑤

6月30日，英美两国参谋长会议在华盛顿召开，此次会议的议题就是怎样通过空运行动来应对柏林危机。两国军事人员在交换了相关的信息和

---

① CAB/128, CM（48），44th Conclusions, Minute 4, p. 91.
② CAB/128, CM（48），44th Conclusions, Minute 4, p. 90.
③ CAB/128, CM（48），44th Conclusions, Minute 4, p. 91.
④ FO/371/70499/C5251, U.S. Aid by Air for Berlin.
⑤ FO/371/70499/C5251, U.S. Aid by Air for Berlin.

情报后认为，英国皇家空军和美国空军以现有的水平可以承担每天 2000 吨的运输量，而英国皇家空军所能承担的运输量是每天 750 吨。而且，两国的代表都反对任何在地面通过使用武力的方式打开通往柏林通道的尝试，英美两国在这个问题上达成了一致。但是在对柏林空运的问题上，美国军方显得更加谨慎，这体现在两个方面：第一，美国参谋长联席会议认为完全依靠空运供给西柏林是不可能实现的；第二，美国参谋长联席会议仍然担心苏联会对西方的空运采取干扰和阻碍的措施。虽然美国人认为苏联不会出动飞机直接干扰运输，但如果苏联人使用航空气球妨碍飞行的话，美国"会事先和苏联政府沟通之后，才决定打不打防空气球"。① 此后，随着对柏林空运的进行，美国也看到了此种方法的可行性，因而逐渐加大了空运力量的投入。到 1948 年 10 月，每天的空运量已经达到 4000 吨，而到了 1949 年，又增加到 5500 吨，最多的时候达到 8000 吨。② 其中，英国皇家空军承担了大约 40% 的空运量。

由上可以看出，英国一开始就下定决心不仅要留在柏林，而且要运用西方的空中力量给西柏林的居民提供各种生活物资。其原因有二：一方面，英国对柏林乃至德国的战略位置对西方的重要性有清楚的认识；另一方面，英国认为美国具有强大的实力，同时认为苏联不敢使用战争手段来解决柏林问题，当然这个前提是西方国家也要保持克制，因为东西方之间不论是"擦枪走火"还是"蓄意挑衅"，其导致的后果都将不堪设想，刚经历二战浩劫没有几年的英国乃至欧洲不能再承受又一次大战的蹂躏。反观美国，柏林危机开始后，美国对空运和在柏林保留力量的态度比较谨慎和担忧。这是由于美国是当时唯一能够有能力和苏联对抗的国家，美国一旦开始实施相关政策，其力度和规模都将是十分巨大的，同时美国所受到的"惯性"也是很大的，它自己想停下来都是很难的。换句话说，美国在柏林危机这一事件中的任何一个小动作都能引起巨大的反应，因此美国不得不再三考虑这其中的利弊得失。而英国作为实力远不及美苏的二流国家，一方面对苏联和共产主义存在恐惧和仇视；另一方面又无力对抗苏联，只能死抱着美国的大腿，要求美国在欧洲承担"反苏反共"的责任。所以，英国在柏林危机开始后立即表现出十分强硬的立场，这可以说是鼓励和刺激美国也

① Avi Shlaim, "Britain, The Berlin Blockade and the Cold War," *International Affairs* 1 (1983 – 1984): 8.

② 丁建弘、陆世澄、刘祺宝主编《战后德国的分裂与统一》，第 79 页。

在柏林危机上采取和自己一致的强硬措施，只有这样英国才能依靠美国达到遏制苏联和保住柏林的战略目的。就如贝文自己所说的那样，"不能想象英国可以在与苏联的斗争中单独行动。如果与苏联的战争不可避免，那么这主要应该是美国的义务，英国只起到辅助性作用。美国人要给柏林以援助，就如同他们在欧洲经济复兴计划中所做的那样"。① 当然，以冷战的方式对抗苏联也是美国当时的战略政策，英国处置柏林危机的态度很能引起许多美国人的共鸣。

三　美国战略轰炸机进驻英国以及英国对与苏联谈判的态度

柏林危机发生后，英美两国空军对西柏林开始了大规模的空运行动，这仅是西方应对苏联"威胁"的一种手段。就英国来说，通过这次苏联对西方的挑战和刺激，英国也真正感到了苏联的威胁以及自身实力的有限而无法应对这种威胁。英国考虑要进一步借助美国人的力量来加强自己以及西欧对抗苏联的能力。因此，在对柏林实施空运补给开始后不久，英国方面就考虑让美国的战略轰炸机进驻英国，使其成为震慑苏联的军事利器。

1948 年 6 月 28 日，在内阁召开的军事防务会议上，贝文提请内阁讨论是否允许美国 B - 29 战略轰炸机进驻英国。此前美国方面曾向贝文询问英国是否同意美国的三个 B - 29 战略轰炸机中队（其中两个中队驻扎在美国在德国的占领区，一个中队驻扎在英国本土）进驻欧洲。英国内阁决定同意美国的轰炸机和战斗机进驻英国。② 7 月中旬，贝文向美国方面表示，美国加快对柏林的空运和在英国部署 B - 29 轰炸机，会让苏联明白西方国家的坚定立场。贝文再次重申：英国政府非常愿意，并且急切地希望接受美国的轰炸机。③ 7 月 15 日，美国国家安全委员会决定派遣 B - 29 轰炸机飞往英国，当天晚上，美国政府正式宣布了这一决定。虽然美方再三宣称此次派遣轰炸机的行动只是英美之间常规的联合飞行训练的一部分，但这个消息还是使世界为之震惊。这是因为，在当时 B - 29 轰炸机被称为"原子弹轰炸机"，是美国唯一可以用于投掷原子弹的轰炸机，而且也是 1945 年向广岛、长崎投掷原子弹的轰炸机。在英国驻扎 B - 29 轰炸机后，莫斯科就将处于该轰炸机的打击范围之内。两个轰炸机中队的 60 架轰炸机从美国的

---

① Alan Bullock, *Ernest Bevin*, *Foreign Secretary*, *1945 – 1951*, p. 581.

② FO371/70498, C5136, Committee of Ministers on Germany.

③ *FRUS*, *1948*, Vol. 2, pp. 965 – 966.

佛罗里达和堪萨斯空军基地飞往英国，驻扎在东英吉利，至此美国在英国建立了第一个战略空军基地。这意味着英国加强了与美国的军事同盟关系，将自己置于美国战略防御的保护之下。正如丘吉尔所说，"不列颠岛屿现在成了一艘航空母舰"。①

对于美国战略轰炸机进驻英国，英国内部的反应比较一致。内阁就认为，美国战略轰炸机的进驻可以很好地向苏联显示西方国家的坚定立场，并且告诉苏联人如果他们想要占有西柏林，那么西方的轰炸机可不是吃素的，美国当时独有的原子弹会将苏联夷为平地。

这里需要指出的是，在冷战背景下，核武器通常被用于威慑和恫吓，即使美国在战后初期垄断原子弹的情况下，美国也不太可能对苏联使用原子弹。另外还有一个问题，就是当时派驻英国的 B - 29 轰炸机是否携带了原子弹。有的西方学者的研究认为，美国驻英的 B - 29 轰炸机并没有携带原子弹，而且更令人吃惊的是，这些轰炸机甚至都不能携带和投掷核弹。因为不是所有的 B - 29 轰炸机都能携带核弹，其只有经过改装才能执行携带和投掷核弹的任务，而真正能够携带核弹的改进型 B - 29 轰炸机是在柏林危机结束后的 1949 年 6 月才进驻英国的。② 如果真是这样的话，那么就更说明美国在柏林危机期间在英国驻扎战略轰炸机的行动是一种军事威慑手段，是为了警告苏联不要对英美对西柏林的空运实施干扰。

在柏林被封锁期间，英国政府内部就如何解决封锁进行了讨论。总的来说，英国政府还是倾向于对苏联采取强硬的态度，当然这以不与苏联发生武装冲突或战争为前提。贝文曾经半开玩笑地对美国国家安全委员会的查尔斯·波伦（Charles E. Bohlen）说："我知道你们美国人想打仗，但是我不会让你们得逞。"③ 7 月 26 日，英、美、法三国代表在英国外交部召开了一次讨论会，会议的主题是：是否向苏联以及斯大林发出西方三国的联合照会来表明西方国家的态度，并且试探苏联是否有缓和柏林危机的意向。会上，英国的斯特朗表示：贝文"希望给苏联的照会中既不要提及我方对

---

① Andrew J. Pierre, *Nuclear Politics*：*The British Experience with an Independent Strategic Force*, *1939 – 1970*, p. 79. 转引自 Avi Shlaim, "Britain, The Berlin Blockade and the Cold War," *International Affairs* 1（1983 – 1984）：9。

② Avi Shlaim, "Britain, The Berlin Blockade and the Cold War," *International Affairs* 1（1983 – 1984）：9.

③ Charles E. Bohlen, *Witness to History*, *1929 – 1969*,（New York：W. W. Norton & Company, 1973）, p. 174.

事态的观点，也不要使用挑衅性的语言。……现在不是接触斯大林的时候，因为此时共产主义在欧洲正经历困难时期，如果我们接触斯大林的话，则只会让他信心增加"①。

为了摸清苏联方面对柏林封锁的态度，8月2日，西方三国代表在莫斯科与斯大林会晤。在这次会见中，斯大林声明了苏方的立场：由于西方国家在伦敦会议后建立了以法兰克福为首都的西占区，这违反了将德国作为一个整体来对待的原则，而柏林位于苏占区内，因此"西方国家军队驻扎在柏林的权力就失去了合法性"。同时，他又表示，"苏联当局采取的限制性措施并不是要把盟国军队从柏林赶出去"。② 而且，他也愿意重启四国会谈。对于斯大林的表态，英国驻莫斯科外交代表罗伯茨、巴克、哈里森认为，苏联政府的目标实际上仍然是想把西方力量从柏林驱逐出去，他们在8月7日给英国外交部的电报中指出，苏联"重启四国会谈的目的是，这样的会谈可以实现他们的主要目标，即干扰或者拖延西德的建立。而且斯大林和莫洛托夫都已经在不同程度上认为德国一分为二是最有可能的结果了"。③ 他们认为，如果苏联将德国的分裂已经看成不可避免的事情，那么它就不会容忍西方国家在柏林保留力量。在与莫洛托夫和斯大林的会谈中，英国代表感到苏联方面不想通过战争来解决柏林危机，他们认为，"苏联通过封锁让我们撤离柏林的企图已经很明确了，他们现在正考虑更积极的同时又不张扬的办法"。④ 8月8日，贝文在给英国驻苏联大使馆的回电中基本肯定了他们的看法，并且指出："我们现在以及将来都不会在柏林问题上让步，我们不能让自己被排挤出柏林。……苏联人在其占领区的日子也不好过，他们在柏林也不能任意妄为，同情苏联的德国人也变得难以驾驭。"⑤ 由此可以看出，虽然和苏联进行了相关的谈判，但是贝文和外交部都认为苏联是不可信任的，苏联把西方排挤出柏林的计划不会变，因此英国要对苏联采取强硬措施，在谈判方面也绝不示弱和妥协。所以，在与苏联的关系上，英国希望坚持现有的立场，继续并扩大对柏林的空运，同时在外交上对苏联实行"冷处理"，既不与之谈判也不与之翻脸，希望最终苏联主动提出让步和妥协。

---

① FO371/70505/C6250, Record of Meeting Held in the Foreign Office.
② *FRUS, 1948*, Vol. 2, pp. 999 - 1000.
③ FO371/70506/C6441, From Moscow to Foreign Office.
④ FO371/70506/C6441, From Moscow to Foreign Office.
⑤ FO371/70506/C6441, From Foreign Office to Moscow.

　　虽然外交部和贝文都主张采取强硬态度，但是英国军方的罗伯逊将军希望与苏联达成某种妥协，以尽快解决柏林危机。罗伯逊之所以有这种想法，主要是由于他担心西方盟国在柏林处于极度的弱势地位，很容易受到苏联的攻击，而且随着冬天临近，英美向西柏林的空运是否能够维持250万人的需求也是很大的问题。罗伯逊给外交部的电报中指出，"我们在柏林的地位相当脆弱，我们不能对苏联采取有效的防卫措施"。关于空运量，他还指出："现在维持低标准经济水平所需的物资平均是每天4800吨，但我们低于这个数字。"① 此外，罗伯逊还提出了其他一些不利的方面，如西方马克在西柏林的地位不稳固，柏林的政治和经济形势对西方国家不利等。最后，罗伯逊建议要抓紧和苏联进行谈判，恢复四国谈判机制，他在电报中说道："我们找到一座塌了一半的房子，最好的办法就是接受它而不是让其彻底倒塌。……因此我们的主要目标应该是让苏联明白，通过四国讨论机制来解决德国问题既是我们的利益所在，也是他们的利益所在，而且我们是愿意通过这样的方式来解决问题的。"② 很显然，罗伯逊的态度不能让贝文满意，于是他在对该电报的批示中指出：在柏林空运问题和柏林货币问题有进一步的结论和意见之前，不要让这份电报被传阅。③ 贝文还说道："这份电报极为悲观，而且我怀疑罗伯逊将军在其中所说的形势是否真的如此糟糕。"④

　　贝文不仅要求英国内部一致采取对苏的强硬政策，而且也希望美国坚定信心，决不能对苏妥协。8月11日，贝文在同美国大使道格拉斯谈话时说："我认为在莫斯科的谈判很可能要失败。然而，我认为我们在柏林坚决不能投降。"⑤ 贝文还希望美国方面能够在9、10月份将对柏林的空运量增长到7000—8000吨，这样就能保证西方不会被排挤出柏林。贝文说道："我们别太在意所付出的费用，这些费用根本不够战争中一天的消耗。如果美国大使能让我得知美国政府要大规模提高空运数量的话，那我将十分感激，

---

① FO37170506/C6531, Form Berlin to Foreign Office.
② FO37170506/C6531, Form Berlin to Foreign Office.
③ FO37170506/C6531, Minutes.
④ FO37170506/C6531, Minutes.
⑤ FO371/70507/C6611/3/G, Conversation Between the Secretary of State and the United States Ambassador.

因为这样我就能够鼓励那些正在困难中奋争的人民。"①

　　柏林危机开始后，贝文及其领导的外交部极力避免东西方之间发生战争，因为这是刚经历二战不久的英国乃至欧洲都不想看到的解决柏林危机乃至整个德国问题的方法。但是面对苏联对柏林的封锁，以及要把西方国家赶出柏林的企图，贝文又主张毫不退让，坚决与之对抗。以空运方式向西柏林提供各种生活物资的办法，一开始并没有得到美国政府的坚决支持，而英国政府一开始就立即确定了以这种方式来应对苏联的封锁。当美国提出向欧洲包括英国派遣战略轰炸机的时候，英国方面也予以积极配合，这使美国的空中力量进驻英国，从而向苏联做出了一定的武力威胁的姿态。从以上英国政府采取的措施来看，英国是冷战初期对抗苏联的积极力量。当然，从整个形势来看，无论是投入的人力物力，还是整个对外战略的影响力，美国在柏林危机中都起着主导和关键作用。但是，英国在应对柏林危机中的坚定和强烈的反苏态度对整个西方国家在长达十个月的危机期内处理德国和柏林问题所起到的作用也是不可否定的。

第三节　柏林危机的结束以及英国与联邦德国政府的建立

一　柏林危机的结束

　　1948 年 8 月，苏联同英、美、法三国就柏林封锁进行谈判。但是，当时苏联方面坚决要求解除封锁的前提是西方国家的"B 记"马克退出柏林，柏林市统一使用苏联的"D 记"马克。双方此后曾经达成初步协议，西方国家愿意将"B 记"马克退出，西方与苏联都撤销对柏林与西占区之间交通、贸易以及人员往来的限制。9 月，四国军事长官举行会议落实相关协议，但是正如上文所述，英国方面仍然坚持对苏联采取强硬态度，同时美国也认为苏联政府要把西方势力排挤出柏林的企图没有改变，因此双方争论数日仍没有达成最终一致意见。9 月 7 日，四国军事长官会议不欢而散。

　　随着英美对柏林空运的进行以及运输量的不断增加，西柏林可以完全依靠空运来维持军民生活和经济运转，无论是西方国家还是苏联，都看到

---

① FO371/70507/C6611/3/G，Conversation Between the Secretary of State and the United States Ambassador.

了英美坚定驻守柏林的信心和能力。与此同时，西方国家自柏林危机后也开始对苏联实施反封锁。柏林危机开始的当日，英国就停止向苏占区运输煤、钢以及用于对苏赔偿的机器设备，次日，双占区的经济委员会也采取措施限制与苏占区的经济和人员往来。1949 年 1 月，美英当局禁止西柏林的商品（主要是制成品）运往苏占区，2 月，严禁车辆从英美占领区进入苏占区。同时，英美开动宣传机器，大肆攻击苏联封锁柏林的行为是把 250 万德国人作为人质要挟西方。在这样的压力之下，苏联也不得不考虑主动提出与英美谈判解决柏林问题。

1949 年 1 月 31 日，斯大林在接见美国记者时表示，如果美、英、法三国将西占区德国政府的建立推迟到下一次外长会议，那么"苏联政府不认为取消运输限制有什么障碍。但是，同时要取消三大国所实施的运输和贸易的限制"。① 斯大林的表态被英美等国看成苏联要解决柏林问题的试探性信号。美国方面认为："从 1948 年 6 月以来，在苏联的声明中这是第一次没有把封锁柏林同货币问题联系在一起。"② 此后，美国通过其在联合国的代表与苏联方面进行接触，最终苏美双方达成了关于解除柏林封锁以及召开外长会议解决德国问题的协议。

5 月 5 日，美、英、法、苏四国同时发表公报。公报的主要内容是：自 5 月 12 日起，苏联政府撤销自 1948 年 3 月 1 日起对西柏林与西占区的封锁，西方三国也停止对东柏林和苏占区的封锁。至此，第一次柏林危机结束，东西方对抗暂时告一段落。

柏林危机的结束让英国人倍感高兴，在 5 月 5 日英国下院的辩论中，贝文说道："我感谢议会一直以来的支持，现在已经达成了协议，我觉得这完全可以说明我们的强硬而又合理的政策已经被证明是正确的了。"柏林空运以及解除柏林封锁也使丘吉尔欢欣鼓舞，他说道："我要向他（贝文）和政府表示祝贺，……这是一件让我们大家高兴的事情。"③

对西方来说，这样的结果是对抗苏联的一次重大胜利，就英国来说，它一直采取的对苏强硬态度终于得到了所希望的结果。西方认为，这次柏林危机的解决，很大程度上是依靠美国和英国对柏林的空运，而英国对自身在柏林空运中的作为也是比较满意的。1949 年 3 月，英国首相艾德礼访

①　《斯大林文集（1934—1952）》，人民出版社，1985，第 514 页。
②　〔美〕哈里·杜鲁门：《杜鲁门回忆录》下卷，李石译，东方出版社，2007，第 160 页。
③　*BDFA*, Part Ⅳ, Series F, Vol. 18, pp. 82 – 83.

问了西占区，3月9日，艾德礼给驻柏林的英国军政府发去了祝贺信，赞扬罗伯逊以及英国军队在柏林空运中的表现。他在贺信中说道："美国军队和我们以及自治领的力量进行了密切有效的合作，这已经让我特别印象深刻。通过此次英语民族之间的联合努力，我们已经能让柏林人民抵挡住寒冬和饥饿，而且现在能够看到，只要封锁继续，我们就一定会增加空运量。"① 虽然此时苏联和英美已经就柏林危机开始接触谈判，但是英国的态度仍旧没有松动，这封贺信让人们看到，即使与苏联的谈判仍然不能取得进展，英国对柏林空运也仍充满信心。而即使苏联对西柏林的封锁继续下去，英国也不会妥协，这也是英国对苏联的炫耀与示威。正如艾德礼在贺信最后所说："我想对所有参与此次行动的盟国表示祝贺，我确信这次行动将名留青史，这是对维护欧洲自由的巨大贡献。"②

虽然封锁解除了，但是英国并没有放松警惕。7月15日，贝文向内阁指出：取消对柏林的空运机构是"不谨慎的行为"，除非英国能够保证未来德国的局势进一步明朗并且在西柏林有足够的物资储备来应对再次可能出现的封锁。而贝文经过相关的报告和计算认为，维持柏林正常运转4—5个月所需的物资量大约为110万吨。③ 尽管英国驻柏林的军事长官罗伯逊将军在给贝文的电报中表示"军政府的长官们都认为有必要采取一些步骤来减少空运量"，④ 但是贝文认为仍然需要保留一定的对柏林空运的能力，以防苏联再次使用封锁手段。他向内阁汇报了英美两国军政府长官所做的提议：在德国保留两个美军的空中运输大队和两个英国皇家空军的重型运输机中队。贝文认为这项提议相当有必要，"是应对将来危机的一种适度的、合理的措施"。⑤ 由此可以看出，经过此次柏林封锁后，英国加强了防患措施。

二 英国与联邦德国政府的建立

实际上，1948年伦敦六国会议后不久，西方国家就已经开始准备建立西占区德国政府。随着后来第一次柏林危机的开始，西方国家也进一步加快了西占区德国政府的组建。7月1日，西方三国对德占领区的军事长官以及西占区的 11 个州（自由市）的总理①在法兰克福召开会议。会上，西方三国的军事长官交给西占区各州总理三个文件，分别是：《关于宪法文件的声明》，要求各州召开制宪会议，产生联邦制的、民主的、自由的新宪法；《关于改组州议会的声明》，要求各州总理审查各州边界，为选区的划分做好准备；《宪法生效后军事长官权限的声明》，对未来占领区当局和西占区德国政府之间的权限划分做了初步设想。这三个文件开启了建立西占区德国政府的进程，为"将来西占区德国的国家机构及其职权范围定下了基本方针"。②

此后，西占区德国的代表同西方国家的军事长官进行讨论与协商，确定了西占区德国建国的基本原则：新成立的西占区德国政府应是临时性质的，改宪法为基本法，不召开国民会议，建立一个议会委员会，其代表由各州议会选举产生。关于占领军当局规定的占领法规，在制定基本法之后再另行制定。随后的八九月，西占区德国议会委员会和西方三国委员会分别开始制定基本法和占领法规。

在制定占领法规方面，英国与美国存在一些分歧。1949 年 4 月初，英、法、美三国外长借参加签署《北大西洋公约》的机会在华盛顿磋商如何解决在对德占领法规上的分歧。在此次会议之前，美国方面希望在三国对德占领协议中加强占领区当局的权限，尤其是让美国"在一些事关自身重要利益的事情上拥有压倒性的投票权"。而英国方面认为，这样的话美国人"就成了德国社会生活各方面的主宰者了"。③ 后来，经过各方协调，美国方面认识到，如果按照美国之前的态度达成对德占领协议，那么"这会导致情况十分复杂，并且会约束德国政府使其无法开展工作"。因此，在这次华盛顿会议上，美国方面又提出了一个新的草案。英国对该草案有以下看法。

有利的方面有两个：第一，美国的草案文本比较简洁，只规定了一些原则性的东西，因此这就给了德国政府更大的自由度；第二，美国政府和法国政府都愿意根据该草案达成协议，这就有利于德国政府的尽早建立。

同时，令英国担心的不利方面有三：第一，给予德国人最大的自由和权利，盟国仅控制其安全事务，这样军政府的功能和职责将逐渐弱化、消

---

① 1945 年之后，根据需要，西占区重新划分了各州的边界，并成立了一些新的州，至西占区德国成立时共有 11 个州，其中包括两个州级自由市：不来梅和汉堡。各州成立了占领军政府监督下的州一级行政机构，并且有自己的行政首脑——总理。

② 〔联邦德国〕康拉德·阿登纳：《阿登纳回忆录（1945—1953）》第 1 卷，第 156 页。

③ CAB129/34，CP（49）79，Annex：Occupation Statute and Tripartite Control Agreement, p. 1.

失；第二，对德国政府的经济援助是通过盟军的经济委员会来实施的，这容易对欧洲其他国家的援助计划产生影响；第三，协议草案将民政和军政的管理分开，不利于统一指挥，尤其是在面临苏联的战争威胁的情况下。①

英国外交部在衡量利弊后，认为"鉴于美国和法国代表的态度，在美国草案的基础上达成协议看来是唯一可以迅速建立德国政府的方法"，② 并向内阁做了汇报，内阁表示同意。4月8日，英、美、法三国发表了《华盛顿声明》，其中包括以美国草案为基础达成的占领法规。占领法规主要有以下内容：

1. 西占区德国政府建立后，文职官员将代替军事人员成为盟国驻德国的最高官员，由此军政府的统治将告结束，但是占领军依然存在。

2. 占领当局保留一些权力，包括武装、安全、消灭纳粹、解散卡特尔组织、外交、赔偿等。至于其他方面的权力，由新成立的德国政府去管理。在没有盟国代表一致同意的情况下，西占区德国的宪法不容修改，也不允许修改对西占区德国的军备和工业的管制。

3. 西占区德国成立后正式纳入欧洲复兴计划中，但是美国将主要监督其对外贸易。

4. 西方盟国开始执行建立鲁尔国际共管机构的协议，同时停止拆迁西占区德国的工厂、设备。③

由此可以看出，英国把迅速建立西占区德国政府作为最关键的目标，只有尽快建立西占区德国政府，才能进一步实现西方国家将西占区德国拉入西方阵营，并将其建成反苏、反共的桥头堡的目的。另外，英国通过柏林危机摸清了苏联不会因为德国问题同西方动武，而且也不会强烈阻挠西方建立西占区德国的行动。1949年4月9日，英占区军事长官罗伯逊向贝文提交了一份关于1948年德国年度形势的报告，该报告认为，"有迹象表明苏联已经重新审视了其对德国的整个政策。它不太可能寻求阻挠西方国家对西占区德国的重建计划，也不寻求将共产主义扩张到整个德国。但是

---

① CAB129/34, CP (49) 79, Annex: Occupation Statute and Tripartite Control Agreement, p. 2.
② CAB129/34, CP (49) 79, Annex: Occupation Statute and Tripartite Control Agreement, p. 3.
③ CAB129/34, CP (49) 87, Germany: Occupation Statute and Ancillary Documents, pp. 4 – 8.

这并不表明苏联就此放弃了这个目标，苏联只是改变了具体方法"。① 在这样的情况下，尽快建立西占区德国政府就成了英国希望看到的结果。

与此同时，西占区德国议会加快了制定基本法的步骤，1949 年 5 月 8 日，西占区德国议会委员会投票通过了基本法，5 月 12 日即柏林封锁正式解除的这一天，西方三国军事长官批准了基本法，并正式公布了占领法规。8 月，联邦德国举行了第一届联邦议会选举，基民盟和基督教社会联盟获得了最多席位。9 月 7 日，联邦德国议会和参议院正式成立。9 月 12 日，由基民盟、基督教社会联盟和自民党联合组成第一届内阁，特奥多尔·豪斯（自民党）当选为总统，15 日阿登纳（基民盟）当选为联邦德国首任总理。9 月 20 日，德意志联邦共和国正式成立，定都波恩。

实际上，苏联也开始了组建苏占区德国政府的行动。早在 1948 年 2 月，苏联占领军当局就加强了苏占区经济委员会的权力和地位，使其具有对苏占区内所有德国国家机关进行指导和监督的职权，原来由各州进行管理的经济事务大部分都交给经济委员会来支配，这就为将来民主德国中央行政机构的建立做好了准备。3 月，苏占区组建了由 400 人组成的德国人民委员会来讨论和制定宪法草案。1949 年 3 月，德国人民委员会通过了《德意志民主共和国宪法草案》，5 月，德国人民代表大会进行了选举，统一社会党获得了人民代表大会的领导地位，并且通过了《德意志民主共和国宪法》。10 月 7 日，德意志民主共和国（以下简称"民主德国"）成立，首都为柏林，德国统一社会党的一位主席奥托·格罗提渥被选为首任政府总理，统一社会党的另一位主席威廉·皮克被选为民主德国总统。

三 英国对联邦德国政府的支持态度

虽然德国的分裂已成定局，但是苏联和西方都指出要最终实现德国的统一，并将这一原则写入民主德国与联邦德国的宪法之中。不过双方都明白，在这样的形势下实现德国的真正统一是比较遥远的事情。

根据 1949 年 5 月 5 日苏联与西方达成的解除柏林封锁的协议，在 5 月 23 日召开巴黎四国外长会议，讨论德国的前途问题。但是此时双方都在各自进行建立国家的最后进程，德国的分裂是一件心照不宣的事。6 月 11 日，也就是在四国外长会议期间，贝文来到苏联大使馆会见了苏联外长维辛斯

---

① *BDFA*, Part Ⅳ, Series F, Vol. 18, p. 60.

基（Andrey Vyshinsky）。在英苏两国外长会谈中，贝文指出："关于德国问题的讨论应该从这样的基础上开始，即现在有两个德国，不论我们喜不喜欢，都要考虑这方面的因素。"① 维辛斯基虽然没有对此提出反对意见，但是他仍然强调，苏联政府一直致力于德国的统一，而且他本人提出在现有的苏占区、西占区经济结构的基础上建立全德国国务会议，但是这个建议被西方国家否定。对于四国对德问题的协商机制，维辛斯基也表示："苏联政府不能放弃四大国协商一致的原则，如果不这样的话，苏联的利益就不能得到保证。"② 从维辛斯基的话可以看出，苏联认为解决德国以及柏林问题应该通过四大国协商一致机制来实现。但贝文向维辛斯基暗示，原有的四国协商一致机制要进行改变，贝文提出，四大国协商一致机制要取消之前的一票否决制而"实行少数服从多数"的原则，因为"四大国协商一致原则是很难实现的，而且西方国家有一种强烈的感觉，苏联政府是在利用相关的规则为其政治目的以及共产主义的传播服务"。③ 对此，维辛斯基表示坚决反对，他说道："西方国家不想恢复过去的四大国协商一致机制，而是要改变所有的事情。"④ 由此可以看出，英苏在关于德国问题上是很难达成一致的，正如贝文对维辛斯基所说："很显然我们不能在关于德国的一些重大问题，如德国的统一、柏林问题或者和平条约问题上达成协议。"⑤

英苏两国大使的这次谈话，基本上体现了整个巴黎外长会议的气氛，英苏以及整个西方同苏联都不肯放弃自己的原则，双方互相猜忌，都认为对方在德国"别有用心"，想把德国拉拢到自己的阵营中来。于是，双方就都要紧守住各自拥有的一部分德国，不肯做出实质性妥协和让步。最终，巴黎外长会议也是不欢而散。

随着德国分裂已成既定事实，未来英国政府与新建立的联邦德国政府之间究竟应该保持怎样的关系，也成了英国需要考虑的问题。1949 年 7 月 15 日，英国驻德国占领当局长官罗伯逊给贝文提交了一份名为《与联邦德国政府的关系》的报告，该报告提出了未来处理同联邦德国关系的一系列原则。报告的主旨思想是提倡英国乃至整个西方国家政府对新成立的联邦德国政府予以支持。报告认为，要保证联邦德国政府作为西方阵营中的一

---

① *BDFA*，Part Ⅳ，Series F，Vol. 18，p. 96.
② *BDFA*，Part Ⅳ，Series F，Vol. 18，p. 96.
③ *BDFA*，Part Ⅳ，Series F，Vol. 18，p. 96.
④ *BDFA*，Part Ⅳ，Series F，Vol. 18，p. 97.
⑤ *BDFA*，Part Ⅳ，Series F，Vol. 18，p. 96.

员，并且保持其反共、反苏的特质，并为此而指出了西方对联邦德国政府的关系上要实现的目标："鉴于历史经验，我们如果要促进联邦德国的民主因素的话，就要保证促进新联邦政府的威信，我们要尽其所能地支持它，要尽力保证它不会失去对其人民的控制。"① 为达到以上目标，罗伯逊提出了三项基本政策：第一，最小限度地限制和干涉联邦德国政府，"我们必须让大家明白这不是一个傀儡政权"；第二，对于那些易于和联邦德国政府产生纠纷和麻烦的问题，应该将处置权力交给占领当局；第三，向德国人表明，英国是希望同联邦德国政府合作的，"我们必须证明同我们合作是被期望的事情而不是尽力避免的事情"。② 在具体做法上，罗伯逊主张：第一，减少对联邦德国政府的直接干预，特别是对其基本方针的控制和干预。第二，经济方面，逐步减少对联邦德国经济的控制。这一方面需要考虑其他国家（尤其是法国）的态度，因为"在对德国战争潜力的担忧方面，法国的态度会很强硬"，③ 另一方面对联邦德国经济、工业的限制会使联邦德国政府认为自己受到歧视，从而影响其与英国以及西方国家合作的意愿。罗伯逊的建议是，"在贸易方面应该给予德国更大的空间"，但在解除对联邦德国经济限制的过程中要十分谨慎，"要对每个阶段事态的发展予以仔细考察，避免做不必要和不合理的事情"。④ 第三，鼓励和帮助联邦德国政府参与国际事务，使其回归国际大家庭。对于这条措施，罗伯逊有其独到的看法，他认为美国会通过将联邦德国纳入"欧洲复兴计划"并为其提供大量经济援助的方式来帮助联邦德国政府，而英国是不可能跟着美国学的，因为英国不可能像美国那样通过向联邦德国提供经济帮助来获得德国人的好感和支持。所以罗伯逊指出，"我们获得德国人的支持，可以通过保证德国人在国际会议和国际组织中的地位来实现"。这样既可以树立英国在联邦德国政府中的"友善形象"，又可以"有效提高联邦德国政府在其人民心目中的地位"，⑤ 这对于英国来说既是扬长避短之举，又是一举两得之计。

罗伯逊总体上要求英国政府在未来对联邦德国政府采取支持和信任的态度，这种态度有两方面的内容：其一，让联邦德国政府获得更多的权力，使其在管理国家的过程中逐渐建立起其在德国人心中的威信；其二，要把

---

① *BDFA*, Part Ⅳ, Series F, Vol. 18, p. 100.

② *BDFA*, Part Ⅳ, Series F, Vol. 18, p. 100.

③ *BDFA*, Part Ⅳ, Series F, Vol. 18, p. 101.

④ *BDFA*, Part Ⅳ, Series F, Vol. 18, p. 101.

⑤ *BDFA*, Part Ⅳ, Series F, Vol. 18, p. 101.

联邦德国政府建设成西方式民主政府，使其成为联邦德国乃至以后整个德国政治民主化、经济市场化的领导核心，在成为遏制苏联和共产主义扩张的桥头堡的同时，也成为展示西方文明的橱窗。当然，联邦德国也存在一些不利于西方的因素，在罗伯逊看来，联邦德国最大的威胁"不是其还拥有一定的战争潜力，也不是被共产主义占据，而是其政府失去了一些权威和权力，这会导致极端民族主义同共产主义结合，这才是最大的威胁"。①从这个意义上讲，罗伯逊更主张给予联邦德国政府有效的支持，以防止出现这种危险。

该报告交给贝文一个多月后，贝文才对其做出回应。8 月 29 日，贝文在给罗伯逊的电报中表达了自己对未来英国与联邦德国政府关系的看法。贝文总体上肯定了罗伯逊的意见，但是他提出在执行对联邦德国政府的政策时会遇到很多困难，他说："第一，怎样搞好强硬政策与宽容政策之间的平衡，以及对德最高委员会中三方（英、法、美）势力的均衡，这都是需要技巧和耐心的。第二，（在对德政策上）要想获得其他欧洲国家对我们的支持是很困难的。"②贝文之所以这样说，是因为英国国内还有人把联邦德国拥有的工业实力看作未来军国主义复兴的资本，另外英国也有人担心未来联邦德国经济的复苏，尤其是联邦德国外贸的发展会使英国海外贸易面临的竞争压力加大。同时，在与联邦德国关系密切的英、法、美西方三国中，法国出于自身安全的考虑，最反对放松对德国的控制。针对这些问题，贝文认为，要改变人们对德国复兴的恐惧，从根本上是要使其彻底成为西方民主国家的一员，他提出："我们短期的目标应该是协助德国的民主党派和政治家们。从长远看，我们还要对德国各个层次的政府、工会以及其他非党派团体进行教育，让其具有亲西方倾向。"③至于未来联邦德国的贸易问题，贝文认为联邦德国需要扩大出口贸易以应对国内的财政困难，这从另一个方面来看，无疑是给英国增加了一个贸易竞争对手，贝文指出，"恢复联邦德国经济的一些必要手段势必会影响到英国的利益……但是如果对联邦德国采取歧视措施的话，这无疑会影响英国的长远利益。"④第三，在电报最后，贝文对刚成立的联邦德国政府给予了很大的同情，他说道，

---

①　*BDFA*, Part Ⅳ, Series F, Vol. 18, p. 102.

②　*BDFA*, Part Ⅳ, Series F, Vol. 18, p. 125.

③　*BDFA*, Part Ⅳ, Series F, Vol. 18, p. 126.

④　*BDFA*, Part Ⅳ, Series F, Vol. 18, p. 126.

"鉴于联邦德国经济面临很多艰巨的问题，这些问题对于联邦德国政府来说很难解决，更别说新成立的联邦德国政府根基不稳，没有经验，所以我们应该从间接的途径帮助他们解决这些难题"，但是将来，联邦德国政府是要自己去解决这些问题的，只有这样"才能体现出联邦德国政治家治国的能力，从而赢得国内民众的支持"。①

由上可以看出，无论是英国占领当局的罗伯逊还是代表英国外交部的贝文，他们都对新成立的联邦德国政府寄予了很大期望，因为这个政府是在英国以及其他西方国家共同的努力下才得以成立的，无论是实行联邦制，还是改变原有的大垄断资本主义，这都是英国政府一直追求的结果。当联邦德国政府迈出执政的第一步时，英国政府一方面希望这样的一个亲西方的德国政府在未来成为抵御苏联的屏障，另一方面也看到新生的政府还需要西方国家的扶持。但是，英国无意将这样一个在西方占领军统治下建立的政府作为自己的傀儡，它从根本上希望彻底改造联邦德国的政治、经济制度，使其政治民主化、经济市场化，彻底消除军国主义、纳粹主义滋生的根源，同时放松对其经济的控制，希望联邦德国能够成为西方资本主义发展的典范。英国与其他西方国家始终认为，发达的自由经济和资本主义民主制度是防止被共产主义"占领"的最佳保护伞。

第四节　本章小结

从1948年柏林危机开始到1949年九十月德国正式分裂，英国在这一时期所起的作用不可忽视。柏林危机开始之前，以贝文为代表的英国政府对德国问题、苏联对德政策等方面的基本看法是：第一，英国认为德国分裂为东西两部分已经不可避免；第二，英国政府绝对不能让德国完全为苏联所控制，因此至少要把西占区德国掌握在手中，并且要对西占区德国的经济和政治进行重建，使之成为西方阵营中的坚定成员；第三，英国政府要极力避免在德国同苏联发生冲突和战争，在这方面要让西方盟国保持一定的克制，避免过于刺激苏联，以冷战的方式达到最终的战略目标。

根据以上的基本看法，英国的具体政策表现为两个方面。第一，英国在德国问题上是坚决反苏、防共的提倡者和相关行动的参与者。从伦敦六

---

① *BDFA*, Part Ⅳ, Series F, Vol. 18, p. 127.

国会议到参与对柏林的空运，英国不但劝说美法等西方盟国共同一致对苏联采取强硬措施，而且在与苏联直接的交涉中也毫不退让。第二，英国对四大国对德共管机制已经不再有任何期望，与苏联在德国相关问题上的谈判以及后来柏林问题的解决都是在新的平台上重新开始的。贝文在 1949 年10 月 18 日提出的关于对欧洲外交政策的备忘录中明确指出："随着 1947 年底外长会议的结束……建立在美苏英三国合作基础上的广泛的和平体系由于德国问题的失败也无法存在下去，这种情况或许是暂时的，也可能是永久的。"[①] 在这一点上，苏联于 1948 年 3 月主动退出盟国对德管制委员会，这无疑正中了希望分裂德国的西方国家的下怀。随后建立的西占区德国政府正式替代了之前的盟国对德管制委员会，使英国有了一个可以直接打交道的德国政府，并通过这个政府来推行进一步的对德政策。

苏联发动对西柏林的封锁主要有两个目的：第一，阻止或者延缓西方国家建立西占区德国政权；第二，迫使西方势力退出柏林，使整个柏林成为苏占区的政治首府，并在将来成为民主德国政府的首都。西方国家尤其是英国对苏联的这两个企图心知肚明。所以，伦敦六国会议后开始进行建立西占区德国的行动遭到苏联的反对后，英国的态度显然是十分强硬的，对苏联的抗议和警告坚决保持自己的立场，在分裂德国、建立联邦德国政府的行动上没有丝毫迟疑，而是加快了相关的一系列行动。苏联封锁柏林后，英国坚决要求西方盟友共同一致地表明留在柏林的决心，并且在行动上尽全力通过空运的方式维持西柏林居民的生活和西方力量的存在。

当然，对英国在这一时期的作用应该有客观的认识。毕竟美苏对抗是当时主要的国际背景，而英国所起到的作用可以说是团结西方国家，并且为美国的冷战政策出谋划策，提供了很多参考意见。至于英国的意见对美国在德国问题上的作为究竟有多大的影响和作用，人们的看法或许不同。但是，通过以上的研究可以看出，英国的对德政策及其在德国问题上对苏联的态度基本符合美国的战略目标。

还要指出的是，在德国问题以及柏林危机的处理上，英国采取除了战争手段之外的一切措施来对抗苏联。这从根本上说明，英国在德国问题上与苏联的对抗既是东西方对抗的结果，又是冷战形成和发展的一种动因。也就是说，一方面，在与苏联的对抗中，英国不愿同苏联发生直接的战争

---

① CAB129/37, CP (49) 208, European Policy, p. 1.

冲突，因为这可能引发第三次世界大战，这种结果是英国要极力避免的；另一方面，苏联在民主德国的势力被英国认为是对整个西欧的最直接的威胁，因此英国对这种威胁就不能不采取措施进行防范和遏制。这两方面结合起来其实就接近"冷战"这个历史概念了：对抗的双方都避免使用战争手段打败对方，而是采用外交、经济、宣传等"冷"方式相互对抗，虽相互遏制，却不诉诸武力。英国及其西方盟友同苏联在德国问题上的对抗过程中渐渐地产生了"冷战"这种对抗模式，而英国在德国问题上对苏联的政策是对"冷战"这一概念典型的、现实的"诠释"。而且，从英苏在德国问题上的对抗也可以更清楚地认识英国的冷战政策和冷战行动。

另外，在具体政策的实施中，在对待其西方盟友特别是对待美国和法国这两个在德国问题上与其有着重要利害关系的盟国时，英国往往在注重阐明自身的对德、对苏政策目标的同时，指出美法两国在德国问题上有待改进的地方。特别是在对苏联的态度上，英国既不希望在德国问题上对苏联示弱，也不希望由于过分刺激苏联而引起苏联的极端反应。英国的这种对西方盟国的态度，实际上也在某种程度上印证了英国对冷战政策的理解和执行。

第六章 英国对开启联邦德国重新武装政策的探讨

第一节 英国政府内部关于联邦德国重新武装的政策讨论

1949 年，德国分裂为东西两部分，苏联和西方国家都把德国作为冷战对峙的前沿，都开始在东西德布置兵力，相互对抗。相对于苏联来说，西方国家在联邦德国驻扎的军事力量比较少，而且西欧国家刚从二战中走出来，力量孱弱，在军事上处于劣势。联邦德国是西方一手扶植起来的，联邦德国的军事潜力如果能被用于遏制苏联，不仅可以弥补西欧军事防御力量的薄弱，而且西方国家通过重新武装联邦德国，可以逐步恢复联邦德国的正常国家地位，使之能够融入西方阵营。

一 英国军方对欧洲防务和联邦德国重新武装的基本看法

虽然第一次柏林危机于 1949 年 6 月结束，但是西方国家同苏联之间的紧张气氛丝毫未减。英国此时对于西欧在未来是否能够抵御苏联的军事进攻存在很大疑虑。1949 年 7 月 15 日，英国参谋长委员会在一份备忘录中认为，一旦与苏联开战，西欧国家至少需要 34 个师，之后还要有 22 个师的兵力作为后援，此外还需要 4200 架作战飞机。但是，此时西欧国家（不包括德国）最多能提供 29 个师，而且这些部队的装备还需要外部的支援。[①] 在联邦德国，英国能够提供的陆上和空中兵力仅有 2 个师和一支由 142 架飞机

---

① CAB131/7, DO (49) 45, Western Europe Defence-United Kingdom Commitment, p. 1.

组成的战术空军部队。① 总之，参谋长委员会认为"如果战争在 1951 年至
1953 年间爆发，那么西方盟国将没有足够的资源来抵抗俄国的进攻，而且
我们所能提供的贡献也是极其微弱的"。② 此时，虽然二战已经结束四年多，
但是英国以及其他西欧国家还没有从战火的蹂躏中恢复过来，无力组织起
大规模的军事防卫。另外，战后英国不仅需要考虑西欧的军事防卫力量，
而且需要在中东地区谋划布置战略防卫力量，而此时的英国承担不起多线
防卫的任务。参谋长委员会早在 1949 年 1 月就表示，英国的力量有限，不
可能同时加强中东和西欧的战略防御力量，因此参谋长委员会建议，英国
要对西欧盟国明确表示，自身无法提供更多力量来确保欧洲大陆的安全；
此外，要尽快对西欧国家重新进行武装。③ 英国认为面临苏联"进攻"的
时候，西欧自身是无力进行抵抗的，而且英国不愿也没有能力为西欧大陆
提供足够的军事防卫力量。

　　但是以上观点并不意味着英国要放弃西欧。1950 年 3 月，参谋长委员
会在提交给内阁的备忘录中指出："内阁已经同意我们的防御安排，防御政
策的关键就是要与对苏联进行的所谓'冷战'相一致。换句话说就是，在
不卷入真实的交战情况下实现我们基本的政治目标。防御政策的基础在
于……欧洲复兴计划和《北大西洋公约》。"④ 由此可以看出，英国军方已经
把对苏冷战作为其制订欧洲防御计划的战略依据，这意味着英国决不能让
苏联的势力向西欧扩展；同时英国将欧洲复兴计划和《北大西洋公约》作
为防御西欧的基础，这无疑是强调美国在其中的作用。

　　在对苏冷战的大背景下，西欧国家经过二战的蹂躏显然无力在军事上
与苏联形成旗鼓相当之势。在当时的西欧国家中，法国在欧洲大陆抵御苏
联中可能发挥的作用最大，英国军方认为法国是"欧洲防御体系中最重要
的成员"⑤。然而，在当时的情况下，法国也根本担当不起领导西欧对抗苏
联的责任，英国也深知这一点，贝文在 1950 年 7 月就表示："现在法国和比

---

①　CAB131/7, DO（49）45, p. 1. 1950 年 4 月，在北约防务委员会会议上，北约国家代表制
　　订出了第一份中期防御计划（Medium Term Defence Plan），该计划认为，到 1954 年北约要
　　在西欧部署 90 个师、12000 架作战飞机和 1000 余艘各类作战舰艇。

②　参见 CAB131/7, DO（50）31, Meeting of North Atlantic Defence Committee, p. 2. CAB131/7,
　　DO（49）45, p. 2。

③　CAB131/7, DO（49）3, Provision of Forces for Western Union, pp. 3 - 4.

④　CAB131/9, DO（50）20, United Kingdom Contribution to the Defence of Western Europe, An-
　　nex, p. 2.

⑤　CAB131/9, DO（50）20, p. 2.

利时、荷兰、卢森堡等国家的军事能力仍然十分弱小，法国依然萎靡不振，比签署《布鲁塞尔条约》的时候更脆弱。"①

在这样的情况下，处于冷战前沿的联邦德国在西欧防御体系中的作用越来越明显。1949 年德国分裂之后，联邦德国成为西方国家对抗苏联的桥头堡。原德国的大部分工业，特别是重工业都位于联邦德国境内。此外，二战期间德国军队积累了与苏联进行大规模兵团作战的丰富经验，西欧如果能充分运用联邦德国的工业和人力方面的军事潜力，那就势必能为防卫西欧做出重要的贡献。早在 1948 年，英国陆军元帅蒙哥马利就要求招募德国部队；此外，美国和法国也有人在 1949 年提出重新武装德国的建议。②

英国政府内部特别是军方人士主张尽快对联邦德国进行重新武装，使之成为保卫西欧的重要力量。1949 年底，英国参谋长委员会对西欧的防御局势忧心忡忡，担心西方在欧洲特别是西德地区的军事力量严重不足。11 月，参谋长委员会向外交部建议迅速在联邦德国建立一支武装警察部队，而且还进一步提出如果德国完成统一，联邦德国军队的规模就应当同法国相等。③ 对于此建议，外交部表示反对，因为此时西欧的政治军事形势十分复杂，重新武装联邦德国必定遭到法国的反对，而且美国此时在西欧防御和武装联邦德国方面还没有明确表态，另外重新武装联邦德国也会引起苏联方面的反对，并且会给苏联进一步武装和驻军民主德国提供借口，所以英国外交部极力避免在时机不成熟的时候讨论重新武装联邦德国问题。

英国军方对重新武装联邦德国的积极性没有就此停止，1950 年 5 月 1 日，参谋长委员会向内阁提交的报告中再次强调联邦德国在西欧防务中的作用，主张德国人建立自己的军队。报告指出，除非联邦德国能够在政治上和军事上成为西方的一部分，否则整个德国就会成为东方的一部分。莱茵河至易北河之间的军事真空地带不会长久保持。联邦德国的防御仅靠西方国家是不够的，而且联邦德国政府也不会满足于自己被两三个师保护。④ 报告认为，重新武装联邦德国的 "最终目标是在西欧军队中建立一支德国部队"，而这支德国部队组建的具体方式有待进一步的研究。鉴于鲁尔地区

---

① Spencer Mawby, *Containing Germany*：*Britain and the Arming of the Federal Republic* (London： Macmillan Press, 1999), p. 22.

② Lawrence Martin, "*The American Decision to Rearm Germany*," Harold Stein, ed., *American Civil-Miliary Decisions*：*A Book of Case Study* (Birmingham：University of Alabama Press, 1963), p. 647.

③ Spencer Mawby, *Containing Germany*：*Britain and the Arming of the Federal Republic*, p. 23.

④ CAB131/9, DO (50) 34, Defence Policy and Global Strategy, p. 7.

受到英美空中力量的保护，未来西欧可以安排德国在物质和财政上做出贡献，来分担西欧防御的花费。报告特别强调："任何德国军队都必须是西欧防御力量框架下的组成部分。"①

1950 年 6 月朝鲜战争爆发前夕，英军驻德国占领当局长官罗伯逊将军离任，他在给贝文的离职报告中强烈要求对联邦德国重新武装。他指出，参谋长委员会已经建议如果不把联邦德国加入防御体系的话，西欧是不能抵御苏联的，"联邦德国必须要被重新武装"。② 罗伯逊也承认，当前重新武装联邦德国会遭到法国的反对，还可能会挑起与苏联的战争，但是他强调如果不及早采取行动，到时候就来不及了。因为武装联邦德国不是短时间内完成的，他举例子说道，当年希特勒迅速起步只用了 6 年的时间就完成了重新武装，而现在重新武装联邦德国这一政策还没得到确定，这就会使西欧在防御方面处于被动。所以，罗伯逊强烈建议要立即重视重新武装联邦德国的事情，至于那些"何时武装"和"怎样武装"等技术问题，则留待进一步研究。③ 他还特别指出，在这一问题上英国应该采取主动，不要在苏联的威胁或者联邦德国的请求之下才开始考虑武装联邦德国的问题。④

从以上可以看出，英国军方极为担心苏联的军事威胁，尤其是西欧国家普遍没有足够的军事力量来完成保卫西欧的任务，而由西方国家扶持起来的联邦德国此时处于欧洲冷战的前线，联邦德国的军事潜力如果能够得以充分运用的话，这在军事上可以极大弥补西欧防御力量的不足。此外，重新武装联邦德国可以更加表明西方遏制苏联的决心，同时这也让联邦德国更加坚定与西方结盟的决心。

二　英国外交部对联邦德国重新武装的谨慎态度

然而，1950 年初的时候，英国对重新武装联邦德国这一问题的态度还是比较谨慎的。英国外交大臣贝文在 4 月向内阁提交的关于对德政策的备忘录强调："《彼得斯贝格协议》仍然是英国政府现在对德国政策的基础。"⑤ 1949 年 11 月，联邦德国总理阿登纳与盟国最高委员会的英法美三国代表签署了《彼得斯贝格协议》，该协议的主要内容是：联邦德国政府作为准成员

---

①　CAB131/9, DO（50）34, p.7.

②　*BDFA*, Part IV, Series F, Vol. 23, p. 160.

③　*BDFA*, Part IV, Series F, Vol. 23, p. 160.

④　*BDFA*, Part IV, Series F, Vol. 23, p. 161.

⑤　CAB129/39, CP（50）80, Policy towards Germany, p. 1.

国加入欧洲委员会（Council of Europe）；同意与美国签署加入马歇尔计划的双边协议；联邦德国政府在外交、经济方面拥有一定的自主权（仍然不准设立外交部）；放松对联邦德国的造船工业的限制；修改拆除联邦德国工业设备的计划，停止拆除联邦德国现有的化工、钢铁等工业设施；对联邦德国停止战争状态的问题予以考虑，但这在法律和实际上有很大困难，须待研究。① 贝文特别强调，"联邦德国政府保证实行非军事化、非武装化、非纳粹化和解散卡特尔组织的政策"。② 按照《彼得斯贝格协议》，对德国的战争状态还没有结束，联邦德国还没有获得全部主权，此时还处于西方盟国的军事占领之下。另外，非军事化和非武装化原则是战后盟国对德政策以及相关条约、文件中必有的内容，而且已经得到国际社会的普遍认同。在这样的情况下，立即让联邦德国加入西方的军事阵营，并对其重新武装显然是存在困难的。

贝文在备忘录中表示，未来联邦德国应该成为西方阵营中完全平等的一员，而且"我们必须始终坚持这样的政策，即逐渐将联邦德国纳入与西方的紧密的联盟"。③ 至于联邦德国怎样从一个战败的被占领状态下的国家恢复成为一个西方国际社会中的平等一员，贝文的看法是，先让联邦德国先加入西方的一般性国际组织，然后慢慢恢复联邦德国的主权，这两个方面是相互作用的，贝文说道："使联邦德国与西方联合起来的困难在于，如欧洲委员会这样的国际组织，按照章程规定，只有主权国家才具有成员国资格。"由于联邦德国很多处理对外关系的职能还没有恢复，所以它还不能获得相应的成员国资格。因此，贝文要求"现在属于盟国最高委员会控制下的外交事务权力，西方盟国应该同意将其归还于联邦德国政府，相应的，其在安全和外贸领域的权力也要恢复"。④

对于民主德国和苏联方面的威胁，贝文认为有必要保持警惕，至于怎样应对来自东方的威胁，他认为最重要的是要使西方国家团结起来："西方盟国必须集中精力，通过布鲁塞尔条约组织、欧洲委员会、欧洲经济合作组织和北约来加强他们自身的力量并团结一致。如果我们显示出自己的决心和力量，以及帮助联邦德国的能力和愿望……那么联邦德国就会更有可

---

① 世界知识出版社编《国际条约集（1950—1952）》，世界知识出版社，1959，第517—520页。

② CAB129/39, CP（50）80, p.1.

③ CAB129/39, CP（50）80, p.1.

④ CAB129/39, CP（50）80, p.2.

能心甘情愿地成为我们一方中可接受的成员。"[1] 贝文的对德政策备忘录提出的政策建议是，希望尽快结束盟国对联邦德国的占领和管制状态，恢复其外交等方面的主权，以此拉拢联邦德国加入西方阵营。在维护联邦德国安全方面，贝文还是希望依靠西方国家共同提供保护力量，而且让联邦德国加入西方的各种组织就是为了能够在保护它的时候更加名正言顺。虽然贝文看到了民主德国以及苏联方面"共产主义的宣传正在显示出攻击西柏林和联邦德国的侵略性，并且宣称联邦德国陷入共产主义的控制只是时间问题"。[2] 但是，这在贝文看来仅是"共产主义的宣传"，未来联邦德国的外部安全可以靠西方盟国。所以尽管贝文强调要恢复联邦德国正常的国家状态，恢复其外交方面的主权，但是对重新武装联邦德国和恢复其军事、国防能力方面的主权只字未提。

1950 年 5 月，贝文在与美国国务卿艾奇逊会谈中讨论了欧洲的局势。艾奇逊表示，苏联在欧洲的武装力量已经远远强于西方，这就导致"在未来的三四年里，苏联会采取更具挑衅性和进攻性的政策"。[3] 因此要增强西方阵营的力量。贝文同意艾奇逊的分析，他进一步指出，应对苏联的威胁不能仅靠英国方面的力量，成功抵御苏联"唯一的希望就是建立一个整体的大西洋共同体，这样才能提供强于苏联的能力、战斗力、创造力和士气"[4]。在这里贝文强调北约的作用，实际上要求美国加强对欧洲的支援。随后贝文暗示希望联邦德国能够加入北约，他说道："如果联邦德国某一天成为西方体系中的平等一员，那么应该有个比单纯的欧洲组织更宽泛的组织，它（联邦德国）能够加入其中。"[5] 显然北约就是一个现成的组织。但是贝文指出了联邦德国加入北约最大的障碍，那就是法国的反对，"法国不愿看到联邦德国以任何方式与《北大西洋公约》联系起来"。[6] 贝文对法国的这种态度表示"理解"，而且为了维护现有的西方同盟体系，不会立即寻求联邦德国加入北约。

艾奇逊和贝文都看到了德国在未来东西方冷战中的作用和地位，都认

---

[1]　CAB129/39, CP (50) 80, p. 3.

[2]　CAB129/39, CP (50) 80, p. 2.

[3]　CAB/129/40, CP (50) 114, Conversations With Mr. Acheson on 9th and 10th May, p. 1.

[4]　CAB/129/40, CP (50) 114, p. 1.

[5]　CAB/129/40, CP (50) 114, p. 3.

[6]　CAB/129/40, CP (50) 114, p. 2.

为"把德国拉入西方，这是极其重要的，这对苏联人来说是一个主要的失败"。① 贝文指出德国可以在欧洲经合组织中进行活动，特别强调要和平地进行。他和艾奇逊都同意"避免进行重新武装德国人的任何讨论"。② 但是，德国可以在经济方面支援西方的防御体系，如为盟国驻德国的军队提供占领费用。两天之后，贝文、艾奇逊和法国外长舒曼举行会谈，英法美三国外长再次确认了《彼得斯贝格协议》的重要性，并指出"德国应该逐渐重新回归欧洲自由人民的社会之中"，联邦德国政府希望尽快实现这一目标，但是这需要"联邦德国政府和其人民展示合作的诚意和自信"，另外盟国的安全要得到满足，这就需要"德国愿意与盟国保持和平、友好的合作"。③ 以上可以看出，贝文和艾奇逊虽然感到苏联对西欧的威胁，但是苏联的进攻不会立即发生，英美都不想立即让联邦德国加入北约或者开启重新武装联邦德国进程。所以，此时英国不会轻易提出重新武装联邦德国的建议，而且还要极力避免谈论该话题，避免出现违反战后对德协议的情况。

贝文领导下的外交部也不想就重新武装联邦德国这一问题展开实质性讨论，除了贝文之外，时任外交部常务次官的威廉·斯特朗也反对实行任何重新武装联邦德国的计划。斯特朗曾经担任英占区政治顾问，对德国极为不信任，他认为，如果德国被重新武装，那么它有可能站在西方国家和苏联之间从两边获得好处，最终恢复自身的实力成为欧洲的一个具有控制力的大国。斯特朗毫不掩饰地说，自己曾经在20世纪30年代见证了英国绥靖德国造成的后果，他不会相信德国人会变好。④

三　朝鲜战争爆发后英国关于联邦德国重新武装的政策

1950年6月25日，朝鲜战争爆发，这一事件无疑给英国外交政策和其西欧防御战略带来重大影响。英国上下普遍认为，朝鲜的情况很可能在德国重现，即民主德国在苏联的支持下发动吞并联邦德国的战争。在7月14日的内阁会议上，内阁大臣们认为"远东的形势已经使世界其他地区，尤其是西欧更加危险。如果美国人全面承担起远东的行动，那么他们就没有

---

① CAB/129/40, CP (50) 114, p. 3.

② CAB/129/40, CP (50) 114, p. 4.

③ CAB129/40, CP (50) 115, Conversations with M. Schuman and Mr. Acheson on 11th, 12th and 13th May, p. 7.

④ William Strang, *Home and Abroad* (London: Andre Deutsch, 1956), p. 120.

更多的物资来帮助西欧进行战备防御，这样西欧的状况就会是令人极度不安的"。① 会上讨论了蒙哥马利元帅关于西欧军事力量的报告，特别指出法国军队陷入了印度支那的战争中，如果远东地区的共产主义活动增加，那么法军无疑将要投入更多力量，这就进一步削弱了的西欧防御力量。可见，朝鲜战争的爆发使英国更加担忧西欧的防御问题，西欧防御力量严重不足的情况必须得到进一步的解决。为此，英国参谋长委员会再次提出了重新武装联邦德国的建议，并且提出了具体方案。

8 月，英国参谋长委员会提出了使用联邦德国资源用于西欧防御的报告。② 报告再次提出，西方盟国军事目标是"联邦德国的军队应该成为西欧力量中的一部分"，而且特别强调联邦德国军队"必须成为西欧防御体系框架内一体化的组成部分（而不是独立的部分）"。③ 报告指出实现利用联邦德国的力量来防御西欧的目标，就要让联邦德国最终成为北约的正式成员国。关于联邦德国重新武装的形式和武装的规模，报告提出，联邦德国如果成为北约成员，那么应禁止拥有以下武器：大型的战舰以及潜艇；空降部队；重型和中型轰炸机，远程海军航空器；原子、生物和化学武器以及远程导弹。联邦德国武装力量可以有：地方性的海军力量；实力均等的 20 个陆军师，并有 10 个预备师；一支战术空军，1100 架作战飞机，配有少量轻型轰炸机；1000 人的防空部队，联邦德国军队装备防御型武器，不装备进攻型武器。另外，报告还提出联邦德国的军事工业必须用于西方的防御，并且要在北约等相关组织的监督和指导下重启。④ 这样的武装配备表明联邦德国将来的军事力量是完全用于防御而不是进攻，明确重新武装后的防御战略。

在相关的政策方面，报告提出，在政治上吸收联邦德国加入北约；放弃与苏联现有的条约，重新武装联邦德国；与西方盟国，特别是与法国达成相关协议是创建联邦德国军事力量的必要步骤；与联邦德国政府达成协议，让西方盟军继续驻扎在其领土；盟军帮助联邦德国建立军队。⑤ 英国参谋长委员会特别强调法国的态度和作用，必须让法国在重新武装联邦德国问题上采取支持的态度。当然这种支持主要是政治上和政策层面的支持，

① CAB131/8, DO（50），14ᵗʰ Meeting, p. 4.
② 该报告原件上写的时间是 8 月 30 日，但是在贝文备忘录中提到该报告是 8 月 18 日提交的，可见该报告在 8 月初就形成了。
③ CAB131/9, DO（50）67, Use of German Resources for the Defence of Western Europe, p. 1.
④ CAB131/9, DO（50）67, p. 2.
⑤ CAB131/9, DO（50）67, p. 2.

即法国不能再反对武装联邦德国，而实质上经济和财政方面的支持来自美国。报告指出需要更大规模的美国财政援助。报告还制定了重新武装联邦德国的时间表：政治和经济条件成熟后成立武装宪兵部队，低调地开始军事准备；此后一年，建立有效的军事机构；两年建立第一支空军部队，联邦德国的军火企业全面开工；五年后，联邦德国部队建立。[1] 在这个时间表中，开启武装联邦德国的时间称为"D 日"（D Day）[2]，这个"D 日"的具体时间也没有指出来，可见在参谋长委员会看来，开启重新武装联邦德国的道路还有很多障碍，开启武装联邦德国的具体时间很难确定。因此，报告催促英国政府立即与西方盟国商谈重新武装联邦德国的问题，尽快开启重新武装联邦德国的进程。

针对参谋长委员会的报告，贝文在 8 月 29 日向内阁防务委员会提交了一份备忘录，阐述了自己的看法。他认为参谋长委员会提出的重新武装联邦德国的计划规模太大，现在无法实行。贝文认为可以实施的武装联邦德国的规模远小于参谋长委员会的计划：征召 10 万人的德国志愿者组建联邦警察部队，由西方盟国提供装备；在柏林组建类似的由 3000 人组成的部队；放弃在州一级建立宪兵部队的方案；略微扩充和提高德国边境海关警察的力量；停止拆除和转移联邦德国的工业设备。[3] 虽然贝文提出的武装联邦德国的计划显然远不能达到英国军方的要求，但是这并不代表他没有感到这一问题的迫切性。这种迫切性和压力很大一部分是来自联邦德国政府总理阿登纳。早在 4 月阿登纳就向盟国最高委员会提出建立一支 10 万人的联邦警察部队，以此来针对民主德国的人民警察军（Volkspolizei）。由于法国的坚决反对，7 月，盟国最高委员会否定了阿登纳的提议，但是允许在州一级建立流动警察部队，人数为 1 万人，在紧急情况下可由联邦政府指挥。[4]

8 月 17 日，阿登纳在与盟国最高委员会的会谈中对苏联和民主德国方面的军事威胁表达了强烈的担忧。在会谈中阿登纳向英法美三国代表罗列了苏联在民主德国的军事准备，主要包括：向民主德国增兵，苏军已经增至 13 个坦克师和 9 个摩托化师；改善机场，喷气战斗机向前沿机场部署；扩大此前已经组建的民主德国人民警察军，增至 5 万到 6 万人；开设 15 个

---

① CAB131/9, DO (50) 67, p.3.

② "D Day" 是军事术语，用来表示特定作战与行动的开始时间。

③ CAB131/9, DO (50) 66, p.2.

④ Saki Dockrill, *Britain's Policy for West German Rearmament, 1950 - 1955* (New York: Cambridge University Press, 1991), p.27.

训练学校，训练民主德国的军官。阿登纳认为"斯大林打算尽快完整地占领西德"①。为此他呼吁西方国家在军事上加强对联邦德国的防卫，"西方国家应该大规模加强他们在联邦德国的军力，或者授权他（阿登纳）建立针对人民警察军的某种军队"，"这支军队应有 15 万人和相应的武器装备"。②

阿登纳对西方国家的警告引起了贝文的重视，他表示，阿登纳所陈述的情况与盟国所掌握的情报基本一致，"如果我们不能建立起足够的针对苏联及其相关行动的威慑力，那么我极为担心明年（1951 年）苏联政府就会在德国重复它们已经在朝鲜所做的事情"。③ 贝文认为，民主德国的军队已经建立起来，这支军队需要 15 个月的时间才能充分准备好进攻西德，这对于西方来说"没剩下多少时间了"。④ 但是在具体实施重新武装西德的方式上，贝文指出了两个主要障碍：首先，法国一直以来强烈反对武装西德；其次，联邦德国内部的政党以及联邦德国人民对于重新武装的态度仍比较消极，联邦德国第二大政党——社会民主党强烈反对德国再军事化。联邦德国的广大民众不愿参战，他们认为既然西方盟国让联邦德国非军事化，就应该由西方盟国来保卫自己；德国人不想在两次大战后卷入第三次世界性的战争；德国人认为盟军的计划是守住莱茵河沿线，这让他们感到非常反感，一旦开战，联邦德国就可能被西方盟国放弃。⑤

对于以上障碍，贝文认为可以通过与法国、联邦德国方面的协商得到进一步解决，但是现阶段不能按照参谋长委员会的方案大规模重新武装联邦德国，可行的办法就是建立一支规模较小的警察部队，然后寻机慢慢重新武装联邦德国。贝文更强调武装联邦德国能体现西方对联邦德国政府的重视和支持，是建立一种"威慑力"，另外重新武装联邦德国需要很多政治、经济方面的准备，如怎样争取法国在这一问题上保持一致，怎样恢复联邦德国的工业特别是军事工业等。现在可行的方案就是建立一支 10 万人的联邦德国警察部队和一支 3000 人的西柏林警察部队，贝文要求内阁授权将这一方案告知美国和法国，并且在纽约即将召开的英法美三国外长会议

① CAB131/9, DO（50）66, p. 6.
② CAB131/9, DO（50）66, p. 6.
③ CAB131/9, DO（50）66, p. 7.
④ CAB131/9, DO（50）66, p. 5.
⑤ CAB131/9, DO（50）66, pp. 3 - 4. 在该备忘录最后附上了阿登纳与盟国最高委员会代表的会谈纪要，会谈中阿登纳表示联邦德国人民和社会民主党主席舒马赫都支持重新武装联邦德国的建议，显然贝文对此说法不太相信。

上对此方案达成协议。①

该备忘录提交后的第二天，即 8 月 30 日，贝文又提交了一份关于停止拆除联邦德国工业设备和工厂的备忘录。该备忘录指出，联邦德国在军事和工业方面实际上已经被解除武装，它既没有意愿也没有办法来威胁西方国家。如果英国当局还在努力摧毁德国剩余的防御力量，"那么就不能鼓舞德国人为西方防卫做出任何形式的贡献"。② 贝文建议内阁要求英国驻德国最高司令停止进行拆除联邦德国工业设备以及相关活动，并将相关的设备归还德国人。③

在 9 月 1 日的内阁防务委员会的会议上，贝文强调现在大规模武装联邦德国会引起苏联、民主德国以及其他东欧国家的"严重反应"，在西欧更加强大之前还不能建立一支德国部队。④ 英国首相艾德礼领导下的防务委员会批准了贝文以上两份备忘录，并且授权他在纽约外长会议上寻求法国和美国的支持。⑤

四 开启联邦德国重新武装政策的多重考虑

从 1949 年底至 1950 年 8 月，英国就重新武装联邦德国这一问题进行了多次内部讨论。一方面，英国军方从军事战略和对苏战争准备的角度出发，一直谋求重新武装联邦德国；另一方面，以贝文为代表的外交部从国际政治形势和西方盟国关系方面出发，十分谨慎地对待武装联邦德国这一问题。最终，由于国际形势和大国关系的变化，贝文也看到了重新武装联邦德国的重要性并制订了相应计划。

虽然英国政府内部军方和外交部对重新武装联邦德国的方案有些分歧，但是从根本上来看双方都是从对苏冷战以及维护西欧防务安全的根本目的出发的。贝文之所以和英国外交部在重新武装联邦德国问题上比较谨慎，主要是担心这会刺激苏联，从而激化冷战向"热战"发展。但是，朝鲜战

---

① CAB131/9, DO (50) 66, p. 2.

② CAB131/9, DO (50) 68, Demolition of Buildings and Installations in Germany, p. 1.

③ CAB131/9, DO (50) 68, p. 2.

④ CAB131/8, DO (50), 17th Meeting, p. 4.

⑤ CAB131/8, DO (50), 17th Meeting, p. 5. 在 1950 年 9 月 12 日电报中，外交部表示内阁防务委员会已经决定停止在英国占领区内的拆除工业设备以及其他非军事化的相关行动，美法两国同意了这一决定，外交部指示要求秘密执行这一决定，不得公之于众。参见 *BDFA*, Part IV, Series F, Vol. 23, pp. 190–191.

争爆发后，包括英国在内的西方国家普遍认为德国有可能出现类似朝鲜半岛的情况，开启重新武装联邦德国之路以应对有可能的"热战"就成了必然的选择。贝文制订的开启重新武装联邦德国的计划比起参谋长委员会的计划要更具可行性，因为贝文计划中的主要内容是建立一支 10 万人的警察部队和停止对联邦德国军事工业和设施的拆除，此前这些已经在西方盟国中有了相应的政策准备。盟国最高委员会已经同意建立一支 1 万人的流动警察部队，[①] 另外，自《彼得斯贝格协议》签署以后，西方盟国就开始逐步停止拆除联邦德国工业设备，在对苏冷战气氛越来越浓厚的情况下，保留联邦德国的军事工业和设施成为西方盟国普遍认同的事情。

　　贝文和英国军方都认为联邦德国的武装力量必须置于北约之下，并成为西欧防御力量的组成部分，而不是作为"西德军"独立存在，这是双方在重新武装联邦德国问题上一个重要的一致性观点。联邦德国的重新武装必须在西方盟国的监督和控制之下，防止联邦德国军事力量复兴，威胁到欧洲的和平。正如英国首相艾德礼在内阁会议上指出的：虽然纸面上规定宪兵部队是受联邦德国政府控制的，但是如果不恰当的人控制了这支宪兵部队，那么联邦政府反而有可能会逐渐被宪兵部队控制。[②] 联邦德国的军事力量虽然对冷战中的西欧很重要，但是这种力量必须隶属于西方的军事组织，必须受到西方盟国普遍监督和控制。

　　最后，贝文及其外交部转变提出重新武装联邦德国的计划还与法国的态度有关。上文所述法国是极力反对重新武装西德的，法国的这种态度很容易理解，毕竟二战结束还不到五年，法国对德国军事实力的恐惧和不信任，使其在重新武装联邦德国问题上表现得非常保守。法国政府官方的态度很强硬，但是在 1950 年下半年，法国内部对该问题的态度有所松动。英国驻法国大使海特（William Hayter）在给贝文的电报中详细介绍了法国国内一些官员、政党领袖等人对重新武装联邦德国的态度后说道："虽然法国官方仍然反对德国人重新武装，但是他们对这一问题不再像一年前那样冲动了，也没有对此强烈的（反对武装联邦德国）公众意见。……如果美国人和我们在这一方面决定采取必要的步骤，那么法国政府不会一直坚持反

---

① 在贝文制订的计划中，他认为如果联邦德国建立了一支 10 万人的警察部队，那么组建一支 1 万人的联邦各州的流动警察部队的计划可以取消。参见 CAB131/9，DO（50）66，p. 4。

② CAB131/8，DO（50），17th Meeting，p. 5。

对的。"① 海特向贝文表示，如果法国能够优先得到重新武装，而且美英方面提供相应的军事保障，那么法国就不会反对重新武装联邦德国。因此，法国方面态度的松动减轻了解决重新武装联邦德国问题上的一个大麻烦，由此贝文才进一步转变态度，提出重新武装联邦德国的方案并要与法国、美国商议。

第二节　1950 年纽约外长会议西方国家关于重新武装联邦德国的讨论和相关政策

在英国政府考虑重新武装联邦德国的时候，美、法等国也看到了这一问题的重要性和迫切性，并且提出了自己的看法和政策。由于重新武装联邦德国涉及整个西方国家的战略部署，因此这一问题必须在相关的国际会议上进行深入讨论。

一　美国在纽约外长会议之前提出重新武装联邦德国的计划

8 月 31 日，贝文与法国驻英国大使马西里进行了会谈，贝文表示英国内阁还没有就联邦德国的重新武装做出决议。他表示："我倾向创建联邦德国警察部队。在很多事情没完成之前我不想贸然进行创建联邦德国军队的任何讨论。"② 而且，他反复向马西里强调，这仅是他个人的观点，不代表英国政府，并希望马西里私下报告给法国外长舒曼，不要引起法国政界的关注。

贝文动身前往纽约之前的 9 月 4 日，他与美国驻英国代理大使霍姆斯（John Holmes）进行了会谈。霍姆斯向贝文透露了美国政府关于加强西欧防御的看法，其核心内容是：希望建立一支统一的欧洲军，并且为这支军队建立最高司令部和联合参谋部；在这样的情况下，一支受约束的联邦德国部队加入其中；以上意见美国方面将会在不久之后召开的纽约三国外长会议上正式提出并进行商讨。③ 贝文对此的回应是，美国让联邦德国加入欧洲军的建议比较"危险"，因为，首先，法国对德国的恐惧是根深蒂固的，

---

① *BDFA*, Part IV, Series F, Vol. 23, p. 181.

② *BDFA*, Part IV, Series F, Vol. 23, p. 344.

③ Roger Bullen and M. E. Pelly, eds., *Documents on British Policy Overseas*, Series II, Vol. 3 (London: Her Majesty's Stationery Office, 1989), p. 7.

"任何关于创建德国国家军的建议都很可能给法国带来危险性的影响"；其次，联邦德国的民众很可能不接受重新武装的建议。[①] 虽然贝文表示了质疑，但是他并没有立即否决美国的建议，而是表示愿意就此问题在外长会议上进行讨论。同时，他向霍姆斯提出了英国方面关于重新武装联邦德国的计划，也就是英国防务委员会在 9 月 1 日通过的 DO（50）66 号备忘录，该备忘录认为现阶段重新武装联邦德国的步骤应该仅限于建立一支 10 万人的联邦德国警察部队，而且这支部队由志愿者来组成。

很显然，贝文认为，现在即使在欧洲一体化部队的框架下让联邦德国军队加入进来，也是十分不妥的，正如此前英国内阁的讨论中所达成的意见：法国决不允许德国军事力量的复兴；苏联对联邦德国重新武装十分敏感；联邦德国的民众也不愿意再次因为重建军事力量而卷入动荡和战争之中。但他并没有坚决反对美国的建议，因为霍姆斯表示，一旦组建统一的欧洲军队，美国军队将会参加进来，以加强西欧防务。在朝鲜战争爆发后包括英国在内的西欧国家普遍感到苏联军事威胁的背景下，美国对西欧的军事援助将显得尤为重要。所以，英国外交部在对此次谈话的总结中明确指出，美国的建议"将会使其承担比目前为止更大的责任"。[②] 当天上午与霍姆斯会晤之后，贝文在中午又与首相艾德礼会面并向其转达了美国政府的计划，艾德礼对美国愿意加强西欧军事力量的态度表示十分满意。[③] 在下午召开的内阁会议上，贝文向内阁汇报了美国的相关计划，并且强调了自己已经答应愿意在纽约外长会议以及北大西洋理事会上商讨美国的计划。但是，贝文也向美国方面提出了条件：美国政府要做出确实的保证，向西欧国家政府提供一定规模的财政援助，以用来增加西欧的防御经费。[④] 内阁在会上同意了贝文的处理意见，并且授权他在纽约外长会议上与美国讨论建立欧洲一体化军队的计划，前提是必须答应贝文所提出的条件。[⑤]

在 9 月 4 日这一天，从得知美国相关意见和方案，到内阁会议批准相关对策，英国政府在对待联邦德国加入将要建立的欧洲一体化军队这一问题上表现出了既重视又谨慎的态度。对于美国的计划英国政府认为实现这一

① Roger Bullen and M. E. Pelly, eds., *Documents on British Policy Overseas*, Series II, Vol. 3, p. 5.

② Roger Bullen and M. E. Pelly, eds., *Documents on British Policy Overseas*, Series II, Vol. 3, p. 8.

③ Roger Bullen and M. E. Pelly, eds., *Documents on British Policy Overseas*, Series II, Vol. 3, p. 8, Note 11.

④ CAB128/18, CM（50）55th Conclusions, p. 4.

⑤ CAB128/18, CM（50）55th Conclusions, p. 5.

计划存在巨大的障碍，这就是法国防范德国军事复兴的战略意图没有减弱，法国决不会允许联邦德国建立一支真正意义上的军队，即使这支部队被限定在欧洲军的框架下。但是同时，英国又对美国将会派军队加入欧洲军，组建联合参谋部和最高司令部的建议又十分感兴趣，因为在冷战氛围下，战后整个西欧国家实力孱弱的情况下，美国直接的军事援助将会大大提升西欧国家在冷战中的士气。从美国政府方面来说，美国的援助和重新武装联邦德国的政策是捆绑在一起的，而其更侧重重新武装联邦德国。从英国政府来说，重新武装联邦德国在当时从政策层面和技术层面来看都面临诸多问题，而美国的援助又是其十分渴望的，因此英国政府也把重新武装联邦德国和美国的援助捆绑在一起，企图以支持重新武装联邦德国来作为获得美国援助的讨价还价的筹码。

二　纽约外长会议及重新武装联邦德国政策的开启

1950 年 9 月，英法美三国外长参加在纽约召开的外长会议以及北大西洋理事会，美国国务卿艾奇逊正式提出了重新武装联邦德国的计划，该计划主要内容是：在北约的框架下建立欧洲一体化军队，由参加北约的欧洲国家军队、美军和联邦德国的军事力量组成，任命一位最高司令官来统辖这支军队。该计划特别指出了联邦德国也要加入这支一体化军队中来，并且规定了相应的措施。由于联邦德国不是北约成员国，而且根据战后相关规定，联邦德国还处于战败国的地位，不能拥有军事力量，美国提出该计划也就意味着要重新武装联邦德国。美国在提交给英法外长的备忘录中特别指出了对将来重新武装联邦德国的一些限制性措施，主要有：（1）不允许联邦德国建立国防军、总参谋部和独立的军事指挥系统，联邦德国的军队加入欧洲一体化军队中，不受联邦德国政府的指挥；（2）联邦德国军队的编制仅能达到师一级，联邦德国师要与其他国家的军队一起组成军一级的建制；（3）联邦德国的工业要为欧洲防务做出贡献，但是联邦德国军队的关键武器装备不能依靠自己生产。①

美国关于组建欧洲一体化军队的内容实际上早就为欧洲的北约国家所期待，因为北约的成立就是为了在军事上团结西方国家来对抗苏联。然而，联邦德国加入欧洲军不能被立即接受，因为这意味着德国人开始重新武装。

---

① Roger Bullen and M. E. Pelly, eds., *Documents on British Policy Overseas*, Series II, Vol. III, pp. 72 - 73.

对于美国的计划，英国外交大臣贝文和法国外长舒曼都表示，欢迎美国向欧洲提供军队以及组建一体化军队，但是又都质疑立即让联邦德国军队加入其中。尤其是舒曼坚持认为"现阶段，法国的民意是不会容忍以这种方式重新武装联邦德国的"，"最急需的不是武装联邦德国，而是武装西方的盟国"。① 贝文则表示重新武装联邦德国要谨慎，他的理由是，现在如果贸然开启重新武装联邦德国的进程，那么联邦德国政府很有可能利用西方国家急切的心情，以之作为恢复其主权的筹码，贝文说道："我们必须不能让德国人处在与我们讨价还价的位置上。"② 贝文希望重新武装联邦德国和建立欧洲一体化军队分开进行，在重新武装联邦德国问题上，贝文提出还是首先组建联邦德国警察部队。

在 9 月 13 日的会议上，美国国务卿艾奇逊明确表示，美国是否在欧洲部署军队要看整个西欧国家团结一致的程度，而"没有德国人参与欧洲的防御"，西欧的团结就不会实现。③ 他再次强调了联邦德国重新武装的必要性。同时艾奇逊还保证，如果重新武装联邦德国的原则得到同意，那么相关的技术问题，如时间表、实行的方式等可以留待以后进行商讨，而且现在相关的计划也不会公之于众。④ 美国的表态让贝文意识到，重新武装联邦德国并将其纳入西欧防御体系，是美国全面承担西欧的防御重担和提供军事援助的前提性条件。贝文立即向国内发回电报，要求内阁同意美国的方案，同意将联邦德国军队（非德国的国家军）加入未来的欧洲一体化军队。他在 14 日的电报中表达了以下观点。首先，美国将会投入军队和财力来承担西欧防御的责任，他表示"目前为止，美国政府已经表明态度：他们会竭尽全力来防卫西方"。其次，贝文强调，重新武装联邦德国来对抗苏联已经是美国的根本政策。他说道："一旦这一地区（联邦德国）成为真空地带，苏联就会进入并且获得这里的资源，这将会让其在对抗中获得巨大的先机。如果出现这种情况，美国政府是无法面对公众和国会的。"最后，在联邦德国政府方面，阿登纳愿意采取建立军队的步骤和措施，同时愿意同西方国家的代表商讨有关问题。这就是说，来自联邦德国方面的反对重新

---

① CAB129/42, CP（50）223, p.1.

② CAB129/42, CP（50）223, p.2.

③ Roger Bullen and M. E. Pelly, eds., *Documents on British Policy Overseas*, Series II, Vol. III, p.43.

④ Roger Bullen and M. E. Pelly, eds., *Documents on British Policy Overseas*, Series II, Vol. III, p.44.

武装的压力也变小了。① 贝文在电报中特别提出英国政府在这一问题上要明确态度，要么支持要么反对，不能再犹豫不决，并要求政府在 15 日上午 10 点 30 分之前就要做出指示。

英国内阁立即召开会议讨论贝文的电报，经过讨论后，内阁通知贝文，内阁的意见。第一，总体上接受联邦德国参与西欧防御的原则，同时要遵守美国提出的限制联邦德国军事力量的种种措施。首要的步骤是扩充联邦德国的警察部队。第二，与联邦德国政府讨论建立武装力量的时候，建议北约国家不要表现出恳求联邦德国的态度。②

贝文在 14 日还向国内发回电报，介绍了法国参会代表对联邦德国加入欧洲一体化军队和重新武装的态度。贝文在其中一份电报中表示，法国外长舒曼仍然拒绝同意重新武装联邦德国，仅同意联邦德国可以在工业生产方面为西欧的防御提供支持，并且也愿意在联邦德国建立警察部队，但是具体的数量还有待确定。舒曼提出了一大堆的反对重新武装联邦德国的理由，如，担心挑衅苏联从而引起直接冲突；联邦德国部队加入欧洲一体化军队不符合《北大西洋公约》的规定；法国和其他西欧国家的防御力量还没有恢复，而首先恢复联邦德国的武装力量，这是法国民众无法接受的。③美国国务卿艾奇逊与舒曼显然在这一问题上存在严重分歧，艾奇逊一再强调让联邦德国的部队加入欧洲一体化军队并不是复兴联邦德国的军事实力，而且联邦德国加入"欧洲军"的时间和具体方式可以商量。关于重新武装联邦德国是否会引起苏联方面的严重反应，艾奇逊认为这不会挑动苏联对西欧发动进攻，因为只要西方盟国的实力相对增强，苏联就更不敢轻易动用武力来对付西方。④ 看到法国反对重新武装联邦德国的态度十分坚定，艾奇逊在会议上表态：如果联邦德国不参与欧洲一体化军队，那么美国政府就不能在西欧驻扎大量军队，向西欧提供大规模军事援助。艾奇逊的逻辑是：美国承担西欧防御责任的前提是西欧国家的军事力量能够联合起来，没有联邦德国军事力量的参与，西欧的防御力量就是不完整的，所以如果不允许联邦德国重新武装并加入西欧防御体系，美国就不会向西欧提供军

---

① *BDFA*, Part IV, Series F, Vol. 23, p. 181.

② CAB128/18, CM (50) 59th Conclusions, p. 38.

③ Roger Bullen and M. E. Pelly, eds., *Documents on British Policy Overseas*, Series II, Vol. III, pp. 47 – 49

④ Roger Bullen and M. E. Pelly, eds., *Documents on British Policy Overseas*, Series II, Vol. III, p. 49.

事保障。①

　　鉴于艾奇逊的这种强烈表态，在急需美国对西欧承担军事责任的情况下，法国方面的态度有所松动。9 月 15 日，贝文告知舒曼英国内阁已经原则上同意重新武装联邦德国并让其加入欧洲一体化军队的计划，舒曼表示理解英国的做法，并且不想提出任何反对意见。舒曼还表示，"如果这件事（联邦德国重新武装）能够保密的话，他本人并不觉得同意这一原则是很困难的事情"。② 但是舒曼又表示，他本人还没得到法国政府的任何指示，而且他估计法国政府不会赞同美国的计划。果不其然，就在 15 日、16 日，法国内阁召开会议讨论并做出决定：法国政府不会接受在会议公报中提及的任何关于重新武装联邦德国的说法；法国政府也不同意联邦德国参与欧洲的防御，"原则上不同意（联邦德国重新武装），即使今后在对相关协议保密的情况下也不同意"。③

　　虽然法国政府不同意联邦德国加入西欧防御体系，而且英国对美国重新武装联邦德国的计划也并不热衷，但是就英国政府来说，有两点促使其原则上同意联邦德国加入西欧防御体系。第一，艾奇逊表示现在可以就这一问题达成原则性协议，具体的方式、时间等问题可以留到以后慢慢解决；第二，只有同意美国的计划，美国才会加大对西欧的军事援助并且增加驻军。对于美国的军事援助，英国是最需求和最期待的，只要原则上答应联邦德国在重新武装后加入西欧防御体系，就有可能尽快获得美国的援助。显然，这两点并不能让英国对美国重新武装联邦德国的方案感到兴奋。实际上，纽约外长会议仅仅是美国一方热衷联邦德国重新武装，所以在外长会结束后发布的公报中对联邦德国是否开启重新武装之路，以及是否加入西欧防御体系没有清晰地表态，只是提出"外长们已经注意到，德国和其他国家里有人表达了德国人参加保卫欧洲自由的一体化军事力量的意见。关于联邦德国加入西欧防御体系的问题，现在还处于研究和交换意见的阶段"。④ 另外一点就是同意建立警察部队，虽然这支警察部队是在联邦德国

---

① Roger Bullen and M. E. Pelly, eds., *Documents on British Policy Overseas*, Series II, Vol. III, p. 55.

② Roger Bullen and M. E. Pelly, eds., *Documents on British Policy Overseas*, Series II, Vol. III, p. 63.

③ Roger Bullen and M. E. Pelly, eds., *Documents on British Policy Overseas*, Series II, Vol. III, p. 63, Note 2.

④ CAB129/42, CP (50) 222, Annex, p. 5.

各州成立的，但是联邦政府在紧急情况下完全有权力调动和使用这支部队，警察部队计划的编制为 3 万人。① 但是为了显示西方国家保卫联邦德国的决心，公报中也明确提出，为了保卫联邦德国和西柏林，西方国家将要加强在联邦德国的军事力量；任何针对联邦德国和西柏林的攻击将被看作对西方盟国的进攻。② 此外，公报还提出，西方国家要进一步放松对联邦德国工业的限制，并且"联邦德国政府将被授权建立外交部，以在合适的范围内处理同其他国家的关系"。③

对于这份公报，美国显然是不满意的，艾奇逊在给美国总统杜鲁门的电报中说道："他们（英法代表）仅准备接受我们提供的东西，却不同意我们所提出的要求。……（会议讨论）结果就是我们的代表不能公开我们想要同意的文件，在公报中不能宣布任何决定。"④

英国政府对纽约外长会议相关结果的反应与意见不一致。此次，外长会议决定了开启联邦德国重新武装的大门，这是英国政府愿意看到的。会议公报中所提出的基本原则精神也都符合贝文最初对联邦德国恢复武装的设想。实际上，在此次会议之前，贝文就预料到重新武装联邦德国面临种种困境：法国方面的反对，联邦德国内部的意见分歧，引起苏联强烈反应的可能等。这些问题不可能在短短的几天会议上立即就得到解决。但是，与此同时，纽约外长会议明确了西方盟国对联邦德国和西柏林负有军事保障责任，同时在经济和外交领域放松对联邦德国的监管，这符合英国对德政策的方向。在重新武装联邦德国的具体步骤上，会议采纳了英国提出的建立联邦德国警察部队的方案，虽然这支警察部队的人数比预期的大打折扣，但是毕竟有了实际的行动。贝文在对此次会议的总结中认为，会议为联邦德国加入计划中的欧洲一体化军队，以及相关盟国之间的谈判奠定了一个坚实的基础。⑤

但是英国政府内部也有人表示对纽约外长会议的结果感到失望。英国驻华盛顿大使馆的德国事务顾问彭森（John Hubert Penson）就在给外交部

---

① 关于警察部队的具体人数并没有在公报中写出来，这是在外长会议中三国外长最终讨论后制定出来的。

② CAB129/42, CP (50) 222, Annex, p. 5.

③ CAB129/42, CP (50) 222, Annex, p. 6.

④ *FURS, 1950*, Vol. 3, p. 1230.

⑤ CAB129/42, CP (50) 222, New York meetings, Tripartite Discussions on German Problems, p. 4.

的电报中认为此次会议是"令人失望的"。他把原因归结为美国方面没有做好充分的准备就与西方盟国开启重新武装联邦德国的谈判，"他们（美国人）没能让法国人站在同一战线上"。① 此外，美国在重新武装联邦德国的政策上过于着急，会议关于联邦德国重新武装没有达成协议"是由于美国想急切达成关于安全的协议"。从这一点可以看出，英国还是希望采取稳妥、渐进的方式实现联邦德国的重新武装。

总之，纽约外长会议基本实现了在此之前英国重新武装联邦德国的主要政策，同时开启了重新武装联邦德国的进程。此后，法国、美国立即提出了具体计划，即法国的普利文计划和美国的斯波福德计划。然而，从后来的结果看，联邦德国重新武装的进程是复杂多变的，美法提出了各自的计划后，英国采取了不同的反应和对策，英国战后对德政策从此面临一个新的重大议题：怎样在冷战的大环境以及美法两国不同的重新武装计划下将联邦德国纳入西欧的防御体系，同时还要保障未来联邦德国的军事力量不再威胁欧洲的安全。

第三节　英国与普利文计划和斯波福德计划

纽约外长会议发布了西方国家允许联邦德国重新武装的原则性声明，但是并没有制订相应的具体计划。联邦德国的重新武装在何种框架下进行成为欧美国家讨论的焦点，英国会对重新武装联邦德国的相关计划将采取什么态度呢？

一　普利文计划的出台与英国的质疑

纽约外长会议的结果也不能让法国满意，法国上下此时仍然对重新武装联邦德国抱有极大的恐惧。法国政府对英国在会上与美国站在一起表示不满。纽约外长会议结束后，10 月 18 日，法国驻英国大使马西里就向英国外交部表示，英国在联邦德国重新武装问题上的立场让法国很失望，英国在纽约外长会议上要是与法国立场一致的话就会让美国改变态度。② 同一

---

① Roger Bullen and M. E. Pelly, eds., *Documents on British Policy Overseas*, Series II, Vol. III, p. 151.

② Roger Bullen and M. E. Pelly, eds., *Documents on British Policy Overseas*, Series II, Vol. III, p. 170, Note 2.

天，在英国驻法国大使哈利（Sir O. Harvey）与法国外交部政治副主任马尔热里（Roland de Margerie）会谈中，马尔热里抱怨纽约外长会议上美国的计划和英国的妥协态度。他认为，美国不会因为英法反对重新武装联邦德国而撤出驻欧洲的军队和联合司令部，它仅是在"装腔作势"。真正让他担心的是，美国自己单独与联邦德国达成协议建立一支德国军队。① 更重要的是，在这次会谈中马尔热里表示"联邦德国的重新武装已经不可避免"，但是法国政府面临国内各种力量的反对，因而不会答应美国的计划。②

由于法国政府不满美国提出的重新武装联邦德国的计划，而重新武装联邦德国的进程已经开启，法国不想在这一过程中处于被动地位，因此提出了自己重新武装联邦德国的计划。北约成员国定于 1950 年 10 月 28 日在华盛顿召开北约防务委员会会议，为了表明法国对重新武装联邦德国的态度，10 月 24 日，法国总理普利文（René Pleven）在国民议会公布了重新武装联邦德国的计划，该计划被称为普利文计划。其主要内容有：建立一支包括联邦德国军队在内的欧洲军，这支军队属于整个西欧，而不属于某一个国家；设立欧洲防务部长（European Ministry of Defense）和相应的政治机构来领导这支军队，这支欧洲军将置于最高司令部的指挥之下。关于各国向欧洲军提供军事力量，计划要求参加欧洲军的各国部队按照营一级编制加入进来，这显然是为了在最大限度上限制联邦德国在欧洲军内的发展。此外，普利文计划要求在《欧洲煤钢联营条约》签署即舒曼计划达成后再实行以上内容。③ 很显然，普利文计划希望将联邦德国的重新武装限制在欧洲一体化框架内，防止其进入美英主导的北约——大西洋联盟的框架，根本上是为了最大限度地限制未来联邦德国军事力量的发展。同时，普利文计划紧盯舒曼计划，其实质上就是将舒曼计划中的超国家主义应用于欧洲军事一体化，企图从军事和经济两方面限制和防范联邦德国实力的壮大。

普利文计划出台后，英国驻法国大使哈利立即给贝文发回电报并阐述自己对该计划的看法。首先，他认为法国的计划就是为了拖延美国重新武装联邦德国，并且会立即请求英国加入其中，以加大对美国的压力。其次，

---

① Roger Bullen and M. E. Pelly, eds., *Documents on British Policy Overseas*, Series II, Vol. Ⅲ, pp. 170 – 171.

② Roger Bullen and M. E. Pelly, eds., *Documents on British Policy Overseas*, Series II, Vol. Ⅲ, p. 171.

③ 对于普利文计划的国内研究成果可参见朱正梅《论法国"普利文计划"的失败》，《世界历史》2003 年第 5 期；洪邮生《英国与德国的重新武装》，《史学月刊》2002 年第 12 期。

对于英国是否要加入的问题，法国政府是希望英国加入普利文计划的，但是他们也清楚该计划具有超国家主义的"欧洲联邦"性质，而"英国基于对欧洲联邦的反感有可能反对这一计划"。所以，英国是否加入不是该计划的预设条件。① 哈利在电报中认为，英国政府对该计划的态度应该是既不反对，但也不寻求加入，可能会从外部与普利文计划进行合作。也就是说，英国将会把其驻扎在欧洲大陆的军队置于北约的军事框架之下，然后寻求与普利文计划所倡导的欧洲军进行合作。很明显，哈利一开始就对普利文计划的初衷表示质疑，而且英国政府很可能不会支持这样的计划。

英国外交部也明确表示了反对的态度。10 月 25 日，贝文同比利时驻英大使范泽朗（Paul Van Zeeland）会谈时说，法国的计划看起来并不实际，而且美国人也不会满足于这一计划。因而贝文希望比利时方面去劝说法国政府，让其在建立一体化军事力量方面做出一些让美国方面满意的举动。② 同时，贝文对联邦德国加入欧洲一体化军队表示担忧，特别是担心此举会引起苏联方面的激烈反应。他说道："如果到 1951 年春天的时候，西欧防御体系的建立取得了快速和有效的进展，这将对苏联人产生重大影响，有可能决定其在欧洲和远东的政策方向。"③ 由以上可以看出，一方面，贝文感到普利文计划不切实际，因为它防范联邦德国的意图太过明显，不可能让德国人充分发挥军事潜力用于西欧的防御，同时也与美国方面的想法相互甚远。按照普利文计划，联邦德国军队的建制仅能维持在营一级的规模，而在现代大规模机械化战争中，这样的军队编制根本无法让联邦德国发挥军事潜力。另一方面，如果该计划真的实现了，那么将会被苏联看成是严重的军事威胁和挑衅，一旦德国出现朝鲜半岛那样的形势，在这样基础薄弱的计划下建立的欧洲军根本不能保卫联邦德国和西欧的利益。

10 月 26 日，贝文给外交部提交了一份备忘录，阐述了对普利文计划的看法。备忘录意见非常明确：普利文计划与英国的外交战略格格不入，要坚决反对。首先，普利文计划与北约的框架、原则不一致。该计划力图把美国、加拿大的军事力量和欧洲的军事力量分开，这是对北约军事力量的

---

① Roger Bullen and M. E. Pelly, eds., *Documents on British Policy Overseas*, Series II, Vol. Ⅲ, pp. 206 – 207.

② Roger Bullen and M. E. Pelly, eds., *Documents on British Policy Overseas*, Series II, Vol. Ⅲ, p. 214.

③ Roger Bullen and M. E. Pelly, eds., Documents on British Policy Overseas, Series II, Vol. 3, p. 205.

分割。其次，该计划延缓了联邦德国加入西方军事阵营的进程。由于该计划的前提是舒曼计划得以执行，并建立相关的政治、行政机构，这一系列前提都阻碍了联邦德国为西欧的军事防御做出贡献。最后，该计划具有"欧洲联邦"的超国家主义的特点，而英国政府倾向于北约框架下的国际合作。英国外交部认为，一个所谓的"欧洲联邦体系应该是更广泛的大西洋防御体系中的重要部分"，这样的计划无非是法国要获取欧洲的领导地位，也是直接针对美国对西欧的控制。① 备忘录提出英国应采取的态度：第一，在防御问题上坚持北约组织的原则，反对任何将美国和欧洲的防卫力量分离的企图；第二，尽快建立北约一体化军队和最高司令部，重组北约并让美国军队进驻欧洲。②

由于法国的普利文计划对联邦德国军事的过分限制，以及其超国家主义的性质，英国对该计划的质疑非常明显。从外交部的备忘录中可以看出，英国方面还是希望在北约的框架内完成对联邦德国的重新武装，而对法国领导西欧防御体系是不放心的。英国还是认为，只有美国和西欧联合建立的北约才能真正为西欧的防御做出贡献。

但是，英国军方对普利文计划的态度则与外交部略有不同。参谋长委员会认为，普利文计划可以从根本上阻止联邦德国建立国家军队，对将来欧洲的安全来说这无疑是一个"比较好的办法"。英国陆军元帅威廉·斯利姆（William Slim）在11月9日的参谋长委员会会议上指出，从军事上讲，任何重新武装联邦德国的计划都必须以师为建制创立联邦德国德国军队，这就意味着要建立相应的德国陆军部来对这支军队进行组织和管理。接下来，无论我们采取怎样的预防措施，联邦德国都会想方设法地重建其德军总参谋部，而且还不会遇到太大的困难。③ 很显然，英国军方从技术的角度看到普利文计划将联邦德国军队限制在较小的规模内，而且其还不受联邦政府指挥，这样就大大减少了未来联邦德国军事复兴的威胁。英国军方虽然从表面上看似支持普利文计划，但是他们也明白该计划有着无法克服的缺陷。第一，普利文计划不具有实际的、军事上的可操作性。普利文计划

---

① Roger Bullen and M. E. Pelly, eds., Documents on British Policy Overseas, Series II, Vol. 3, p. 217.

② Roger Bullen and M. E. Pelly, eds., Documents on British Policy Overseas, Series II, Vol. 3, p. 219.

③ Saki Dockrill, *Britain's Policy for West German Rearmament, 1950 – 1955* (London：Cambridge University Press, 1991), pp. 48 – 49.

中的欧洲军按照营级建制，而由于来自西欧不同国家的军队语言、军事素养、指挥体系的不一致，由此它们联合建立起来的军队根本无法适应现代化机械战争，而这样军队也无法组建起来。第二，普利文计划并不受到北约国家的欢迎。① 很显然，英国政府对该计划是不抱希望的，而该计划出台后，美国虽然没有表示反对，但是实际上对该计划的可行性非常质疑，所以不久之后立即出台了对该计划进行修订的斯波福德计划。此外，卢森堡、荷兰、比利时等国也对普利文计划兴趣不大。因此，英国军方的实际态度是：按照普利文计划创立欧洲军是不可能成功的，所以让法国人自己去尝试这一计划，英国方面不要直接予以拒绝，这对各方也是无害的。法国的尝试一旦失败，就只能接受英美两国制订的重新武装联邦德国的计划。②

英国军方只是更强调对未来联邦德国军事复兴的遏制。本质上，英国军方也认为该计划行不通，即使同意法国去尝试实行这一计划，这对英国来说也不会有什么损害。对于英国军方的态度，以贝文为代表的外交部表示反对。在提交给防务委员会的备忘录中，贝文措辞强烈地指出，法国的普利文计划及其将要建立的欧洲军根本无力维护西欧的军事安全，更重要的是，"该计划中的欧洲联邦的思想一旦在北约内站稳脚跟，那么就会削弱大西洋两岸之间国家的团结力量。我们必须将其消灭于摇篮之中"。③

二　英国对美国斯波福德计划的态度

法国的普利文计划对联邦德国的限制太过明显，而且在这样的框架下成立的欧洲军会软弱无力，针对这样的情况美国提出了新的重新武装联邦德国的计划，该计划并不是要否定普利文计划，而是对其做出了一些修改和调整，同时增强联邦德国在未来欧洲一体化军队中的地位。美国的计划以北约执行理事会美方主席查尔斯·斯波福德（Charles Spofford）的名字命名，称为"斯波福德计划"。但实际上，该计划是由北约军事委员会和北约理事会共同制订的，在12月中旬正式出台。斯波福德计划的主要内容是：立即实行美国的建立欧洲一体化军队的计划，并让联邦德国军队加入；征召和训练联邦德国军队，组建配备轻武器的地面部队和小规模的战术空军

① *FURS*, 1950, Vol. 3, p. 519.
② Saki Dockrill, *Britain's Policy for West German Rearmament*, 1950–1955, p. 49.
③ Roger Bullen and M. E. Pelly, eds., *Documents on British Policy Overseas*, Series II, Vol. Ⅲ, p. 294.

和海军部队；联邦德国的地面部队建立旅一级或者团一级战斗联队（regi-mental combat team）规模，联邦德国的地面部队不得超过欧洲军总数的1/5；计划要求开启两方面的谈判，即西方三国与联邦德国政府立即展开关于联邦德国重新武装的谈判和法国根据普利文计划开展相关的组建欧洲军的谈判。①

从以上可以看出，美方的斯波福德计划实际上是在纽约外长会议提出的方案的基础上进行了修改，而且并没有否定法国的普利文计划，是与普利文计划同时进行的。美国的态度是：要尽早重新武装联邦德国并使之为西欧的防御做出贡献，因此斯波福德计划并不排斥普利文计划，只要普利文计划能够做出相应的修改，特别是提高联邦德国军队的建制规模——从营一级提高到团一级或旅一级，其他的问题就都可以商量。美国并不纠结未来的联邦德国军队是置于北约的框架下还是置于欧洲军的框架下。正如斯波福德计划中指出的那样，"联邦德国对北约的防御做出贡献，这既可以让联邦德国部队加入欧洲一体化防御体系，也可以让其直接加入北约的一体化防御体系"。②

虽然该计划在12月正式出台，但实际上早在11月20日斯波福德就打电话给贝文，向其阐述了美国方面针对普利文计划做出的修改和妥协。随后，斯波福德的助手阿基里斯（Achilles）直接拜访贝文，进一步解释美国方面的立场。首先，法国的普利文计划从军事角度来说是"不可接受的"，但是美国政府不想看到普利文计划完全失败，因此在法国热衷的欧洲联邦思想方面会给予一定的让步；其次，美国政府希望将德国军事方面的问题与法国制定的政治条件相分离，要强迫法国政府立即执行美国的计划（对普利文计划中联邦德国军队的规模限制进行修改）。③ 美国对普利文计划也不满意，但是不想扼杀法国团结西欧、建立欧洲联邦的意见，因此美国以上的态度就是：一方面，对法国的普利文计划做出妥协，同意其建立欧洲军并开展相关的谈判；另一方面，尽量修补普利文计划中对联邦德国重新武装的技术性条款，减少对西德的军事限制，尽快使其为西欧做出军事贡献。

---

① *FURS*, *1950*, Vol. 3, pp. 440 – 449.
② *FURS*, *1950*, Vol. 3, p. 440.
③ Roger Bullen and M. E. Pelly, eds., *Documents on British Policy Overseas*, Series Ⅱ, Vol. Ⅲ, p. 274.

美国方面向贝文通报了斯波福德计划后，英国政府内部进行了商讨。在11月27日召开的内阁防务委员会的会议上，英国首相艾德礼、外交大臣贝文、防卫大臣辛维尔（Emannel Shinwell）以及参谋长委员会的成员都认为法国的普利文计划在军事上存在严重的缺陷，而且要试图建立以法国主导的欧洲军，在英国看来这是法国欧洲联邦主义的体现，英国如果加入这样的欧洲军，就须交出部分主权，这是英国决不能答应的。会议讨论认为，英国倾向于在北约框架下建立联合的欧洲军事力量，并且把联邦德国纳入其中。英国不能接受将国家政治和军事主权让渡出去，也绝不可能让自己的军事力量不处在自己的完全控制之下。[①] 对于斯波福德计划，内阁和防务委员会认为该计划"能够（使重新武装联邦德国）取得迅速进展"，因为斯波福德计划继承了此前在纽约外长会议上美国提出的建立欧洲一体化军队的设想，即美国向欧洲派驻军队并任命一位最高司令官来领导由欧美组成的军队。在这样的前提下，未来斯波福德计划组建的欧洲军会成为北约军队在欧洲的一个分支力量，以此可以预防法国的欧洲联邦主义倾向，并且能让联邦德国军队最终置于北约的框架下。

会议最后，首相艾德礼做出了以下的指示。第一，英国是根据《北大西洋公约》来履行自己在西欧防务方面的责任；英国不会做出削弱或者有损于北约的行动。基于这一原因，英国不会参加法国计划的欧洲联邦军队。第二，如果欧洲国家同意法国的计划并且乐意讨论有关组建欧洲军的事项，英国方面不会表示反对。但是以上前提必须是欧洲军应该是北约一体化军队的一部分。也就是说，欧洲国家可以向北约提供军事力量，无论是以每个国家单独提供军队的方式还是以欧洲联邦军队的方式。第三，英国希望立即招募和训练德国人加入第2条中要组建的北约一体化军队，新组建的德国军事单位不低于旅一级。[②] 以上内容被要求作为英国在未来对德政策以及北约理事会和军事委员会上的基本态度。

此次防务委员会召开后的第二天，即11月29日，贝文在给英国驻美大使弗兰克斯（Oliver Franks）的电报中向美国表明英国对斯波福德计划的态度。贝文表示，英国政府接受斯波福德计划，但是同时指出："对于美国人的计划中关于建立一体化军队的部分我们是完全可以接受的；对于计划中的允许法国人尝试在自己的框架内建立'欧洲军'的部分，我们认为是

---

① CAB131/8, DO（50）22nd Meeting, pp. 2 – 3.
② CAB131/8, DO（50）22nd Meeting, p. 3.

危险的。"① 贝文认为，北约一体化军队和欧洲军两种重新武装联邦德国的概念都在斯波福德计划中体现出来，这一方面导致在重新联邦德国的问题上出现混乱，另一方面则会使联邦德国把法国的计划用来作为反对美国、英国计划的挡箭牌，最终拖延美国计划的实行。

贝文之所以这么说，是因为联邦德国方面对普利文计划和斯波福德计划有着不同的看法，尤其是对于美国的斯波福德计划，联邦德国方面有着很大的质疑。关于联邦德国的质疑，英国外交部在斯波福德计划出台后就做了一份报告，分析联邦德国国内的情况。报告认为联邦德国国内反对政府参与西方军事防务的公共舆论很强烈，此外，一些政党特别是舒马赫（Kurt Schumacher）领导的很有影响力的社会民主党也反对联邦德国重新武装。联邦德国国内反对重新武装主要是担心联邦德国在加入西方军事体系后未来会成为东西方交战的战场，到时联邦德国人民又要卷入战争；另外，很多民众担心联邦德国的重新武装会使国内的军国主义势力复活，从而导致再次出现军人当政的情况；最后，联邦德国政治舆论要求联邦德国重新武装和加入西方防御体系的前提是受到西方阵营的平等对待。② 基于以上整个联邦德国对重新武装的态度，英国外交部认为"总理、党派联合体、德国议会以及公共舆论将会一致宣称斯波福德计划是不能被接受的"。这是因为斯波福德计划中对联邦德国军队的限制性措施不适用于其他参与进来的国家，也就是说，其他国家的军队在武器配备、军队编制等方面的地位高于联邦德国军队。例如，除了联邦德国之外，其他国家的军队将以师一级单位编入进来，而且对联邦德国军队的限制也不适用于其他的参与国。然而在普利文计划中，各个参与国家提供的军队在原则上是平等的，每个国家的军队在欧洲军中处于同等地位。争取平等地位是联邦德国政府和各个政治党派都在寻求的目标，所以要联邦德国十分情愿地加入斯波福德计划是比较困难的，这需要"与联邦德国政府进行长期和复杂的谈判"。③

在 29 日的电报中，贝文再次强调普利文计划的缺陷。他认为法国的计划本质上是要建立由法国领导的"大陆集团"，虽然这样的集团会与北约联

---

① Roger Bullen and M. E. Pelly, eds., *Documents on British Policy Overseas*, Series II, Vol. Ⅲ, p. 305.

② CAB129/43, CP (50) 311, Annex B: German Opinion on German Participation in Western Defence, p. 5.

③ CAB129/43, CP (50) 311, Annex B: German Opinion on German Participation in Western Defence, p. 6.

系起来，但是该集团的独立性是很明显的，最终"这样的集团将会与北约的基本原则，即12个平等国家的自由联合的原则相冲突。这将会是北约内的一个恶瘤，恐怕将会造成破坏性的因素并且最终危及北约自身"。[①] 贝文要求弗兰克斯向美国国务卿艾奇逊转达以上意见。

实际上，由于斯波福德计划是对法国普利文计划的妥协，英国虽然欢迎联邦德国军队加入未来北约一体化军队，但是对其中普利文计划的影子，即建立法国领导的欧洲军的内容十分不满，仍然力图劝阻美国方面彻底清除普利文计划的内容。英国同意斯波福德计划是因为它坚决不同意普利文计划，如上所述，英国热衷于有美国参与的北约一体化军队，而不是由法国主导的欧洲军。另外，斯波福德计划的执行可以让美国派军队进入欧洲，并且任命欧洲最高司令官来指挥北约一体化军队，在这样的前提下，英国才勉强答应了这一计划。

第四节　本章小结

综上所述，自联邦德国成立之后，重新武装联邦德国已经成为英国政府所要考虑的问题。一开始，这一问题主要是迫于冷战的形势，特别是苏联已经开始对其控制下的民主德国进行武装，建立了准军事组织——人民警察部队。面对这样的局面，英国政府特别是军方力主迅速开启联邦德国重新武装之路，但是鉴于欧洲的复杂形势，特别是为避免过分挑衅苏联，贝文领导下的英国外交部在这一问题上采取了谨慎的态度。

朝鲜战争爆发后，欧洲的形势也随之更加紧张，包括英国在内的西欧国家担心民主德国政府会在苏联的支持下发动统一德国的战争，由于战后西欧国家在军事力量上与苏联相比完全处于劣势，如何应对苏联和民主德国的军事威胁就成了英国政府急切需要解决的问题。在英国看来，当时最可行的办法是美国加强对西欧的军事援助，同时在一定限度内重新武装联邦德国，使其为西欧的军事防御做出贡献。实际上，当时西欧包括法国在内的大多数国家都看到了联邦德国在西欧防御方面可能发挥的功能，但是出于对德国军事威胁的担心，法国在重新武装联邦德国问题上予以坚决反对。作为西方领袖的美国在考虑西欧防务问题上，力图将整个西欧的军事

---

① Roger Bullen and M. E. Pelly, eds., *Documents on British Policy Overseas*, Series Ⅱ, Vol. Ⅲ, p. 306.

力量整合在一起，然后向欧洲大量增派军事力量以加强西欧的军事防御能力，所以美国将联邦德国的重新武装看成西欧团结的一个重要标志，也力主开启联邦德国的重新武装进程。

可以说，英美在联邦德国重新武装问题上有很大的一致性，而法国很显然与它们有着不同的考虑。因此，在1950年9月的纽约外长会议上，法国的态度十分强硬，坚决反对美国重新武装联邦德国的提议，即使是在北约的框架下。法国十分担心在北约的框架下自己无法在重新武装联邦德国问题上发挥主导作用，最终使联邦德国武装力量不受控制地发展。法国的态度最终导致会议在重新武装联邦德国问题上没有达成实质性的成果。为了避免将来在重新武装联邦德国问题上处于被动，法国出台了普利文计划，力图建立一支超国家性质的欧洲军，在这一框架下对联邦德国重新进行武装。由于普利文计划带有明显的超国家性质和欧洲联邦主义的形式，因此英国对这一计划持坚决反对的态度。此后，美国出台的斯波福德计划虽然在技术上对普利文计划做了修改，但是实际上还是对其做出了让步，默认了法国建立超国家的欧洲军的计划。英国虽然同意斯波福德计划，但是仍然对其中的普利文计划的因素保留意见。这时候，普利文计划的提出让法国取得了在重新武装联邦德国问题上的主动权。纽约外长会议之后，重新武装联邦德国的问题由单纯的加强西欧军事防御的问题，逐渐发展为欧洲军事一体化的问题。

从英国政府对联邦德国开启重新武装之路的政策来看，一开始英国力图在北约之下借助美国的实力加强西欧的防御。在这样的前提下，英国一直希望联邦德国的重新武装能置于北约的框架下。法国为了防范联邦德国，坚持在西欧框架内开启对联邦德国的重新武装，并且自己主导这一进程。美国此时出于对苏冷战的需求，希望尽早实现联邦德国的重新武装以及西欧国家建立共同防御体系，在这样的情况下，美国在重新武装联邦德国问题上最为积极，力图拉拢英法共同达成一致政策。在西方国家讨论联邦德国重新武装方案时，法美都有自己的主张和计划，英国看似在其中扮演了"看客"的角色，但是实际上，贝文也曾在11月底提出所谓的重新武装联邦德国的"大西洋军"计划。该计划的核心是建立一支跨大西洋的一体化军队，由西欧和北美的北约国家的军队组成，并由北约的一个独立组织来进行领导，这样的军队可以称作"大西洋联邦"军或者"邦联军"。贝文认为建立这样的"大西洋军"有以下几个好处：第一，用大西洋联邦的原则替代欧洲联邦，这样就避免了实行法国希望而英国反对的欧洲联邦原则；第二，由于美国和加拿大的加入，西欧的小国如荷兰、丹麦、挪威、意大利等国将会更有安全感，而且还可以避免法国一家独大，因此这样的计划可以得到西欧小国家的支持；第三，从长远看来，有美国参加的大西洋军可以提供更加安全的保障，特别是可以防止联邦德国军事复兴所带来的安全问题；第四，贝文认为这是将联邦德国纳入西方最有效同时危险性也是最低的方法，同时"在大西洋军"计划中给予联邦德国平等的地位，这对所有德国人十分具有吸引力。① 显然，贝文试图将法国欧洲军的范围扩大到整个大西洋联盟，这就使法国的欧洲联邦原则被替换，也就是将法国普利文计划中最让英国反感的因素去掉。另外，在北约已有的体制内组建和统领"大西洋军"，不仅可以真正加强西欧的军事防御力量，而且在这样的原则下联邦德国会被实力强大的美国牢牢控制，防止其军事能力复兴从而保护欧洲的安全。

但是，贝文的意见不久就被英国内阁否定。在11月27日的内阁防务委员会会议上，防务大臣认为，"大西洋军"计划对英国风险太大，英国将要失去一部分对自己军队的控制权。② 内阁防务委员会认为，虽然"大西洋军"计划比法国的普利文计划要更符合英国的利益，但是英国不能容忍将军事权力交出去。③ 总之，英国力图避免建立涉及让渡主权的军事联盟，无论是法国的欧洲军计划还是贝文的"大西洋军"计划，当这些计划涉及英国要交出一部分主权的问题时，英国政府是万万不能答应的。

---

① Roger Bullen and M. E. Pelly, eds., *Documents on British Policy Overseas*, Series II, Vol. III, pp. 294 – 295.
② CAB131/8, DO (50) 22nd Meeting, p. 2.
③ CAB131/8, DO (50) 22nd Meeting, pp. 2 – 3.

第七章　英国工党政府对联邦德国
重新武装的政策

第一节　有关国家对联邦德国重新武装的态度

随着普利文计划和斯波福德计划的先后提出，重新武装联邦德国的一系列相关谈判也相继展开。1950 年 12 月 19 日，北约理事会与防务委员会举行了布鲁塞尔会议，讨论实施斯波福德计划的具体细节以及联邦德国重新武装的问题。1951 年 1 月 9 日，英、法、美三国驻联邦德国军事代表与联邦德国方面人员，在联邦德国首都波恩附近的彼得斯贝格召开会议，就布鲁塞尔会议后联邦德国重新武装的细节问题展开讨论。1951 年 1 月 15 日，巴黎会议开幕，法国邀请联邦德国来巴黎讨论建立欧洲军的事宜。此时，普利文计划和斯波福德计划相继开展，特别是普利文计划的核心是建立欧洲军，从此西欧国家进入漫长的建立欧洲防务共同体（European Defence Community）的谈判过程中。联邦德国开启了重新武装之路，这一时期法国、美国、联邦德国、苏联等国家对这一事件的态度和基本政策在很大程度上影响了英国的相关政策。

一　法国对联邦德国重新武装的态度

第六章介绍了普利文计划和斯波福德计划的基本情况。从中不难看出，在重新武装联邦德国问题上美国和法国有着不同的态度。法国的普利文计划是要在最大限度限制联邦德国的军事能力以及在法国主导的前提下开展对联邦德国重新武装。虽然在 1950 年 9 月的纽约外长会议上法国坚决反对美国重新武装联邦德国的计划，但是战后法国国内经济状况不佳，急需美国的援助，同时法国在越南的殖民统治也岌岌可危。在重新武装联邦德国这一问题上，法国认识到自己是无法与美国抗衡的，但是一向追求大国地位的法国不可能坐等美国完全主导联邦德国的重新武装。正如当时让·莫内指出的，"对待重新武装德国的问题，法国采取的否定立场将会产生双重后果。一是使德国怀疑我们的合作愿望，二是使德国看到美国所给予的日益增大的好处"。① 特别是在舒曼计划已经提出并且相关谈判进行较为顺利的情况下，出于法德和解和对苏冷战的需要，法国提出普利文计划，这既顺应了欧洲冷战局势，同时又能提高法国在联邦德国重新武装问题上的话语权和地位。但是普利文计划本身的局限是很明显的，即限制联邦德国军事实力的内容会让未来欧洲军的作战能力大打折扣。这一点英国、美国都很清楚。正如上文中所述，英国军方和外交部都对普利文计划感到失望，英国外交大臣贝文甚至打算让这一计划"胎死腹中"；英国防务大臣辛维尔认为重新武装联邦德国"本来是应该用于威胁苏联"，但是普利文计划"只能让人感到可笑和愚昧"。② 美国方面，艾奇逊认为这是法国人在为联邦德国加入反苏阵营设置障碍；时任美国国防部部长的马歇尔直言道，自己搞不清楚法国人想要干什么。③

虽然普利文计划出台后受到英美方面的指责，但是这毕竟是法国在重新武装联邦德国问题上做出的一大让步。而且，普利文计划并不完全是法国为了应付英美采取的权宜之计，也不是拖延联邦德国重新武装的策略。正如莫内所指出的那样，"普利文计划从5月9日起草到10月24日公布，一共十易其稿"。④ 可见，法国对该计划是颇费心思的。实际上，普利文计划最让英美与联邦德国不能接受的就是将参与国提供军队的建制单位限制在营一级规模。一个营充其量只有几百人，在现代机械化战争的情况下，由各国军队混编而成的欧洲军根本无法形成有效的战斗力。这一点法国自己也十分清楚，法国军方曾向英美方面表示，普利文计划所规定的欧洲军建制是否具有足够的国家间聚合力来使这支军队具有战斗力，是值得怀疑的。⑤ 所以在之后的关于组建欧洲防务共同体的谈判中，这一点逐渐得以修

① 〔法〕让·莫内：《欧洲之父——莫内回忆录》，孙慧双译，国际文化出版公司，1989，第160页。
② *FURS*, *1950*, Vol. 3, p. 420.
③ Walter Poole, *The Joint Chiefs of Staff and National Policy*, *1950－1952*（Washington, D. C., 1980）, p. 212.
④ 〔法〕让·莫内：《欧洲之父——莫内回忆录》，第161页。
⑤ *FURS*, *1950*, Vol. 3, p. 449.

正。除了军队建制问题受到指责外，普利文计划其他方面的争议并不是很大，这就为以后相关各方特别是联邦德国愿意与法国建立欧洲防务集团而进行谈判提供了一个框架和平台。但是，法国根本的愿望还是要限制未来联邦德国军事力量的发展，这一点是法国竭力坚持的。

此外，二战后法国政府的动荡也影响了其对于联邦德国重新武装的政策。当时的法兰西第四共和国内部党派众多，对于重新武装德国的意见也是各不相同，甚至各个党派内部对该问题也没有统一的意见。总体来讲，当时法国右翼政党寻求的是加强法国实力和削弱德国实力的政策。法国的社会党和中间党派愿意与联邦德国达成妥协，让其重新融入西欧，一向致力于推动欧洲一体化的舒曼所创立的人民共和运动党就是这种党派。但即使是人民共和运动党，其在二战刚刚结束后也不愿意讨论联邦德国重新武装的可能性。①

1948—1949 年的柏林危机让包括法国在内的西方国家更加深刻体会到苏联的威胁，1949 年 4 月，法国签署《北大西洋公约》，成为北约第一批成员国；1950 年 6 月朝鲜战争的爆发也让法国感到苏联向西欧军事扩张的可能性。从地缘政治来看，法国力图把防御苏联的阵线向东推进，所以法国东边的联邦德国就成了抵御苏联入侵的最好屏障。苏联如果将联邦德国占领，法国就会成为对抗苏联的前线，这是法国最不想看到的结果。但是，联邦德国此时不是主权完全独立的国家，更不是北约成员国，没有自己的武装力量，只能依靠西方盟国的军事保护。从冷战背景和法国的防御战略出发，重新武装联邦德国将是有利于其巩固东方防御战线的。

总之，从普利文的计划提出到后来关于欧洲防务共同体的谈判，都体现出法国在重新武装联邦德国问题上既想遏制联邦德国的军事力量，又不得不把联邦德国纳入西欧军事防御体系的矛盾心态。法国的这种心态无疑对以后欧洲防务共同体谈判产生了根本影响，并造成了一系列问题。

二　美国对联邦德国重新武装的态度

在二战结束至朝鲜战争爆发的这段时间（1945—1950），美国政府依然实行着解除德国武装，使其非军事化的政策。即使在与苏联的对抗越来越激烈的情况下，这一政策仍没有发生重大改变。在 1947 年杜鲁门主义出台

---

① Jonathan M. House, "The European Defense Communtity", James S. Corum, ed., *Remarming Germany*, Leiden: Brill Academnc Publshers, 2011, p. 74.

之前，美苏在德国问题上还没有彻底决裂，双方围绕《雅尔塔协定》和波茨坦会议的相关决定进行争论。但是，双方都把对德国的"四化"政策，即非军事化、非纳粹化、非工业化和民主化作为对德政策的基本原则。随着西方国家与苏联在德国问题上的分歧，德国的分裂不可避免，第一次柏林危机爆发，东西方在德国紧张地对峙着，在美国等西方国家的支持下，联邦德国建立。美国虽然支持联邦德国作为抵御苏联的桥头堡，但是仍然没有打算对其重新进行武装。

美国主要担心武装后的联邦德国会重回军国主义的老路，同时如果支持联邦德国重新武装的话会引起西欧国家的反对，不利于今后西欧力量的整合。美国当时认为可以通过对西欧（除联邦德国外）国家提供军事援助，加强军备来实现对抗苏联的目标。所以，即使当时西欧国家以及美国内部出现了重新武装联邦德国的呼声，美国政府仍然不为所动。[1] 但是朝鲜战争爆发后，美国担心朝鲜的情况会在德国重现。这是因为朝鲜半岛和德国都处于东西方分别控制下的分裂状态，而美国认为朝鲜进攻韩国的行动是得到苏联支持的，美国情报部门据此分析：一旦朝鲜的军事行动得手，就会产生"多米诺骨牌"效应，共产主义的势力将会依次向全球扩张，而德国将是其中的一个重要目标。[2] 1950 年 7 月，美国国家安全委员会（National Security Council）接到军方提交的编号为 NSC - 71 的文件，美国军方强烈要求讨论重新武装联邦德国的问题，并开展相关工作。对于美国军方的态度，美国国务卿艾奇逊表示，美国的政策将是加快让德国"完全与西方结盟"，并且要考虑"联邦德国向西方直接贡献力量"。[3] 但是同时，艾奇逊又要求不要公开宣称组建联邦德国的军事力量。虽然在重新武装联邦德国问题上美国政府不敢公开进行讨论和研究，但是已列入议程，美国在这一问题上的政策开始转变。

除了上述的国际环境外，联邦德国的人力和经济资源都是美国所看重的。首先，朝鲜战争爆发后，美国的工业产品不仅要应付朝鲜战争，而且要用于西欧重建，这就需要联邦德国在重工业和军事工业方面向西方提供支持。其次，美国政府，特别是军方对德国人的军事素养和战斗力都有很

---

① 王飞麟：《联邦德国重新武装与入盟西方战略：1949—1955》，武汉大学出版社，2009，第 167—169 页。

② *FRUS*, *1950*, Vol. 7, p. 148.

③ Declassified Documents Reference System（美国解密文件参考系统，以下简称 DDRS），File Number：CK100418904.

高的评价。时任美国参谋长联席会议主席布雷德利（Omar Nelson Bradley）将军曾说道："德国人都是优秀的陆海空战士。"① 艾森豪威尔成为美国总统后曾经对国家安全委员会说，德国陆军有着良好的传统，而且军队指挥官精于作战，"他们在这方面是大师"，所以给予德国人更好的装备会让德国人表现得更出色。②

　　最后，美国政府认为，包括联邦德国在内的欧洲国家的重新武装比起美国直接向欧洲派驻军队要节省更多的军费。1955 年，美国参谋长联席会议提交的一份报告称，1950—1954 年美国装备欧洲国家一个师的平均花费是 8900 万美元，这仅为装备一个美国师花费的 28%。③ 由此可见，凭借美国的军事资源，加上德国人的军事素养，足可以建立一支对抗苏联、拱卫西欧的强大军队，同时也会大大减轻美国的军费负担。

　　由于朝鲜战争的爆发，美国加紧了重新武装联邦德国的计划，所以在1950 年的纽约外长会议上，美国提出了组建联邦德国军队的想法。可以说朝鲜战争形势的发展对美国重新武装联邦德国政策的影响是很大的。朝鲜战争初期，美军在战场上节节胜利，把战线一度推进到中朝边界。但是在1950 年 10 月 25 日，中国人民志愿军出兵朝鲜，至 1951 年 1 月，中朝军队给予"联合国军"重大打击并且扭转了战局，战线推进到"三八线"以南100 多公里处。面对这一情况，美国更加担心德国的局势，所以急切希望重新武装联邦德国。美国对法国的普利文计划虽有不满，还是仍然在妥协基础上制订了斯波福德计划，拿出了实实在在的重新武装联邦德国的计划，并立即开始与相关各国进行谈判。1951 年 4 月之后，朝鲜半岛上的交战双方基本上在"三八线"一带对峙，都没有取得进展，该年 7 月双方就停火展开了第一次谈判。此时，在与重新武装联邦德国相关的波恩会议上和巴黎会议虽然各方意见分歧很大，会议陷入僵局，但是美国并没有显示出不耐烦，而是反复与相关各国沟通，推动谈判的进行。朝鲜局面的相对稳定，也使美国在重新武装联邦德国问题上不再显得那么迫切，美国也希望找到一条既能武装联邦德国又能控制联邦德国的方法。

　　总之，在冷战背景下，美国已经将联邦德国纳入西方阵营，二战后美

---

① Dean Acheson, *Present at the Creation*: *My Years in the State Department* (New York: W. W. Norton & Co., 1969), p. 436.

② DDRS, File Number: CK3100084078.

③ DDRS, File Number: CK3100444737.

国对欧援助的马歇尔计划也将联邦德国纳入其中。联邦德国在经济上成为
西方的一员后，在政治和军事上势必要向美国靠拢。为了应对苏联的军事
威胁，美国对联邦德国实行重新武装的政策已无悬念，只不过在具体的方
式和步骤上还有待敲定。美国希望将联邦德国的军事力量融入整个西欧防
御体系，而不是以独立的、不受控制的武装的形式出现，但是同时又要求
联邦德国建立的军队有较高的作战能力。这就使美国虽然对欧洲军以及欧
洲防务共同体表现出积极推动的态度，但又对这一武装联邦德国的方式是
否有效感到怀疑，不过总体上看，积极推动多于怀疑。

三　联邦德国政府成立以来对重新武装的态度和政策

联邦德国是在冷战背景下由西方一手扶植建立起来的，成立时是一个
饱受战争蹂躏、百废待兴的国家。经济上，联邦德国被纳入美国的"欧洲
复兴计划"，但在政治和军事上仍然被视为战败国和被占领国。此时联邦德
国已经与西方紧密联系起来，出于外部安全需求，即防范苏联的进攻，以
及在政治上能与西方平起平坐，联邦德国成立后以阿登纳为代表的德国政
治家们把眼光投向了重新武装这一问题。但在联邦德国建立初期，阿登纳
对重新武装的表态极为谨慎，他在 1949 年 12 月公开表示否认自己有建立一
支独立的德国军队的想法，以及为重新武装联邦德国进行辩论的企图，他
重申："我尊重那些在第二次世界大战期间在德国侵略下受过苦难的国家所
提出的安全要求。"但同时，他又说道："今天的欧洲，到底是苏联的危险
性大还是德国的危险性大。"①

但实际上，阿登纳一直做着让联邦德国重新武装的相关准备。联邦德
国刚刚建立后不久，阿登纳就与纳粹德国时期的前国防军将领进行商讨，
其中有汉斯·斯派达尔（Hans Speidel）、格哈德·冯·施维林（Gerhard
Von Schwerin）、阿道夫·豪伊辛格（Adolf Heusinger）等人，这些人以后都
成了联邦国防军的主要将领。这些前国防军将领都有良好的军事才能，同
时又没有犯下太大的战争罪行，而且他们中有很多人在希特勒时代遭受过
纳粹的迫害。1950 年春，在阿登纳的要求下，联邦德国政府建立了一个特
殊机构来处理安全与重新武装的事务，该机构由斯派达尔领导。斯派达尔
认为联邦德国要建立一支正规的军队而不是警察部队来对付苏联的威胁，

---

① 〔德〕康拉德·阿登纳：《阿登纳回忆录（1945—1953）》第 1 卷，第 390 页。

当然建立这样的联邦德国军队必须得到西方盟国的许可，并且"向所有人表明联邦德国的军队只能在欧洲军的框架下运作"。①

朝鲜战争爆发后，联邦德国上下更感觉到欧洲局势的紧张，更害怕朝鲜的"事件"在德国上演。在当年 9 月的纽约外长会议上，英法美三国打算重新武装联邦德国，阿登纳认为这是推进联邦德国重新武装的好时机，于是在 10 月斯派达尔召集 15 名前德国国防军高级将领在德国的希默洛德修道院（Kloster Himmerod）召开了一次会议，会上制订了"在西方联盟背景下德国重新武装的计划"，② 形成了"希默洛德备忘录"。该备忘录详细规定了未来联邦德国军队建立的动机、基本原则、组织规模、训练指挥等方面的内容，提出：未来联邦德国陆军建立 12 个现代化装甲师，总兵力达 25 万人；建立一支拥有 200 艘舰船的海军以及一支由 800—900 架飞机组成的战术空军，西德军队总数约为 40 万—50 万人。该备忘录中最重要的一条是，在重新建立联邦德国武装的时候，把军队要服从人民，不得凌驾于民选政府之上的原则渗透进去。比如，要由文职官员来掌握军权；对新招募的德国士兵要进行"人格构建和教育"，使"他们愿意为维护自由和社会正义"而战，士兵要宣誓对"欧洲和德意志的民主国家效忠"，坚持政治信仰的训练与军事训练同等重要。③ 此外，该备忘录还体现了一体化的思想，如"军事 – 政治原则和责任"这一部分规定：每一个德国士兵向德国人民效忠，直到一个欧洲联邦国家的建立；德国士兵仅在欧洲范围内履行职责；联邦德国军事力量是西欧一体化防御计划中的一部分。④ 希默洛德备忘录的实际名称为《西欧防御的超国家主义军队框架下对组建德国分支部队的相关研究》（A Study Concerning the Establishment of a German Contingent in the Framework of a Supranational Force for Western European Defense），从名称上不难看出，该备忘录表达了超国家主义的欧洲一体化是联邦德国重新武装的最基本原则和方向。这份备忘录由于制定了未来联邦德国重新武装的基本原则，

---

① James S. Corum, "Adenauer, Amt Blank, and the Founding of the Bunderswehr 1950 – 1956," in James S. Corum, ed., *Remarming Germany*, p. 35.

② James S. Corum, "Adenauer, Amt Blank, and the Founding of the Bunderswehr 1950 – 1956," in James S. Corum, ed., *Remarming Germany*, p. 35.

③ Thomas Vogel, "The Himmerod Memorndum and the Beginning of West German Security Policy," in James S. Corum, ed., *Remarming Germany*, pp. 23 – 24.

④ Thomas Vogel, "The Himmerod Memorndum and the Beginning of West German Security Policy," in James S. Corum, ed., *Remarming Germany*, pp. 19 – 20.

将去除旧有的德意志军国主义传统和融入西欧一体化政策作为重要原则，因此被称为联邦德国组建军事力量的"大宪章"。

希默洛德备忘录将未来联邦德国的军事力量置于西方防御框架之内，并且强调其军队的"欧洲化"而不是"国家化"，这表明了以阿登纳为代表的联邦德国政府将一体化原则摆在核心地位，并且是一种自觉行为，其主要目的就是在实现联邦德国恢复军事主权方面减少其他欧洲国家的担忧。在欧洲军事防御组织的框架下进行重新武装，成为联邦德国内部支持重新武装的基本共识。

虽然阿登纳以及部分前国防军将领希望建立联邦德国的武装力量，而且无论是当时的冷战氛围还是美英两国的支持态度都是有利于联邦德国讨论重新武装的，但是联邦德国内部反对重新武装的呼声极高。联邦德国重要政党社会民主党公开反对联邦德国重新武装，阿登纳所在的基民盟也有部分人反对。特别是社会民主党，从联邦德国参与讨论加入欧洲防务共同体起，该党就一直反对重新武装，后来也反对联邦德国加入北约。社会民主党的领导人埃里希·奥伦豪尔（Erich Ollenhauer）曾多次表示，联邦德国重新武装将会导致其与苏联的关系紧张，从而带来战争危险，此外还会复活德国人的军国主义。他认为联邦德国加入西方军事体系意味着德国的永久分裂，而西方盟国对统一毫无兴趣。[①] 正如上一章节内容中所述，这一点实际上已经被英美等国方面察觉。此外国内很大一部分民众也反对重新武装，根据当时的民意调查，超过 1/3 的联邦德国民众反对重新武装，1950年至 1954 年期间，重新武装的民意支持率在 30% 至 50% 之间变化。[②] 由此可以看出，联邦德国民众对重新武装并不十分积极，尤其是在开始讨论这一问题时，只有 1/3 左右的人支持重新武装。后来，联邦德国国内反对重新武装的声音随着时间的推移逐渐减弱，主要原因是冷战背景下联邦德国在政治、军事、经济方面加入西方已是大势所趋，同时德国的分裂很难在短时间内得到解决。实际上，联邦德国国内反对重新武装的一个重要理由就是担心爆发"内战"，造成德意志民族和国家的永久分裂。而随着重新统一的希望越来越渺茫，分裂已成事实，况且重新武装还能保卫联邦德国的安

① Lawrence S. Kaplan, "NATO and Adenauer's Germany: Uneasy Partnership," *International Organization* 4 (1961): 622.

② James S. Corum, "Adenauer, Amt Blank, and the Founding of the Bundeswehr 1950 – 1956," in James S. Corum, ed., *Remarming Germany*, p. 37.

全，因而到 1954 年的时候，联邦德国一半以上的人支持建立军队。1953 年，阿登纳领导的基民盟能在议会大选中取得绝对性优势，与联邦德国民众对重新武装态度的转变有很大关系。

四　苏联对联邦德国重新武装的反应

苏联深知联邦德国一旦加入西方军事阵营将会给自己的西部边界带来严重的军事威胁，特别是二战结束后苏联政府把更多力量用于国内经济的恢复，而联邦德国的重新武装将会对整个苏东集团形成战略压迫。为此在第一次柏林危机结束后，苏联迫使英美等国同意召开第六次外长会议，商讨德国问题。1949 年 5、6 月间，苏美英法四国在巴黎召开了第六次外长会议，此时西方国家在德国问题上确立了分裂德国的原则，与苏联的对立和矛盾已经无法调和。在开会之前，北约成立；西方国家通过了对联邦德国的占领法规并且通过了联邦德国的基本法（即《波恩宪法》），西方国家已不可能在德国问题上与苏联达成妥协。但是苏联仍然想通过召开外长会议，使各方在德国问题上达成一定的妥协。苏联的意图是在保证一个德国前提下促使各国尽快达成对德和约，并且在短期内（缔结和约后一年半）促使所有外国占领军撤出德国。显然，在当时的冷战背景下，在西方国家扶植联邦德国对抗苏联的情况下，苏联的这种希望是无法实现的。当西方国家开始讨论并且开启联邦德国重新武装进程后，苏联仍然希望达成以上目标，希望以德国的统一和中立来阻止联邦德国重新武装并加入西方军事阵营。

英法美三国在纽约外长会议后宣布联邦德国加入欧洲一体化军队并开启联邦德国重新武装进程。针对西方的动作，苏联于 1950 年 10 月 20—21 日召集包括民主德国在内的东欧国家在布拉格召开八国[①]外长会议。会后发表的《布拉格宣言》指出，纽约外长会议达成的决定不具法律效力或国际依据，重新武装联邦德国是非法行动，苏东国家不予承认；苏、美、英、法四国应该共同声明，反对联邦德国重新武装，继续坚定不移地贯彻《波茨坦协定》中的对德原则；立即缔结对德和约，依照《波茨坦协定》建立统一的德国，各国占领军在缔结和约后一年半内自德国撤出；成立全德制宪议会，筹备全德临时主权政府，并得到苏、美、英、法四国的批准，邀请该议会协商

---

① 这八国为苏联、民主德国、阿尔巴尼亚、保加利亚、匈牙利、波兰、罗马尼亚、捷克斯洛伐克。

对德和约的拟定。① 这份宣言表达了苏联想通过与西方国家协商制定对德政策的意愿，同时坚决反对重新武装联邦德国，希望以德国的统一来达到阻止联邦德国重新武装的目的。布拉格外长会议后，苏联政府向英法美三国发出照会，建议召开外长会议讨论德国非军事化等问题。西方三国对苏联的要求反应冷淡，仅表示同意派代表与苏联召开"四国外长预备会议"。

1951 年 3 月 5 日，由四国副外长参加的"预备会议"在巴黎召开。苏联副外长安德烈·葛罗米柯提出未来四国外长会议的主要议程：（1）四大国履行有关肃清德国军国主义和不允许德国重新军事化的《波茨坦协定》；（2）加速缔结和约并撤出在德国的占领军；（3）改善欧洲局势并立即采取措施裁减四大国的武装部队。② 苏联方面主张把遵守波茨坦会议达成的对德政策列入外长会议讨论议题，但是此时西方国家对联邦德国进行重新武装的政策已经确定，对波茨坦会议上达成的原则已经不感兴趣，因而反对苏联的提议。然而，苏联并没有采取强硬坚持的立场，而是对第 1 条进行了重大修改，删除了《波茨坦协定》中"不允许德国重新武装"的内容。面对苏联方面的让步，西方三国仍然拒绝把"使德国非军事化"列为未来外长会议主要议题，并且反对立即撤出占领军。双方一直争论到 6 月，在举行了多达 74 次正式会议后仍没有达成任何一致，此次预备会议无果而终。

在 1950—1951 年西方国家讨论、制定重新武装联邦德国政策的时候，苏联在该问题上采取坚决反对的态度，但并没有采取外交手段以外的行动，仍是希望促使四大国达成德国非军事化的协议。苏联认为，在德国问题相关谈判中促使东西德统一将是其手中最有力的一张牌。德国分裂之后，德国各阶层对恢复统一是十分渴望的，而联邦德国走上重新武装之路则意味着德国统一的前景将更加暗淡，所以联邦德国内部有许多人因为担心德国永久分裂而反对重新武装。苏联通过外交和政治宣传将自己摆在推动德国统一的位置上，从而赢得联邦德国民众与舆论的支持。但是联邦德国民众对于苏联的态度却很难改善，特别是 1950 年 7 月民主德国与波兰政府缔结了国界划定协定，正式确认奥得－尼斯河为德国和波兰的边界，德国自此永远失去了东部的大片领土。③ 虽然德国边界的重新划分早已经在《波茨

---

① 世界知识出版社编《国际条约集（1950—1952）》，世界知识出版社，1959，第 127 页。

② 〔苏〕A. C. 阿尼金等编《外交史》第 5 卷，大连外国语学院俄语系翻译组译，三联书店，1983，第 478 页。

③ 参见世界知识出版社编《国际条约集（1950—1952）》，第 64 页。

坦协定》中明确，但是联邦德国的民族主义者认为这是苏联强迫民主德国政府同意的结果，对苏联有很大不满。此外，苏联虽然同意进行全德选举，但是联邦德国的民主派认为苏联共产党会操纵选举，不能真正实现民主选举，[①] 再加上冷战背景下西方对苏联的负面宣传，因此联邦德国的民意和舆论对苏联推动德国统一的诚意有很大怀疑。总之，苏联反对联邦德国重新武装的外交措施收效甚微。

此后，苏联并没有停止相关的外交活动，而是发动"照会攻势"，向西方国家提出了全面解决德国问题的新计划，努力阻止西方拉拢联邦德国加入军事集团。1952 年 3 月，苏联向英法美代表发出照会，再次建议召开四大国会议讨论德国问题，照会内容涉及缔结对德和约、完成德国统一和中立、选举全德政府等。西方国家以及联邦德国都对此不感兴趣。英法美三国驻联邦德国的高级官员在苏联照会次日就表示："我们将继续进行我们有关《欧洲防务共同体条约》与《德国条约》的谈判，只当没有那份照会一样！"[②] 苏联又在四五月照会西方三国，提出和第一次照会一样的要求，但再次被西方国家拒绝。

通过以上论述可见，联邦德国走上重新武装之路的时候，法国、美国、苏联都打着不同的算盘，联邦德国重新武装的形势将受到各方的多种因素的影响。法国采用防范、限制联邦德国军事能力的思想原则来应付西方要求武装联邦德国的政策；美国人急于扶持联邦德国来对抗苏联；联邦德国政府则想以重新武装为筹码为其捞取更多的政治利益；苏联在外交方面强势回击，紧盯西方国家重新武装联邦德国的动作。在这样复杂的力量博弈和斗争中，英国政府将会做出何种战略选择和采取何种政策行为呢？这些问题将在下面的章节中进行深入论述。

第二节　工党政府对欧洲防务共同体的态度和政策

普利文计划和斯波福德计划抛出后，英国出于各种考虑支持联邦德国的重新武装，接下来就要进入相关的实际操作的步骤。首先，西方各国包括英国在内要与联邦德国政府达成相关协议，讨论未来联邦德国将以何种

---

① 〔英〕德里克·W. 厄尔温：《第二次世界大战后的西欧政治》，章定昭译，中国对外翻译出版公司，1985，第 143 页。

② 〔德〕康拉德·阿登纳：《阿登纳回忆录（1953—1955）》第 1 卷，第 67 页。

方式以及在何种框架下实施重新武装，为此一系列的与联邦德国进行谈判
的会议开始了。

一　英国工党政府对开启联邦德国重新武装谈判的态度

1951 年 1 月，西方国家开始与联邦德国政府展开了关于重新武装的实
际讨论，这主要体现在在波恩举行的英法美盟国最高委员会与联邦德国政
府的波恩会议（也称"彼得斯贝格会议"）和在巴黎召开的关于商讨建立欧
洲军的巴黎会议两个重要的会议上。

以上两次会议得以召开，还要从北约的布鲁塞尔会议说起。1950 年 12
月 18—20 日，北约理事会在布鲁塞尔召开会议商讨建立西欧军事防御组织
的问题。会议取得了以下成果：第一，北约成员国同意立即组建西欧一体
化防御部队，任命艾森豪威尔为该部队的最高司令；第二，北约成员国同
意按照斯波福德计划来讨论联邦德国重新武装问题；第三，商讨如何应对
苏联关于召开四国外长会议的提议；第四，法国邀请北约成员国以及联邦
德国参加讨论建立欧洲军的巴黎会议。贝文在向内阁提交的备忘录中认为，
会议最大的成果就是艾森豪威尔被任命为欧洲防御力量的最高司令官，艾
森豪威尔是二战期间盟军驻欧洲远征军的最高司令，此时他又被任命为西
欧防御力量的最高司令，这意味着美国已经采取实际行动来支持西欧防御
力量的建设，而且体现了美国保卫西欧的决心。贝文对此十分满意，并且
建议要将此事作为公共宣传的重点。[1] 但是对于由法国主导的建立欧洲军的
计划，贝文的态度则比较复杂。一方面，他认为法国的欧洲军计划将来会
比较顺利；另一方面，他又认为法德两国的双边关系中一体化思想占据了
主导地位，这将来对英国十分不利。[2] 虽然贝文在备忘录中没有明确说明为
什么法德军事一体化会导致英国处于不利地位，但很显然，他对法德的军
事一体化主张不太感兴趣，西欧大陆未来的一体化趋势也不是贝文所希
望的。

贝文的态度代表了整个英国内阁。在 1951 年 2 月 1 日召开的内阁会议
上，内阁就联邦德国重新武装问题达成了以下决定："内阁原则上同意德国
对西方防御力量的建议做出贡献，但是对于和联邦德国重新武装的方式和

---

[1]　CAB129/44，CP（51）1，Bressels Meetings – 18 – 20th Dec, 1950, p. 2.
[2]　CAB129/44，CP（51）1，Bressels Meetings – 18 – 20th Dec, 1950, p. 2.

时间有关的所有问题，英国政府要予以非常仔细的审查。"① 英国内阁是不愿意立即展开联邦德国重新武装的具体行动的，至于这样做的原因，根据内阁会议档案记录有三点：第一，联邦德国内部政治党派还没有就重新武装达成一致，它们对西方国家的计划还持反对意见；第二，苏联极力反对联邦德国重新武装，如果重新武装联邦德国的计划过于迅猛地推进，有可能引起苏联的过度反应，特别是此时西方国家正在商议与苏联重新开启四国外长会议；第三，东欧国家将会担心联邦德国重新武装给自身带来威胁，从而更加依附于苏联。所以，英国内阁对重新武装联邦德国进程采取了较为消极的态度。但是，英国内阁在会议上特别强调了重新武装联邦德国的意义：西方盟国不可能长期承担保卫联邦德国的任务，在对抗苏联的进攻方面，德国人必须要做出贡献。② 可以看出，英国认为当时的现实环境不利于推进联邦德国的重新武装，但是从长远战略来讲，联邦德国必将是西方防御中不可缺少的力量，所以在这种现实环境条件不利于长远战略实施的情况下，英国表现出"等待尘埃落定"的政策倾向。

1951 年 2 月 12 日，英国首相艾德礼在英国下院的讲话反映了英国政府对组建欧洲军的矛盾心情。艾德礼首先将西方遭受到的威胁归咎于苏联，认为苏联在战后不仅没有削减武装，反而不断加强自身及其"卫星国"的武装力量，这就造成整个国际形势的紧张。此后，他再次指出了重新武装联邦德国的逻辑：应对苏联威胁就要加强西欧的防御，西欧防御又离不开联邦德国的军事力量的参与，这就需要重新武装联邦德国。但是，艾德礼对于目前正在进行的组建欧洲军的谈判有一种复杂心情，他向下院直言道："我不清楚这些计划（组建有联邦德国军队参加的欧洲军）到底要干什么。这些计划从开始提出时就有很多我们无法接受的内容：政治上超国家的组织机构；要设立欧洲防务大臣甚至一个防务议会。我们不完全认为这是一个可行的计划。"③ 实际上，艾德礼仍然无法接受法国的欧洲军计划中关于超国家主义的内容。但是，他同时又表示对法国的计划既不会同意，也不会极力反对，而不反对的理由很简单："美国对它感兴趣。"④ 由此可以看出，当时联邦德国重新武装问题是在一个英国不太喜欢和看好的框架下筹

---

① CAB128/19, CM（51），11th Conclusion, p. 85.

② CAB128/19, CM（51），11th Conclusion, p. 85.

③ HANSARD, HC Deb 12 February, 1951, vol. 484, cc64.

④ HANSARD, HC Deb 12 February, 1951, vol. 484, cc65.

划，但是鉴于英国同意了联邦德国重新武装的原则以及美国对法国建立欧洲一体化军队的兴趣和支持，英国在这一问题上不能表明反对立场。

所以，艾德礼在此次下院演讲中提出了联邦德国加入西欧防御体系的四个条件："第一，北约国家要先于联邦德国之前进行重新武装。第二，在联邦德国组建军队之前民主国家的武装力量要予以加强。第三，联邦德国的军队要融入西欧防御体系，该体系能够确保德国的军事威胁不会再次出现。第四，必须得到德国人的保证，即德国的民主力量能确保德国军队是其仆人而不是主人。"① 这四个条件看似是为防止重新武装后的联邦德国在军事上威胁西方国家，但更深层的意思是，英国希望自己和其他西欧国家的独立军事力量能发展壮大，因此一方面特别强调了西欧国家的武装力量要加强，另一方面只提出未来联邦德国的军事力量要加入西欧防御体系，而至于其他国家的军队是否加入，英国没有说明。

法国的普利文计划自提出以来，英国就对其不感兴趣，尤其是对其中的超国家主义感到"不安"。虽然英国也以观察员的身份参加了 1 月 15 日召开的巴黎会议，但是英国政府只是派遣当时的驻法国大使参加会议，而且英国特别指出对于组建欧洲军乃至西欧防御问题暂时不做出更多的保证。另外，在巴黎会议之前，美英法三国与联邦德国政府在波恩召开会议，讨论以斯波福德计划为基础的重新武装联邦德国的计划。斯波福德计划中规定未来联邦德国军队的最大建制是旅（brigade group），但是联邦德国方面坚决要求以师为军队最大建制。此外，联邦德国政府要求在军队组织、指挥、武器方面获得与其他盟国军队相同的待遇，甚至要求在政治上修改对联邦德国的相关法规，恢复联邦德国的政治地位。显然，联邦德国政府的这些要求大大超出了斯波福德计划的内容，双方的谈判很快就陷入僵局，最终联邦德国方面拒绝了斯波福德计划。

早在谈判开始之前，英国方面就明确知道联邦德国希望尽快结束被占领状态，获得在政治上平等的待遇。贝文与英国驻德国最高委员会专员帕特里克（Ivone Augustine Kirpatrick）之间往来的电报显示，在重新武装问题上，联邦德国特别是其议会提出了三个前提条件：第一，西方国家加强在欧洲的军事力量；第二，未来的联邦德国部队要获得平等待遇；第三，通

---

① HANSARD, HC Deb 12 February, 1951, vol 484, cc67.

过相关的条约改变联邦德国当前的被占领状态。① 贝文也认为这是重新武装联邦德国的重要前提条件。加强西方在欧洲的军事力量实际上是要求美国、英国等国家在联邦德国完成重新武装之前为其提供足够的军事保护；联邦德国军队获得平等待遇是其一直要求的既定方针；由于联邦德国在法律上并不具备完全主权地位，讨论相关的问题时会遇到一些麻烦，因此改变当前联邦德国的被占领状态，恢复其国家主权也是必要的。

但是从贝文的态度来看，他积极主张放松对联邦德国的监督和控制，消极对待当前联邦德国重新武装的谈判。贝文在 3 月 9 日给英国内阁的备忘录中对西方盟国的对德政策表达了不满。他认为："纽约外长会议上所达成的对德国放松占领管制的决定没有很快得到执行。"② 除了修改了占领法规并且允许联邦德国成立外交部之外，其他方面的决议没有得到很好的执行。比如，西方盟国还没有宣布结束对德国的战争状态；纽约外长会议确定的组建联邦德国警察部队的决定还没有执行；修改对联邦德国工业管制的政策等。③ 贝文将这些原本达成的对德政策没有得到很好的执行归咎于西方盟国的政策不统一，以及联邦德国内部党派争端和法律程序问题。总之，贝文认为恢复联邦德国主权地位的相关政策执行不力。贝文此时希望尽快恢复联邦德国的主权地位，使其经济、政治实力有所恢复，最终是为了让其尽快加入西方阵营。正如他在 2 月给英国驻德国最高委员会的电报中所提出的，"要发展联邦德国与西方国家的紧密关系，重要的是要让西方国家在处理与联邦德国关系的时候保持这样一种观念：我们最终的目的是让联邦德国具有完全平等的伙伴地位"。④ 并且，他还强调英国政府不希望看到西方国家与联邦德国政府的相关谈判和对话被推迟。由此可以看出，贝文恢复联邦德国平等地位的心情是很急迫的。

然而，当谈论到联邦德国重新武装问题的时候，贝文企图以联邦德国的重新武装作为恢复其平等地位的重要理由，当谈及怎样重新武装联邦德国的时候，他总是要求不对外表示英国政府的真正态度，也不对任何关于联邦德国重新武装的决定承担责任。贝文在上述电报中引用了 1950 年 12 月

---

① CAB129/44, CP (51) 74, Annex: Development of Relations With the German Federal Government, p. 5.

② CAB129/44, CP (51) 74, Policy Toward Germany, p. 1.

③ CAB129/44, CP (51) 74, Policy Toward Germany, p. 2.

④ CAB129/44, CP (51) 74, Annex: Development of Relations With the German Federal Government, p. 6.

布鲁塞尔外长会议公报的内容："改变现在对德国相关的占领协议，从逻辑上来说有利于德国（对西方）的防务贡献"。贝文把这一内容看作恢复联邦德国平等地位的重要依据，然而他指是驻德国最高委员会："可以向外部表态，英国政府同意纽约和布鲁塞尔会议上关于联邦德国重新武装的原则，但是具体的时间、方式和德国做出何种贡献仍然需要仔细考虑。"① 很显然，贝文更热衷恢复联邦德国在西方盟国中的平等地位，而重新武装联邦德国的计划，不管是斯波福德计划还是法国的欧洲军计划，都没有让他感到满意，所以他希望英国政府在这一问题上不表态。

除了贝文以上的态度，外交国务大臣扬格（Kennetr Younger）在给内阁的备忘录中也认为西方盟国与联邦德国政府进行的重新武装谈判刚刚开始，现在无法判断未来会做出怎样的具体决定。而且，杨格还进一步地指出，未来关于联邦德国重新武装的谈判面临许多"拖延因素"。首先，西方盟国与联邦德国的谈判将会是一个漫长复杂的过程；第二，美国方面特别是艾森豪威尔"不想过于强力地推行重新武装联邦德国政策，除非一体化的大西洋军事力量成形"；第三，在联邦德国议会方面会遇到阻碍，它不仅要求西方盟国与联邦德国达成条约协议，而且要求西方承认其平等地位，而且还要求盟国加强在德国的驻军。② 这些因素将来势必会影响联邦德国重新武装进程的推进，所以他提出，英国今后对联邦德国重新武装问题的有关谈判不做出任何实质性的保证或者义务；重新武装联邦德国的时间表由北约国家来制定；在波恩举行的西方盟国恢复联邦德国主权的相关谈判中，"英国政府不做出任何义务保证，也不做出最终的决定"③。

总之，在英法美三国开始与联邦德国展开关于重新武装的谈判之后，英国的态度比较消极，并没有采取积极政策弥合各方对重新武装联邦德国的分歧。对于波恩会谈出现的僵局，英国外交部门则是采取一种置身事外的态度，虽然英国当时仍然保持占领国的身份，但是在英法美与联邦德国谈判过程中仅仅想起到不拖延、不捣乱的作用。显然，从整个2月的情况来看，无论是英国首相还是英国外交大臣，都在坐等联邦德国重新武装的变化，然后再做出相应的决定。

---

① CAB129/44, CP (51) 74, Development of Relations With the German Federal Government, p. 7.

② CAB129/44, CP (51) 43, German Remarmament, pp. 1 - 2.

③ CAB129/44, CP (51) 43, The Position of His Majesty's Government in Regard to German Rearmament, pp. 7 - 8.

二　巴黎会议初期英国工党政府对欧洲军谈判的态度

1951 年 1 月 15 日，法国巴黎召开了关于组建欧洲军的会议。参加巴黎
会议的正式成员国有法国、联邦德国、意大利、比利时、卢森堡，而英国
仅仅以观察员的身份参加会议。①

会议主角是法国和联邦德国，争论的焦点还是在未来联邦德国军队的
最大建制规模上：法国方面按照斯波福德计划的规模，要求未来西德军队
最大建制为团一级作战单位（5000—6000 人，相当于旅），然后各国团一级
作战单位再组成 16000 人左右的师一级作战单位。联邦德国方面则坚持要求
各国军队要以师为单位组成欧洲军。② 此外，联邦德国方面对未来在欧洲军
中的不平等地位感到不满，如组建联邦德国军队过渡时期长达 18 个月；非联
邦德国的国家军队可以从欧洲军中抽调出来执行其他任务；联邦德国未来不
准建立国防部等军事机构。③

可以说，巴黎会议在开始的时候面临和波恩会议相似的局面，法德双
方关于欧洲军的谈判很有可能会陷入僵局。美国参会代表在 3 月 9 日给国务
卿艾奇逊的电报中说道："法国人和德国人争得不可开交"。④ 但是，通过仔
细分析当时的局势可以看出，联邦德国方面基本同意了法国欧洲军计划的
基本精神和原则：将联邦德国的军事力量纳入欧洲一体化框架，类似于之
前刚刚达成的经济上的舒曼计划，而且联邦德国方面认为建立一支真正的
欧洲军是实现法德和解的实际步骤。⑤ 只不过，联邦德国在欧洲军计划下受
到的限制更多，因此联邦德国是在同意基本框架前提的情况下为自身争取
更多的平等权利。法国政府不想以重重限制彻底堵死联邦德国重新武装的
道路，只不过受限于国内惧怕联邦德国军事实力复兴，不得不考虑使用多
种方式在欧洲军框架下限制联邦德国。正如美国驻西德最高委员会专员麦
克格雷（Mcgloy）指出的那样，"法国人对今后联邦德国部队在欧洲军中实

---

① 除英国外，荷兰（1951 年 10 月转为正式成员国）、挪威、丹麦、葡萄牙、美国、加拿大等
国也以观察员的身份出席此次会议。
② *FURS*, *1951*, Vol. 3, p. 778. 联邦德国方面的具体计划是：欧洲军每个兵团由 2—3 个基础作
战单位（basic operational unit）组成，每个作战单位由一个国家的士兵组成。联邦德国所提
出的"基础作战单位"兵力规模略小于一个师。
③ Jonathan M. House, "The European Defense Communtity," in James S. Corum, ed., *Remarming
Germany*, p. 84; Saki Dockrill, *Britain's Policy for West German Rearmament, 1950 - 1955*, p. 64.
④ *FURS*, *1951*, Vol. 3, p. 777.
⑤ *FURS*, *1951*, Vol. 3, p. 1029.

际的建制规模不是十分看重，他们最担心的是一支独立的德国军队的建立"。① 只要联邦德国军队处在欧洲军框架下，法国就能时刻监督甚至控制联邦德国的军事力量，这个作用类似于法德煤钢联营下法国对联邦德国经济的监控。实际上，联邦德国在欧洲军中是旅一级的规模还是师一级的规模，都不是法国人看重的。但是在联邦德国军队的建制上，法国人力图避免出现"师"这一概念，因为联邦德国军队建立师一级的单位就代表着德国建立了独立的军事力量。在这一点上，联邦德国方面做到了"心照不宣"：它不提在欧洲军中建立"德国师"，只提出了所谓的"基础作战单位"，就是为了避免触及法国人的底线。总之，巴黎会议一开始看似前途渺茫，但是法国和联邦德国双方是有意愿达成协议的，只不过双方讨价还价的过程是漫长和艰难的。

巴黎会议陷入僵局后，英国对欧洲军谈判的失望和反感更加明显。如上文所述，英国一开始就对普利文计划持否定态度，面对巴黎会议开始时的不顺利，英国参会观察员代表哈利在1951年4月向内阁报告说"会议死气沉沉"。② 这样的会议气氛更加重了英国政府对欧洲军能否建立的质疑情绪。当时英国外交部中的一些官员甚至认为，应该让联邦德国在巴黎干掉法国人的计划，并且从一开始就使法国的欧洲军不能成型。③ 5月初，接替贝文出任英国外交大臣的赫伯特·莫里森④向内阁提交了关于如何对待欧洲军计划的备忘录。备忘录提出英国外交部对法国欧洲军计划的基本态度：第一，欧洲军计划与北约的防卫需求不一致，也与欧洲联邦这一政治目标的长远需要不一致，该计划声称给予联邦德国平等地位，但实际上不是这么回事。第二，英国政府不打算加入欧洲军计划，但是如果联邦德国和欧洲大陆的北约国家愿意加入其中，而且该计划不会妨碍北约的防御以及英国的利益，那么就悉听尊便。第三，除了急迫的政治原因，该计划由于不具备可操作性，很可能难以为继。⑤ 莫里森否定了欧洲军计划，认为其不利于北约的集体防御政策，这表明了英国拒绝加入欧洲军的态度。他还表示没有必要改变巴黎会议上英国的观察员身份，除非欧洲军计划威胁到了英国的利益。莫里

① *FURS*, 1951, Vol. 3, pp. 1029 - 1030.

② Saki Dockrill, *Britain's Policy for West German Rearmament*, *1950 - 1955*, p. 65.

③ Saki Dockrill, *Britain's Policy for West German Rearmament*, *1950 - 1955*, p. 67.

④ 由于自1950年下半年以来英国外交大臣贝文身体情况越来越差，1951年3月，英国工党副领袖赫伯特·莫里森接替贝文担任外交大臣，一直到该年的10月。

⑤ CAB129/45, CP（51）128, The European Army, p. 1.

森还向内阁表示，他将外交部的意见转给参谋长委员会，英国军方也同意外交部的意见。①

莫里森同时也对巴黎会议的未来做了一些预计。虽然从当前条件来看，法国和联邦德国对未来欧洲军的建制规模还存在争议，但是最终双方很可能达成某种妥协，欧洲军计划有实现的可能性。这些条件主要有：第一，法国外长舒曼透露出"法国对于西德的计划是有认真考虑的，因为该计划避免出现'师'这一字眼"，这意味着法国有可能接受联邦德国提出的"基础作战单位"；第二，"美国和英国方面的军事参谋人员仍然认为师一级建制是最好的选择"，② 法国有可能迫于英美盟国的压力，做出让步；第三，欧洲军计划的基本精神与舒曼计划一致，加入舒曼计划的西欧国家包括联邦德国在内都不会反对该计划的基本原则。所以，莫里森认为，法德双方出于政治方面的考虑，特别是欧洲军作为法德军事一体化的具体表现，其政治意义高于军事作用，这样的话，未来法德双方会"认真考虑欧洲军计划而且有可能为了取得成果而准备做出妥协"。③ 虽然欧洲军计划的谈判有可能会有结果，但是莫里森仍坚持认为英国现在不要改变不加入欧洲军的立场，或者等到今后适当的时机再对是否加入欧洲军进行研究，因为"让我们加入的大门在以后的阶段仍然是敞开的"。④

由此可以看出，巴黎会议初期英国对组建欧洲军的谈判仍然是"将信将疑"，而在具体政策上是以旁观者自居，不想被牵涉其中。但是从莫里森5月提交的备忘录来看，鉴于法德很可能会达成妥协，欧洲军的建立有可能实现，因此英国也要考虑是否改变以往的不参与政策，支持欧洲军的建立，并且加入其中。

三　英国工党政府对欧洲军态度的微妙转变

由于波恩会议上作为重新武装联邦德国计划的斯波福德计划被联邦德国拒绝，巴黎会议上建立欧洲军的谈判虽然比较艰难，但是出现了某些积极的态势，因此法德有可能会达成妥协，进而建立有效的西欧防卫组织，在欧洲军的框架下，西欧国家尤其是那些小国有可能会团结一致为西欧集

---

① CAB129/45, CP (51) 128, The European Army, p. 1.
② CAB129/45, CP (51) 128, The European Army, p. 2.
③ CAB129/45, CP (51) 128, The European Army, p. 3.
④ CAB129/45, CP (51) 128, The European Army, p. 3.

体防御做出贡献。在斯波福德计划无法实现的情况下，美国对法国欧洲军计划表现出了兴趣。1951 年 6 月，成为欧洲北约盟军最高司令的艾森豪威尔表示支持组建欧洲军，而且联邦德国的重新武装也应在欧洲军框架下进行。[①] 美国国务卿艾奇逊虽然最初反对法国的欧洲军计划，但是为了防止法国人未来取得欧洲防务力量的领导权，并且监督未来联邦德国军队的组建，他也转而支持美国同意欧洲军计划。[②] 7 月，巴黎会议将欧洲军计划确定为"欧洲防务共同体"，美国方面支持欧洲防务共同体的建立，认为这是鼓励西欧在政治上更加团结一致的重要步骤。美国之所以持这态度，是出于两点考虑：第一，组建一支欧洲军看起来具有可行性；第二，除了欧洲防务共同体，法国决不允许联邦德国的军事力量加入其他组织。[③]

在美国转变态度的同时，英国对欧洲军以及欧洲防务共同体的看法也发生了微妙的变化。在 7 月 26 日的英国防卫委员会会议上，外交大臣莫里森表示"北大西洋理事会愿意考虑组建欧洲军的问题"，而且相关报告已经交给英国政府，所以请防卫委员会对这一问题进行讨论并制定政策。首先，莫里森表达了自己的观点："如果联邦德国的军力被纳入欧洲军的话，这对于苏联的挑衅程度比较低，不会激怒苏联发动战争。另一个好处是，如果联邦德国通过这种方式与西欧密切联系起来，这将是联邦德国加入北约的第一步"。[④] 显然，相较于 5 月的表态，莫里森对欧洲军的态度表现得更为积极。他认为在欧洲军框架下武装联邦德国不会导致苏联的激烈反对，从而影响西欧的安全。此外，英国已经感到美国对欧洲军的态度发生了改变，美国的支持势必将要使欧洲防务共同体被纳入美国影响甚至主导下的北约。在北约中，英国的作用将比在西欧大陆集团中更加重要，换句话说，这可以防止法国在西欧大陆一家独大。英国防卫大臣辛维尔基本支持莫里森的意见，只不过怀疑美国和联邦德国能不能提供足够的武器装备来实现联邦德国的重新武装和欧洲防务集团的组建。此外，对于欧洲军的实质到底是什么，欧洲军未来与北约一体化军队的关系怎样等问题，辛维尔还有疑惑。[⑤]

---

① 王飞麟：《联邦德国重新武装与入盟西方战略：1949—1955》，第 198 页。

② Saki Dockrill, *Britain's Policy for West German Rearmament, 1950 – 1955*, p. 69.

③ Saki Dockrill, *Britain's Policy for West German Rearmament, 1950 – 1955*, p. 73.

④ CAB131/10, DO (51), 20th Meeting, pp. 3 – 4.

⑤ CAB131/10, DO (51), 20th Meeting, p. 4.

但是防务委员会中有很多人对欧洲军甚至对重新武装联邦德国都提出了质疑。有些英国军方官员认为，既然重新武装联邦德国已经是既定方针，那么联邦德国也可以加入欧洲军。但是英国以及其他西欧国家应首先重整军备，优先得到美国方面提供的装备，这样才能预防联邦德国未来军事实力的复兴。① 甚至有的大臣认为德国人不是爱好和平的民族，他们迟早会为了获取失去的东西而进行复仇战争。即使把联邦德国军队纳入欧洲军，也不能保证自身的安全，因此英国要加强自己的防卫力量，并且尽量拖延联邦德国重新武装的进程。② 艾德礼在会上再次强调："重新武装联邦德国是英国政府可以接受的政策，但对重新武装的时间和方法有所保留。"③ 这种说法虽然是老生常谈，但是此次会议讨论得出了以下几点内容。第一，苏联曾经激烈反对联邦德国重新武装，但是现在反对的声音已不是那么强烈，因为联邦德国重新武装还没有做出实际的行动；苏联真正担心的不是西德加入西方军事防御体系，而是担心复兴的德国索取失去的领土。第二，现在不宜立即给联邦德国提供组建和训练军队用的装备，因为这非但不能在实质上为西方的防御提供帮助，反而会引起苏联的不满。第三，强调联邦德国重新武装和加入西方阵营的重要性，"如果在这一问题上（武装联邦德国）无所作为，那么德国就会出现持续的真空地带，苏联会急于填补这个真空，而且德国人会和苏联结盟以摆脱孤立的局面"。第四，英国皇家空军总参谋长认为德国不可能再次成为西方的重大威胁，即使联邦德国与苏联结盟。这是因为盟军掌握了制空权，可以通过空军快速压制德国。④ 从以上可以看出，英国政府内部仍有人对欧洲军计划表示质疑，并且英国政府还没有确定是否要支持巴黎会议以及欧洲防务共同体的建立。英国内阁此时加快重新武装联邦德国的倾向是明显的，特别是莫里森，他的意见得到了英国军方的支持，在斯波福德计划失败，以及加强西欧军事防御的情况下，建立欧洲防务共同体成为当时的可行之策。

实际上，在此次防务委员会召开之前，莫里森就向内阁提交了一份名为《德国对西方防御的贡献》的备忘录，在其中他阐述了自己对欧洲军计划的态度。莫里森首先分析了当时的形势，认为美国人是迫切希望在重新

① CAB131/10, DO（51），20th Meeting, pp. 4 – 5.
② CAB131/10, DO（51），20th Meeting, pp. 5 – 6.
③ CAB131/10, DO（51），20th Meeting, pp. 4.
④ CAB131/10, DO（51），20th Meeting, p. 6.

武装联邦德国方面达成实质性的进展；法国方面决不允许联邦德国在欧洲军计划之外进行重新武装；联邦德国要求在获得平等地位的情况下进行重新武装；英美法三国与苏联方面关于德国问题的谈判无果而终；包括英国在内的西欧国家仍然担心联邦德国重新武装在未来会给欧洲安全带来威胁。可以说，当时联邦德国重新武装这一问题面对的国际环境十分复杂，美国、法国、联邦德国的政策缺乏一致性，各方的诉求很难达成统一。面对这样的形势，莫里森认为，在对法国的欧洲军计划进行一定改进的前提下，英国可以接受其作为联邦德国重新武装的框架计划并予以支持。他指出，接受欧洲军计划有以下好处：第一，防止德国过分武装，同时避免刺激苏联，更重要的是，联邦德国加入欧洲军不仅是单纯的军事行动，而且是欧洲统一运动的促进因素；第二，这将会进一步使联邦德国融入西方，而且会给联邦德国加入北约提供一种可行的途径；第三，可以使法国更愿意达成解决德国政治问题的协议，如此可以让联邦德国加入西欧防御体系。[①] 对于联邦德国要求获得平等地位的诉求，他认为可以通过对欧洲军计划的改进来实现。从单纯的军事角度来看，欧洲军计划中所有参加国的军队地位平等，所有国家的军队接受统一的指挥和控制，这对联邦德国来说是平等的。削弱这一平等性的是，各国参与欧洲军的军队不是师一级的，这让联邦德国很不满，因此应该建议"法国接受将师一级替代战术旅作为欧洲军的基本单位"。[②] 此外，加快恢复联邦德国的政治平等地位，以新的条约结束占领状态，这样就能进一步满足联邦德国对政治平等的要求。[③] 莫里森认为，一旦法德双方稍微做出妥协，欧洲军计划以及组建欧洲防务共同体就会实现，英国对该计划要表明态度。这是因为在不久之后的9月，英法美三国外长要在华盛顿召开会议讨论欧洲军计划，届时英国不可能再采取观望和等待的态度。但是备忘录再次强调，英国不会加入未来的欧洲军。[④]

在7月26日内阁防务委员会会议上，莫里森简要陈述了这份备忘录的主要观点，虽然有反对意见，但外交部和军方大部分人都同意英国应该支持欧洲军计划。7月30日，内阁会议讨论莫里森的备忘录，莫里森强调了眼前德国局势的紧迫性。美国政府和艾森豪威尔将军把是否支持重新武装

① CAB129/47, CP（51）233, German Contribution to Western Defence, p.4.
② CAB129/47, CP（51）233, German Contribution to Western Defence, p.5.
③ CAB129/47, CP（51）233, German Contribution to Western Defence, p.7.
④ CAB129/47, CP（51）233, German Contribution to Western Defence, p.4.

联邦德国看成对"欧洲国家保卫西欧的忠诚度的测试",① 言下之意是，联邦德国重新武装是美国的意愿，英国不能不看美国人的脸色。此外，苏联已经开始动手武装民主德国，如果"西德人没有武装起来，也不确定我们是否有能力保护他们，那么有可能会倒向苏联人"。因此，他建议内阁同意他在即将召开的北约理事会上与有关国家商议，同意联邦德国军队成为欧洲军的一部分，并且将之交由艾森豪威尔将军统帅。② 但是，在会上内阁成员道尔顿③强烈反对重新武装联邦德国。他认为不能重新武装联邦德国的原因有两个：第一，重新武装联邦德国的话，其军国主义很可能会复活，因为"德国人不是热爱和平和值得信任的民族，即使作为欧洲军的一部分，德国军队也会是不安分的"；第二，重新武装联邦德国将会进一步激怒苏联，导致苏联对西欧发动进攻。在这种情况下，德国有可能被苏联控制，甚至会为了自身的利益而与苏联合作。因此，道尔顿提出，在北约的欧洲成员国普遍弱小的情况下，要尽量拖延联邦德国的重新武装，美国提供的武器装备要优先给予北约成员国和希腊、土耳其这样的国家。④ 对于欧洲军计划，他认为应该支持法国，尽量在欧洲军的框架内限制甚至是拖延联邦德国的重新武装，决不能让联邦德国的武装力量获得与西方其他国家平等的地位。

针对道尔顿的观点，外交大臣莫里森和防卫大臣辛维尔表示反对。他们认为，第一，苏联在1954年之前不会发动对西欧的战争，这就给西欧增强军事防御力量提供了一个缓冲期，西方国家要利用这个时期加强防务；第二，没有联邦德国军事力量的支持，西欧不能得到有效的保卫，联邦德国重新武装的具体行动仍然没有展开，所以应该加快重新武装联邦德国的步伐；第三，军事方面，联邦德国可以说是"一无所有"，在未来18个月至两年内，西方国家仅能提供给联邦德国训练用的装备，所以不会优先提供给联邦德国武器装备的；第四，欧洲军计划虽然取得了一些进步，但是还有很多不足，如欧洲军能不能承担西欧的防务还是有疑问的，所以不能把欧洲军作为唯一的重新武装联邦德国的可能方式；第五，道尔顿过分夸

---

① CAB128/20, CM (51), 56th Conclusions, p. 195.
② CAB128/20, CM (51), 56th Conclusions, p. 195.
③ 休·道尔顿时任英国规划和地方政府部长（Minister of Local Government and Planning），他在7月26日的防务委员会会议上反对欧洲军计划和重新武装联邦德国。
④ CAB128/20, CM (51), 56th Conclusions, pp. 195 – 196.

大了苏联被激怒的可能性，因为苏联并没有因为土耳其准备加入北约而被激怒，土耳其的战略地位对苏联更加重要，苏联也并没有表现出被激怒的迹象，所以渐进地、小规模地武装联邦德国不会过分刺激苏联。[①] 在这里双方争论的焦点仍然是是否要重新武装联邦德国，以及加快还是拖延重新武装联邦德国。对于欧洲军计划，道尔顿反而表现得比较积极，因为他认为这是可以防止联邦德国军事实力增强的有效方式；反而是莫里森一派却还怀疑欧洲军计划的有效性，因为他主张联邦德国能尽快对西欧的防务做出贡献。

　　英国政府内部支持欧洲军计划以及建立欧洲防务共同体的意见占据了主流，英国外交部和军方的参谋长委员会都认为当前武装联邦德国的可行方式就是让其加入欧洲军，在这一框架下既能满足限制联邦德国军事力量的目的，又能让美国方面看到西欧国家团结合作共同抵抗苏联的决心。这种情况下艾德礼首先做出决策，支持莫里森的意见，同意法国主张的欧洲防务共同体计划，重新武装联邦德国军队使其作为欧洲军的一部分。在纽约三国外长会议召开前的 8 月 30 日，艾德礼向内阁提交了一份备忘录，阐述了支持欧洲军计划的态度。他指出，联邦德国的"政治地位和其加入西方防御是密切关联的事情，盟国方面已经不能再拖延对这些事情做出决定了。如果今年年底之前再不做出相关决定，德国公众就会对西方彻底失望"。同时，他还强调联邦德国的政治独立必须处在西方的控制之下，联邦德国的重新武装也必须作为西方防御体系的一部分。[②] 艾德礼很明显是要推进联邦德国重新武装，同时他还在备忘录中指出法国和美国对欧洲军计划都十分看重，在这样的情况下，为了达到既能重新武装联邦德国同时又能控制其军事力量的目的，英国政府要支持欧洲军计划。但是，艾德礼的措辞很含糊，只是说"假如欧洲军计划在军事上是可行的，并且被盟军驻欧洲最高司令官接受的话"，英国可以采取支持态度，此外他还要求外交部门进一步关注巴黎会议的谈判结果。艾德礼还特别强调"要采取措施保证，英国政府在西欧防御方面的财政负担不会因为联邦德国的防御贡献而增加"。[③] 可见，英国政府对欧洲军计划还没有完全放心，只不过是将之作为眼下实现联邦德国重新武装的权宜之计。在 9 月 4 日的内阁会议上，艾德礼的意见被批准，作

---

① CAB128/20, CM（51），56th Conclusions, p. 196.

② CAB129/47, CP（51）240, Germany, p. 2.

③ CAB129/47, CP（51）240, Germany, p. 4.

为在即将召开的华盛顿外长会议上英国的态度。①

1951 年 9 月，美、英、法三国外长在华盛顿召开会议，讨论联邦德国重新武装的问题。鉴于三国对欧洲军计划的态度，会议通过了成立欧洲防务共同体的计划。根据该计划，联邦德国的军队加入欧洲军，同时欧洲军成为北约武装力量的一部分。

第三节　本章小结

英国对欧洲军的态度经历了一个从反对到怀疑再到同意的过程。最终，英国表示支持欧洲军计划，主要出于以下几点原因。

第一，重新武装联邦德国是英国战后对德政策的核心目标之一，在这一既定目标之下，英国必然要推进联邦德国的重新武装。虽然普利文计划一出炉，英国就对其充满反感和怀疑，但是在各种其他重新武装联邦德国的道路走不通的时候，支持现有的欧洲军计划就成了无奈的选择。

第二，欧洲军计划在英国看来可取的有两点。首先，这是法国人制订并且"钟爱"的计划，鉴于战后英法同盟关系，英国希望法国在未来欧洲大陆上能承担更多的责任。在重新武装联邦德国问题上，此时只有欧洲军计划能将联邦德国加入西欧防御体系与消除法国对联邦德国军事实力的恐惧结合起来。英国同意欧洲军计划就是支持法国在欧洲大陆承担更多的军事防务责任。其次，欧洲军作为超国家军事组织将会大大减轻对苏联的刺激。英国总是力图避免在武装联邦德国问题上让苏联感到有巨大的威胁，以免其对西欧采取军事行动。联邦德国并没有自己的"国家军"，而是加入一个超国家的军事组织，这就可以防止苏联为了消除联邦德国的军事威胁而采取激烈的行动。

第三，欧洲军计划不仅将得到美国的支持，还是将大西洋和欧洲大陆防卫力量结合起来的有效形式。如上文所述，美国的支持对英国的态度转变是有影响的，同时欧洲军将作为北约军事力量的一部分，由艾森豪威尔统帅，欧洲军的这一特点将使其范围不再仅限于西欧，而作为北约军事力量的一个分支，这无疑将会使美国为其提供各种充足的保障。

第四，在欧洲军计划的框架下，联邦德国的政治地位问题和重新武装

---

① CAB128/20, CM（51），568[h] Conclusions, p. 216.

问题不会纠缠在一起。联邦德国重新武装中很大的一个问题就是当时联邦德国的政治地位。联邦德国政府领导人特别是阿登纳希望通过重新武装获得与西方国家平等的政治地位，而这一问题也是包括英国在内的西方国家所要面临和解决的问题。也就是说，联邦德国不能以被占领的敌国的身份加入西欧防御体系，欧洲军计划由于其超国家主义的原则避免了在彻底恢复联邦德国政治主权（包括军事）之前陷入无休止的政治地位谈判中，从而加速了联邦德国重新武装的步伐。正因为波恩谈判中联邦德国和西方盟国就政治地位问题的谈判陷入僵局，斯波福德计划才无果而终，而商讨欧洲军的巴黎会议之所以能够维持下来，就是因为欧洲军计划将焦点集中于联邦德国军事力量加入西方防御体系的军事层面的技术问题，并没有过多地讨论联邦德国的政治地位。联邦德国为西欧防御提供的军事力量不是以"国家军"而是以超国家主义的欧洲军的形式出现的。以上种种原因促成了英国对欧洲军计划态度的转变，不久之后，工党政府在议会选举中失败下台，保守党政府在联邦德国重新武装问题上又将会采取何种态度呢？

第八章　从欧洲防务共同体到北约——英国保守党政府关于联邦德国加入北约的政策

1951年10月，保守党获得英国议会选举的胜利并出面组织政府，丘吉尔再次成为英国首相，同时他的老搭档艾登也再次担任英国外交大臣。英国政坛的变动会给联邦德国重新武装以及未来欧洲防务共同体（European Defense Community，EDC）的建立带来何种影响？丘吉尔在战后以推动欧洲一体化倡导者自居，他再次掌握英国政府权力后对欧洲军事一体化的产物——欧洲防务共同体的态度如何？欧洲防务共同体最终的失败与英国保守党政府的政策有何关联？联邦德国重新武装之路走向何方？本章将对这些问题进行阐述和讨论。

第一节　英国保守党政府对联邦德国重新武装以及欧洲防务共同体的不同看法

保守党政府上台后，围绕着欧洲防务共同体的建立产生了不同的意见。丘吉尔和艾登作为英国外交事务政策的主要制定者，在关于欧洲防务共同体的问题上给出了不同的意见。

一　丘吉尔对欧洲防务共同体的态度

丘吉尔再次成为英国首相后，欧洲舆论认为他会带领英国进一步推动欧洲一体化进程，从而促进欧洲防务共同体的建立。丘吉尔作为在野党领袖的时候表现出对欧洲一体化的巨大热情。1946年9月19日，他在瑞士苏黎世大学发表了著名的题为《欧洲的悲剧》演讲，提出欧洲要避免战火就必须实现联合，呼吁建立欧洲合众国。1947 年 5 月后，在他的推动下成立了"欧洲统一运动"这一泛欧组织；1949 年 2 月，他再次提出建立一个"联合起来的欧洲"的口号。这些举动让欧洲的人们看到英国在保守党治下将会为欧洲一体化做出贡献。

　　但是，丘吉尔在执政之后出于英国对外战略的考虑，对欧洲防务共同体的兴趣并不高，甚至对其十分厌恶。之所以出现这种情况，首先和丘吉尔对英国战略政策的看法有关。丘吉尔提出了把英国作为联结英联邦、美国和联合起来的欧洲的纽带，实际上这一外交战略的重点在英联邦和美国这两环，在处理好与前两者的关系后，第三步才是发展与欧洲大陆"亲密而又特殊的盟友关系"。[1] 丘吉尔希望通过英联邦的支持以及与美国形成的特殊关系来恢复本国的实力，振兴英国，恢复其世界一流大国的地位。欧洲大陆在英国外交政策中的权重较低，丘吉尔虽然鼓励欧洲的联合但是不会轻易参与进去。此外，对于欧洲防务问题，丘吉尔认为应该在北约的旗帜下使各国（包括联邦德国）加强或组建各自的国家军队，然后在统一的指挥下保卫西欧（类似于二战中的欧洲盟军）。

　　欧洲防务共同体设计的框架是要组建超国家主义的欧洲军，丘吉尔认为这种设计不具有实际可操作性。在当选首相前的 1951 年 9 月，他在巴黎与法国政要莫内、普利文、皮杜尔等人的会谈中直言欧洲军的缺陷，他不认为法国会放弃自己的国家军而把军队交给一个超国家的机构来指挥，而且在欧洲防务共同体的框架下，军事、经济潜力强于法国的联邦德国将会有可能主导欧洲军，这对法国乃至欧洲来说都是不安全的。[2] 丘吉尔的这种对欧洲一体化以及欧洲防务共同体的态度集中体现在他在 11 月 29 日给内阁的备忘录中，在该文件中他提到："我从不认为英国或者英联邦应该成为欧洲联邦的一部分，也从来没有给予这一主张（欧洲联邦）以任何支持。当然我们也不应该去阻挠欧洲统一运动，我们应鼓励美国参与欧洲统一的运动。"[3] 对于欧洲军和欧洲防务共同体，他直言这是"一摊烂泥"，军队没有了国家属性将毫无作战能力，是"国家精神让军队富有活力"。[4] 关于联邦德国重新武装问题，他在备忘录里对联邦德国政府愿意加入欧洲军的政策

---

① CAB128/48，C.（51）32，United Europe, p. 2.

② Saki Dockrill, *Britain's Policy for West German Rearmament, 1950 – 1955*, pp. 81 – 82.

③ CAB128/48，C.（51）32，United Europe, p. 1.

④ CAB128/48，C.（51）32，United Europe, p. 2.

表示失望，但同时又强调没有德国人的参与，西欧不能建立起有效的防卫体系，丘吉尔的意见是在北约之下组建欧洲军，欧洲军内部包含联邦德国的军队，欧洲各国以师为单位向欧洲军提供军队，由艾森豪威尔将军来指挥。虽然丘吉尔不喜欢欧洲防务共同体，但是他表示不会给欧洲防务共同体设置障碍或者故意刁难。① 有观点认为丘吉尔在第二次担任首相的时候已经 77 岁高龄，其精神和活力大不如从前，他的主要精力放在了处理与美国、苏联的关系以及恢复国内经济方面的事务，将关于欧洲的外交事务交由更年轻、更有政治前途的艾登（当时仅 54 岁，丘吉尔辞职后接任首相）来处理。② 也有学者认为丘吉尔虽然表面上不反对欧洲防务共同体，但是后来历史证明，在这一问题上他还是给艾登设置了一些障碍，不让他对欧洲防务共同体的成立采取积极的推动作用。③ 这一问题将在下文中进一步论述。

二　艾登对欧洲防务共同体的态度

影响英国外交政策的另一个人则是外交大臣艾登，他本人对德国的感情是复杂的。正如第一章中所述，二战期间艾登出于对战后欧洲秩序安排的考虑，并不希望肢解德国，而是在基本保留的前提下对德国进行政治、经济改造。战后德国分裂，联邦德国成立，西方国家出现了重新武装联邦德国以对付苏联的要求。1949 年 11 月，艾登对此表示："强烈反对在联邦德国出现任何形式的重新武装，或者和此有关的事物。"④ 艾登认为德国一旦走上重新武装之路，其军事力量是其他西欧国家无法控制的。1950 年 3 月，他在议会演讲中说："许多德国人仍然认为德国对欧洲其他国家负有一种特殊的任务……这实际上就是控制他们的邻国。"⑤ 再次出任外交大臣之后，出于对联邦德国军事力量复兴的防范，同时又不愿公开执行反对联邦德国重新武装的政策，艾登把欧洲防务共同体看成控制联邦德国军事复兴的良好工具。而且，如果联邦德国加入北约就更难限制其军事力量的发展，所以他在 1951 年 11 月与美国国务卿艾奇逊的谈话中表示："法国在欧洲的

---

① CAB128/48, C. (51) 32, United Europe, pp. 1 – 2.

② J. Colville, *The Fringers of Power* (London: Hodder and Stoughton, 1985), p. 632.

③ Spencer Mawby, *Containing Germany: Britain and the Arming of the Federal Republic* (New York: Palgrave Macmillan, 1999), p. 74.

④ Cyrus Sulzberger, *A Long Row of Candles: Memoris and Diaries, 1934 – 1954* (London: The Macmillan Company, 1969), p. 423.

⑤ HANSARD, HC Deb 12 March 1951, vol 473, cc315.

防卫力量并不占优，如果组建一支北约框架下的部队，联邦德国将会起到更加重要的作用。"① 艾登认为在 EDC 的框架下，联邦德国的军事力量将与法国的混合起来使其不能独立发展，而且也不会过分刺激苏联。可见，在这一问题上艾登基本认可了工党政府的政策，因此在 11 月 12 日和 19 日的议会下院发言中他两次表示，保守党政府将会遵守在 1951 年 9 月华盛顿会议上做出的声明，"与欧洲大陆共同体保持紧密的合作关系"。②

艾登的意见得到了英国外交部的支持，外交部主管德国事务的先后两任常务次官盖纳（Donald Gainer）和弗兰克·罗伯茨（Frank Rorberts）都支持艾登的意见。盖纳在给外交部的报告中说："将重新武装后的联邦德国加入欧洲一体化军队中是保证其全心全意融入西方防御体系的最好方式，这种方式要比直接让其加入北约组织要好。"罗伯茨在接替盖纳后也表示：欧洲防务共同体是结束法德世仇的必要手段，而让联邦德国组建国家军然后加入北约则是不明智的。③ 可见，英国外交部方面是不愿意见到联邦德国建立国家军，而是希望通过欧洲防务共同体起到遏制联邦德国军事实力以及使其为西欧防御做出贡献的双重目的。

艾登虽然支持欧洲防务共同体，但是并不打算让英国加入其中。11 月底，北约理事会在罗马召开，会上比利时、卢森堡、荷兰三国由于担心未来的欧洲防务共同体会成为法德两国主宰的组织，因此要求理事会通过决议要求北约国家（实际上主要指英国）加入欧洲防务共同体。④ 此前，时任英国供应大臣的法伊夫（Maxwell Fyfe）在欧洲委员会的咨询大会上表示，英国加入欧洲防务共同体的大门并没有关闭。这种表示被外界看作英国有可能在加入欧洲防务共同体方面做出的积极回应。⑤ 对于这三国的要求，在 11 月 28 日的新闻发布会上，艾登明确表示英国不会成为欧洲防务共同体的成员。虽然艾登这种表态遭到了法、比、卢、荷等国的不满甚至批评，但是鉴于英国政府长期以来对欧洲军事一体化的态度，艾登的这种表态一点也不令人吃惊。

---

① *FRUS, 1951*, Vol. 3, p. 701.

② HANSARD, HC Deb 12 November 1951, vol 493, cc7 - 8; HCDeb 19 November, 1952, vol 494, cc40.

③ Spencer Mawby, *Containing Germany: Britain and the Arming of the Federal Republic*, pp. 75 - 76.

④ CAB129/49, C. (52) 2, North Atlantic Council: Meeting in Rome, 24th - 28th November, p. 2.

⑤ Roger Bullen and M. E. Pelly, eds., *Documents on British Policy Overseas*, Series II, Vol. 1, p. 770.

三 丘吉尔和艾登的意见协调

由上文可以看出，丘吉尔和艾登在对待欧洲防务共同体的态度上有所不同。丘吉尔认为欧洲防务共同体不会起到防卫西欧的作用，但是丘吉尔并没有对外公开反对欧洲军的计划，相反他表示愿意看到欧洲军的建立。1951 年 12 月 4 日，丘吉尔、艾登等英国官员和来访的联邦德国总理阿登纳在首相官邸进行了会谈。阿登纳向英国方面直言，他本人之所以同意普利文计划，是因为这可以防止联邦德国军队对民主构成威胁；另外，法国"愿意看到英国全面地参加普利文计划，以此来制衡联邦德国"。因此，为了欧洲的团结与和平，法国希望英国方面显示出对该计划更大的积极性，即"英国要给予普利文计划以实际的支持而不是仅仅表明其不会加入欧洲军的立场"。① 但是，丘吉尔表示"十分愿意见到建立一支欧洲军，但是英国将不会加入其中"，而且他的理由很明确：英国不是欧洲大陆国家，不会成为欧洲一体化中的一部分，英国只想充当离岸平衡手的角色。② 丘吉尔明确拒绝加入欧洲军，提出的理由是欧洲军的一体化原则不符合英国的利益，但实际上是他仍然对欧洲军能够发挥的作用不信任。

在 12 月 11 日的英国内阁会议上，丘吉尔出示了蒙哥马利元帅给他的信件，信中指出，在当下的政治环境中组建欧洲一体化军队是不可行的；法国人力图避免一支德国国家军的建立，而这样必将导致建立的部队没有战斗力。蒙哥马利认为，欧洲军应该由各个国家的国家军组成，类似于"联合国军"；而且，英国现在不宜参与建设欧洲军的行动。丘吉尔表示他本人支持蒙哥马利的意见。③ 很显然，丘吉尔仍然想在北约的框架下建立联邦德国的国家军，让其为西欧的防御做出贡献。

针对丘吉尔的意见，艾登提出了欧洲防务共同体建立的好处。他主要是从当时欧洲国际环境出发，认为法国内部有强大的势力反对重建一支德国军队，另外，更加重要的是要考虑苏联方面的反应。艾登认为苏联很有可能会把创建德国国家军看作更具挑衅性的行动，并且把这看成德国加入北约的前兆，这会使苏联"极为不安"。④ 艾登再次强调，组建欧洲防务共

---

① *BDFA*, Part V, Series F, Vol. 1, p. 287.

② *BDFA*, Part V, Series F, Vol. 1, p. 288.

③ CAB128/23, CC. (51), 16th Conclusions, p. 78.

④ CAB128/23, CC. (51), 16th Conclusions, p. 78.

同体面临法国的阻碍较少，而且也不会激怒苏联。根据此次内阁会议的记录，两人仅是发表了各自的观点并没有进行讨论。但是根据后来的情况，显然丘吉尔表态支持欧洲防务共同体。

12 月 17 日、18 日，丘吉尔、艾登在与法国政府会谈后发表的公报中写道："英王政府将会与欧洲防务共同体保持最紧密的合作关系⋯⋯英国驻欧洲大陆的军队在训练、给养以及陆海空军事行动方面与欧洲防务共同体密切联系。"① 在 29 日提交给内阁的备忘录中，艾登特别强调这是与首相一起表示的态度。在这份备忘录中还附有一份今后英国在军事上与欧洲防务共同体合作的具体意见，并请求内阁允许对外公布。附件除了要求英军在各方面与欧洲防务共同体合作之外，还特别提到英国驻扎在欧洲大陆的军队要帮助训练德国士兵；在战争情况下，"盟军驻欧洲远征军最高司令部可以授权将英军的指挥权置于防务共同体之下"。② 可见，英国虽然不加入欧洲防务共同体，但是与之关系还是相当密切的，英国表现出对欧洲防务共同体的支持态度；更为重要的是，这种关系表述是在丘吉尔的同意下确定的，由此体现出丘吉尔本人对欧洲防务共同体建立的支持，虽然他的支持并非出于本意。在提交备忘录当天举行的内阁会议上，内阁同意了艾登的备忘录，授权他在适当的时候对外公布英国与欧洲防务共同体的关系。③

丘吉尔虽然厌恶欧洲防务共同体，但是由于当时的条件和环境，他不得不与艾登协调了对欧洲军的态度，在不加入其中的前提下英国与其进行协助与合作。这其中的原因主要有以下两点。首先，英法美三国与联邦德国政府恢复正常关系的谈判取得成果，《波恩条约》（也称《一般性条约》）草案出炉。1952 年初，艾登将《波恩条约》的草案提交给内阁，并且指出英国的现行政策是，"让联邦德国既能够安全地加入西方共同体，又能够给予西方足够的力量来对抗苏联的威胁"，而且他还特别强调这是"唯一的方式"。④ 更为重要的是，根据条约第 11 条第 2 款的规定，《波恩条约》生效的前提之一是联邦德国加入欧洲防务共同体的条约生效。⑤ 这种将对德关系

---

① CAB129/48, C. (51) 62, Association of the United Kingdom with the European Defence Community.

② CAB129/48, C. (51) 62, Association of the United Kingdom with the European Defence Community, Annex.

③ CAB128/24, CC. (51), 21st Conclusions, p. 107.

④ CAB129/49, C. (52) 31, German Contractual Settlement, pp. 1 – 2.

⑤ CAB129/49, C. (52) 31, German Contractual Settlement, p. 5.

合约同《欧洲防务共同体条约》捆绑起来的做法，显然是为西方国家在结束对德战争状态的同时给联邦德国加上一个"安全阀"，防止联邦德国的军事力量在没有监管下发展。对于英国来说，丘吉尔虽然不喜欢欧洲防务共同体，但是将联邦德国拉入西方阵营是其既定的战略目标，为了实现这一战略目标，丘吉尔在当时的情况下不能直接否定欧洲防务共同体计划，并且还要积极促成该共同体的建立。只有这样才能保证英国对德政策目标的实现。

其次，美国和西欧国家都希望欧洲防务共同体计划尽快成型，不想其再被延误。1951 年 11 月底，艾登参加了在罗马召开的北约理事会会议，会上美国以及比利时、卢森堡、荷兰三国都表示希望讨论欧洲防务共同体的巴黎会议尽快拿出具体方案来。美国"对巴黎会议的拖沓不耐烦了，要求为了让德国尽快做出防御方面的贡献，巴黎会议要在下次理事会召开之前拿出相应的计划"。最终，北约理事会通过决议，要求在 1952 年 2 月的里斯本北约理事会议上拿出确定的关于欧洲防务共同体的报告。[①] 可见，美欧方面已经对漫长的欧洲防务共同体谈判感到厌倦，亟须制订可行的计划。

另外，还要注意到，此前英国已经公开表示不会加入未来的欧洲防务共同体，这已经引起了美国以及西欧国家的诸多质疑和批评。如果英国政府对欧洲防务共同体的态度不积极，或者采取抵触的政策，那么这将会招致更大的批评。1952 年 1 月，艾登在美国哥伦比亚大学进行演讲，目的就是为了澄清英国政府在欧洲防务共同体上的立场，以及反击美国舆论对英国妨碍欧洲防务共同体的指责。他在演讲中说道，有人要求英国加入一个"欧洲大陆联邦"，但这是英国根本做不到的事情。如果这样做，"就会削弱为西方民主事业及其体现大西洋联系所做的奋斗，因为英国的事业和兴趣远在欧洲大陆之外。我们的思想越过海洋飞向世界各个角落的许多共同体，在那里我国人民发挥着作用。这是我们的家庭联系，这是我们的生活；没有它，我们只是居住于欧洲大陆彼岸一个岛屿上的芸芸众生，没有人对它怀有特殊的兴趣"。[②] 很显然，艾登将殖民地和自治领的重要性放在参加欧洲大陆联邦之上的言论一出，西欧大陆国家一片哗然，它们将这次讲话作为艾登"反欧"最强有力的证据。艾登以及整个英国政府对待欧洲防务共

---

① CAB129/49, C. (52) 2, North Atlantic Council: Meeting in Rome, 24th – 28th November, p. 2.
② 洪邮生：《英国对西欧一体化政策的起源和演变（1945—1960）》，南京大学出版社，2001，第 145—146 页。

同体的政策并没有超出其前任工党政府的范畴，仍然对欧洲防务共同体持一种"善意旁观"的态度。虽然是对前任政府的继承，但是艾登及其保守党政府这一态度受到的批评显然要更严重，这或许是保守党在野时期出于竞选的需要高调提出参与欧洲一体化的政策，一旦宣布恢复原有政策，就会使人感到失望，进而引起众多批评。不管怎样，在 50 年代西欧一体化如火如荼开展的同时，英国不仅不会采取阻碍政策，而且会在一定程度上做出支持的姿态。在 1952 年 2 月 18 日的内阁会议上，艾登向内阁建议：鉴于美英法三国要正式做出支持欧洲防务共同体的联合声明，英国政府应该提前单独做出声明来支持欧洲防务共同体，这样就能改变人们对英国对欧洲防务共同体不感兴趣的印象。艾登还强调说："欧洲军的倡议是保守党最初提出来的，而现在的英国政府率先做出支持欧洲防务共同体的声明将是十分合适的。"① 内阁批准了艾登的建议，授权他代表英国政府做出支持欧洲防务共同体的声明。

第二节　欧洲防务共同体带给英国的问题及其对策

虽然英国政府采取支持欧洲防务共同体的态度，希望重新武装联邦德国并使其为西欧的安全做出贡献，但是联邦德国加入欧洲防务共同体后则会给英国带来一些麻烦和问题。其中最让英国感到棘手的是军事防御的财政负担问题，此外，关于联邦德国未来的武器制造以及北约与欧洲防务共同体的关系等问题也不得不让英国政府有所考虑。

一　财政负担问题

英国政府虽然希望推动联邦德国的重新武装，但是又不愿意增加自己的财政负担，英国希望联邦德国在西欧防御方面承担更多的财政负担。联邦德国建立后，英法美三国在其领土上的驻军费用均由联邦德国政府来承担。1949 年至 1950 年，西方三国在联邦德国占领费用占到联邦德国政府财政预算的 36%。如此巨大的财政负担是新建立的联邦德国政府无法长期坚持的，因此早在 1950 年 9 月，英国内阁有人指出联邦德国无力独自承担重新武装以及西方国家占领区的费用。贝文向首相艾德礼报告，指出当务之

---

① CAB128/24, C. C.（52），18th Conclusions, p. 96.

急是要缩减在联邦德国的占领费用。西方三国驻西德最高委员会后来经过商议希望将占领费用削减至每年 66 亿德国马克,其中英国获得 20.8 亿马克。这意味着英国如果想继续维持其在联邦德国的军力,每年就要增加 1.3 亿英镑的支出。这一负担对于战后正处于经济复苏中的英国来说是极为沉重的。①

保守党政府上台后仍然面临这一难题,联邦德国一旦开始重新武装,那么本来给予占领军的费用要有相当大的一部分用于联邦德国本身军事实力的建设,这样英国能从联邦德国获得的占领费用将会大幅度减少。艾登认为应该要求联邦德国政府增加对西欧防御方面的财政支持。在 1951 年 11 月 13 日的备忘录中,艾登指出,目前英国国防支出是 47 亿英镑,而"重新武装联邦德国预计的财政缺口(到 1954 年)将达到 7 亿英镑"。② 在两天后的内阁会议上,艾登指出,由于西德政府在国防方面支出减少,这导致英国面临着以下艰难选择:第一,减少驻扎在德国的军队或者在其他方面的国防支出上进行节约,以达到收支平衡;第二,从现在开始不再增加任何军费负担或者任何对外援助;第三,坐看德国的军事贡献大幅度下降。③ 这三种选择从根本上看都不利于联邦德国重新武装的进程,尤其是第三种选择实际上就是延缓甚至放弃联邦德国的重新武装,这显然不符合英国的对德政策。实际上,艾登在他的备忘录以及内阁会议上都表示要通过与美国、法国进行商议,确定新的联邦德国国防预算以及相关分配方案,他还特别强调财政负担问题要依靠美国的援助。④

与此同时,西方三国与联邦德国政府关于防卫财政负担问题的谈判也在进行着。1951 年秋,英法美三国商讨了联邦德国防卫的财政问题。初步达成的协议是联邦德国政府每年要支出 130 亿马克,其中 74 亿马克是给占领军的费用。然而联邦德国政府对这笔国防开支表示不能接受,阿登纳要求占领军当局重新讨论确定联邦德国的国防支出,后来西方三国经过商议,将联邦德国的国防支出降为 112.5 亿马克,但是阿登纳仍然表示不能接受。⑤ 由于迟迟不能确定联邦德国承担的防卫开支,英国政府方面出现延缓重新武装联邦德国,甚至从联邦德国撤军的声音。面对这种情况,艾登向

① Spencer Mawby, *Containing Germany: Britain and the Arming of the Federal Republic*, pp. 80 – 81.
② CAB129/48, C. (51) 15, German Financial Contribution to Defence, p. 1.
③ CAB128/23, C. C. (51), 7ᵗʰ Conclusion, p. 35.
④ CAB129/48, C. (51) 15, German Financial Contribution to Defence, p. 1.
⑤ Spencer Mawby, *Containing Germany: Britain and the Arming of the Federal Republic*, p. 83.

内阁力陈重新武装联邦德国的重要性，并且反对减少或者撤出在联邦德国的英军。在 1952 年 5 月 3 日的备忘录中，艾登指出，当前西方与苏联的关系依旧紧张，欧洲的对抗形势还没有发生重大改变，如果英国出于财政方面的战略考虑而减少驻扎在联邦德国的军队，就会导致英国的对欧政策出现严重的困难，尤其是会对欧洲一体化进程的推进以及法德两国的和解"产生重大的削弱作用"。他强调："任何人公开提出从联邦德国撤军，就是不顾我们在欧洲所承担的军事责任，不顾苏联在联邦德国进行的外交攻势，而影响我们执行政策的决心。这导致的结果将是严重的和灾难性的。"① 关于延缓联邦德国重新武装的进程，以待财政问题解决，艾登认为虽然这样可以不用让英国削减驻军，但是带来的麻烦也是极大的。第一，欧洲防务共同体就要正式建立，西欧国家基本上愿意牺牲对国家军队的控制权，而如果联邦德国重新武装进程陷入停滞，西欧其他国家就会收回军队控制权，这也就意味着欧洲防务共同体无法建立。第二，北约已经达成了在 1954 年装备 12 个联邦德国师并组建联邦德国空军的计划，这一计划不能因为防卫开支问题而搁浅。第三，美国政府非常不愿意减少德国人对防卫的贡献，而让本国的军队驻扎在联邦德国。第四，联邦德国政府会一直坚持增强其国防力量以应对来自东部的威胁。以上情况就会导致重新武装联邦德国的进程不可能被拖延。②

　　经过进一步商讨，西方三国驻德国最高委员会与联邦德国政府在 6 月达成了防务支出分配的协议。该协议仅仅是规定了 9 个月（《欧洲防务共同体条约》执行后到 1953 年 6 月）的防务开支状况。英法美三国在前 6 个月每月为 5.51 亿马克，后 3 个月每月为 3.19 亿马克，共计 42.63 亿马克。其中，英国获得的 15.33 亿马克来自联邦德国的财政贡献。③ 1953 年 6 月之后联邦德国的财政贡献则根据协议按照北约成员国的标准来制定。由上可知，英国获得的财政支持显然是不够的，但是根据当时的情况，艾登预感《欧洲防务共同体条约》在各国的最终批准不可能很快完成，因此联邦德国重新武装的进程实际上变慢了，这样英国在联邦德国驻军方面的财政负担就有所缓解。艾登仍然提醒英国政府，虽然达成了联邦德国国防开支的协议，但是"我们不能放松努力来争取从德国获得大量的资源支持，"到 1953 年

---

①　CAB129/51, C.（52）141, German Financial Contribution to Defence, p. 2.

②　CAB129/51, C.（52）141, German Financial Contribution to Defence, p. 3.

③　CAB129/52, C.（52）185, German Financial Contribution to Defence, p. 1.

中期，英国能够获得的德国资源将会非常少。①

以上可以看出，英国政府在推动联邦德国重新武装的同时深感到自身经济方面的捉襟见肘，力图使联邦德国做出更多的财政贡献。但是，基于联邦德国当时的国情，其经济还需要美国的援助，英国在无法获得更多的美国援助的时候，希望变相地从联邦德国获取更多的经济好处。

二　对联邦德国军事装备的限制

二战结束后，英国政府希望对德国的军事工业进行严格限制，因为这一方面可以防止德国军事复兴威胁和平，另一方面可以减少一个英国在武器出口销售方面的竞争对手。但是，当西方国家开始重新武装联邦德国的时候，英国的这一政策就面临新的挑战。西欧国家普遍希望对联邦德国的军事工业进行严格限制，但是又需要有着良好工业潜力的联邦德国能成为西方对抗苏联的兵工厂。正如英国外交部负责德国事务的官员罗伯茨指出的那样，联邦德国不受限制地发展军事工业"将会成为联合王国在经济方面强有力的竞争者"。②

为了防止联邦德国军事工业发展给英国带来的竞争，英国联合法国利用1951年12月布鲁塞尔决议中的措辞约束联邦德国，禁止其生产原子、细菌、光学武器，远程导弹，军用飞机，大型舰船以及重型装备，不仅如此，还把口径超过60毫米的火炮和装甲车算作重型设备禁止其生产。后来，美国站在了联邦德国一边，允许其生产中型以下型号的坦克，而法国也做出了让步。但是英国并没有做出让步，在1952年2月召开的数次内阁会议上，艾登认为从前英法美三国曾经达成协议，禁止联邦德国生产民用航空器。但是，美国看到在给联邦德国提供民用航空器方面有困难，所以想解除这一限制。艾登直言不讳地说："我们应该坚持限制联邦德国生产航空器，这样能保证安全，另外可以将英国的航空器卖给德国人。"③ 内阁同意了艾登的意见，并要求他同相关各国展开限制联邦德国生产民用航空器的谈判。此前，英国曾经联合法国强烈限制联邦德国的军事工业，但是出于需要联邦德国在军火方面做出贡献的考虑，要求法国做出某种让步。在2月紧接着的一次内阁会议上，艾登指出，法国要求禁止联邦德国生产重型火炮及其

---

① CAB129/52, C. (52) 185, German Financial Contribution to Defence, p. 3.

② Spencer Mawby, *Containing Germany: Britain and the Arming of the Federal Republic*, p. 89.

③ CAB128/24, C. C. (52), 17th Conclusions, p. 90.

发射火药。但是西欧国家缺乏发射火药，因此禁止联邦德国生产是不明智的。英国希望今后在有关会议上，法国人能做出让步。但是，当涉及自身利益问题时，艾登的口气立即改变，他提出："我们提议禁止联邦德国生产民用飞行器，但是美国人却不支持这一建议。希望联邦德国能做出正式声明，说现在不打算生产民用飞机，今后也不会在不与英国政府商议的情况下开始制造。"①

此外，联邦德国方面希望能够拥有制造短程防空导弹的权利，但英国对此予以反对。英国担心一旦联邦德国开始制造短程导弹那么将来就能为制造远程导弹打下技术基础，由于二战期间英国曾经被纳粹德国的 V 型火箭攻击过，所以对此事十分敏感。另外，为了防止与苏联开战后联邦德国的兵工厂被苏东集团占有，位于冷战对峙前沿的联邦德国也不许制造导弹这种尖端武器。为了减少反对的阻力，联邦德国提出了一个"共同计划"，即由联合欧洲防务共同体国家共同研发短程导弹，同时将其生产地点向西移动，以防止开战后被苏联获取。② 此举显然是为了打消法国对联邦德国发展导弹技术的担忧，此外美国也想让联邦德国发展短程导弹。所以后来《欧洲防务共同体条约》将短程导弹排除在禁止联邦德国生产的名单，但是在英国的强烈要求下，对联邦德国可以生产导弹的尺寸、射程、弹头装药量都做了严格的限制。③

由以上可以看出，虽然英国希望联邦德国在西欧防御方面做出贡献，但是一旦涉及经济、安全方面的利益，英国也是不能任由联邦德国发展，要尽可能地对其进行限制。由于深知德国军事工业潜力的巨大，英国政府为了防止自身安全受到威胁和避免在国际军火市场上出现强有力的竞争对手，要在欧洲防务共同体内限制联邦德国武器装备的制造。

三　处理与欧洲防务共同体的关系

1952 年 5 月 27 日，法国、意大利、荷兰、比利时、卢森堡和联邦德国政府代表在巴黎签订了《欧洲防务共同体条约》，条约规定成员国派军队组成欧洲军，联邦德国不拥有独立的军队，其军队编入欧洲军。欧洲军 3 年内建立 40 个师，其中法国 14 个师，联邦德国 12 个师，意大利 11 个师，其他

---

① CAB128/24，C. C.（52），18th Conclusions，p. 95.

② CAB129/52，C.（52）161，Germany：Manufacture of Short-range Guided Missiles，p. 1.

③ 世界知识出版社编《国际条约集（1950—1952）》，第 671 页。

国家 3 个师，欧洲军由北约最高统帅监督、组织、装备和训练，并成为北约防御组织的一部分。该条约于 1952 年 7 月 1 日被英国议会批准。

虽然政府签订了条约，但是条约还要各国的议会通过才能生效。然而，该条约面临不能通过的困难：联邦德国反对欧洲防务共同体的力量，认为这会让德国处于永久分裂和战争的边缘，因而掀起斗争浪潮，波恩市民举行游行反对批准条约；法国的民族主义者强烈反对这一计划，戴高乐就认为这是让渡了国家主权，削弱了法国争取大国地位的军事基础。鉴于法德两国出现的这种情况，艾登在 1952 年 11 月制定的报告中提出了英国如何支持《欧洲防务共同体条约》的批准，以及条约无法通过时英国相应的对策。

关于如何推动条约通过，艾登与英国参谋长委员会商议后认为，第一，英国应该全力支持《欧洲防务共同体条约》早日被各国政府批准，当前"不鼓励讨论任何关于替代该计划的建议"；第二，英国政府再次重申不会加入该防务共同体，也不会明确承担在欧洲大陆驻扎军队的数量和时间；第三，在适当的时候向防卫体成员国（主要指法国）承诺，无论是在战争还是和平状态下，英国都会向欧洲防务共同体提供有效的帮助支持。[①] 艾登的这三条措施显然是软弱无力的，特别是重申不加入欧洲防务共同体，不对欧洲大陆做出明确的军事保证，更凸显了英国不会在这种紧要关头放弃自己的原则来最大限度地支持欧洲防务共同体。

关于欧洲防务共同体的替代计划，第一，艾登表示了一定程度的乐观，他认为《欧洲防务共同体条约》被法国国民议会批准的可能性很大，因此条约被批准后，英国政府只要维持现有的政策即可。第二，一旦条约被法国国民议会否决，英国政府就要"寻求通过北约来实现德国对西方防御做出贡献的计划；该计划的重点是让联邦德国加入北约，并发展北约机构来提供控制联邦德国重新武装的措施"。第三，"如果欧洲联邦运动因为 EDC 计划的失败而垮台，那么英王政府应该立即开始对欧洲已有的政府间合作组织进行开发"。[②] 很显然，艾登考虑到了一旦《欧洲防务共同体条约》无法通过，联邦德国的重新武装就将进入北约模式，并且对于欧洲一体化中的联邦主义、超国家主义，他都不甚关心，更希望发展西欧国家的政府间合作组织。

从这份报告中可以看出，英国方面不会竭尽全力推动欧洲防务共同体

---

① CAB129/57, C. （52）434, European Defence Community and Alternative Plans, p. 1.

② CAB129/57, C. （52）434, European Defence Community and Alternative Plans, p. 2.

的最终建立，只是因为此时还没有更好的，或者说更成熟的重新武装联邦德国的方案。对于是否支持欧洲防务共同体，英国的目标很明确：绝不加入欧洲防务共同体，也绝不让自身与欧洲大陆军事防卫义务捆绑在一起。《欧洲防务共同体条约》签字后，法国政府依然希望英国能加强对欧洲防务共同体的支持力度，这样一方面能抵消国内对联邦德国重新武装的担忧，另一方面也能促成《欧洲防务共同体条约》得到国民议会的批准。1953 年2 月，法国外长皮杜尔访问伦敦，提出让英国加强与欧洲防务共同体合作的计划。该计划的主要内容有：第一，英国应维持现有的在欧洲大陆的军事力量，除非英国海外出现重大危机，并且只有经过盟军驻欧洲最高司令部协商，才能从欧陆撤军。第二，为了换取英国承担军事义务，英国可享有一些防务体内部的政治权利，如参与讨论有关防务共同体和英国合作的事务。① 对于法国提出的计划，艾登根本不感兴趣，他在给内阁的备忘录中指出不能接受法国的建议，英国维持原有对待欧洲防务共同体的方针。艾登进一步提出，如果法国想取得进一步合作，那么它可以和英国联合起来与美国商议延长《北大西洋公约》的有效期，将之从 20 年延长至 50 年。但是，法国外长皮杜尔对此没有兴趣。② 由此可见，英法两国在关于欧洲防务共同体的态度和政策上很难达成一致，英国此时不仅不想明确承担在欧洲大陆的军事义务，而且希望加强北约在西欧防务中的作用。这与法国想通过欧洲防务共同体限制联邦德国军事力量发展，并进一步恢复法国的大国地位的目标是不相符的。

《欧洲防务共同体条约》于 1953 年 3 月 19 日被联邦德国议院通过，联邦议院是第一个通过该条约的成员国议会，可以说欧洲防务共同体的建立取得了重大进展。然而，法国方面却迟迟没有动作，在签署条约后两年多的时间内法国政府一直没有将条约提交国民议会表决。英国方面有些着急了，面对法国要求其承担的欧陆军事义务，艾登做出了让步。他在 1954 年3 月给内阁的备忘录中指出，英国可以向法国保证未来五年之内维持在欧洲大陆的驻军，并请内阁授权他在合适的场合提出来。此外，艾登还提出英国在陆军方面加强与欧洲防务共同体的合作，驻欧洲大陆的一个英军装甲

---

① CAB129/59，C.（53）73，United Kingdom Association with the European Defence Community，p. 2.

② CAB129/59，C.（53）73，United Kingdom Association with the European Defence Community，p. 3.

师准备置于欧洲防务共同体的指挥之下。① 艾登做出的这些让步虽然没有达到法国方面的最终要求，但是对于处在欧洲防务共同体之外的英国来说，让步已经很明显了。

第三节　欧洲防务共同体的失败与英国的对策

欧洲防务共同体因为法国国民议会的否决而以失败告终，但是重新武装联邦德国的进程不能因此停止，而且欧洲防务共同体的失败还导致西方国家与联邦德国之间的关系无法实现由占领国和被占领国的关系转变为正常的主权国家之间的关系，因此，要重新构建重新武装联邦德国的原则和方式。

一　欧洲防务共同体的失败

1954 年 8 月 29 日，法国国民议会展开对《欧洲防务共同体条约》的辩论。8 月 30 日，议会以 329 票反对、264 票赞成、12 票弃权结果否定了条约，欧洲防务共同体功败垂成。欧洲防务共同体是西方国家自 1950 年以来历时近四年努力争取的目标，其中既有着西方盟国内部争论和博弈，又面临着苏联方面的压力。就在 1954 年春，在英、美、法、苏四国外长举行的柏林会议上，苏联仍然在为阻止欧洲防务共同体做最后的外交努力，但是西方三国决不让步。正如阿登纳所说，西方三国从来没有像现在这样团结一致。会议结束时，它们在观点和信念方面比刚开会时更加一致、更加团结。② 然而，团结的西方没有在欧洲防务共同体的问题上达成一致。尽管欧洲防务共同体是由法国提出来的，但是法国对此的热情随着时间而逐渐消失。法国人看到了在相关谈判中法国并不能完全掌握共同体发展的方向，此外此时的法国正在陷入印度支那战争中，无法拨出足够的军队参加防务共同体，对欧洲防务共同体的信心逐渐丧失。③ 6 月，法国政府重新组阁，孟戴斯－弗朗斯出任总理，他的主要目标在于内政方面，想集中精力搞好法国的经济。在他看来，法国面临着两个紧迫的危机：印度支那战争和欧

---

① CAB129/66, C. (54) 93, United Kingdom Association with the European Defence Community, p. 2.
② 〔德〕康拉德·阿登纳：《阿登纳回忆录（1945—1953）》第 1 卷，第 303 页。
③ 洪邮生：《英国对西欧一体化政策的起源和演变（1945—1960）》，第 152 页。

洲防务共同体。因此，孟戴斯－弗朗斯先是进行结束印度支那战争的谈判，然后把《欧洲防务共同体条约》提交国民议会，因为他知道这项条约肯定会被否决。①

当时各国将欧洲防务共同体建立的失败都归咎于法国，认为其最终难以消除对联邦德国军事实力恢复的担忧，以及害怕在欧洲防务共同体之下西欧大陆的军事主导权落入德国人之手。那么英国在此事件中是否负有责任呢？从重新武装联邦德国的角度来看，欧洲防务共同体的失败意味着重新武装联邦德国的进程遇到挫折，这是与英国根本目标不相符合的。苏联可能趁火打劫，利用西欧军事薄弱和分裂增强自己的力量；联邦德国政府中的亲西方力量遭受打击、排斥；美国因失去了对西欧国家的信心而采取收缩战略：这些是英国政府极为担忧的。所以，英国保守党政府特别是艾登在制订防务共同体计划的时候采取了支持态度，面对法国一再要求，英国政府放弃了非战时不承担欧洲大陆军事义务的原则，表达了长期驻军联邦德国的意愿。如果从欧洲防务共同体之外的关系来看，英国提供的保证是比较大的。但是欧洲防务共同体能否建立毕竟需要整个西欧的共同努力，尤其是战后英国在西欧的政治、经济、军事影响力十分重要，没有英国直接参与的防务共同体很难称得上是"欧洲的"。面对防务共同体的超国家主义，英国选择了置身事外的政策原则，加上此前对欧洲煤钢共同体也采取了观望和不参与的态度、政策，可以说，英国很难逾越欧洲一体化中的超国家主义这一障碍，这导致欧洲防务共同体一开始就"先天不足"。

总体上说，对西欧各国而言，军事一体化超越了当时的时代条件，不仅英国人不感兴趣，法国人自己也是十分怀疑的。法国在战后力图恢复其欧洲大国地位，实现军事力量的复兴和外交的独立自主，"欧洲防务集团还意味着共同的对外政策，这对大多数法国人来说是个无法容忍的概念"，以戴高乐将军为代表的一派坚决反对让渡国家主权。他在1953年3月25日对记者说："这个所谓'欧洲军'绝不是'欧洲'军，实际上只是美国支配下的美国世界战略的工具。虽然名叫欧洲军，却由美国将军指挥，所以与欧洲各国无关。同为欧洲国家而不参加欧洲防务共同体的英国和土耳其就可以保持本国军队，法国却被要求放弃主权。重新武装联邦德国只能使联邦德国在欧洲的军事优势发展成政治控制。"② 在这样的背景下，不可能指望英

①　〔英〕德里克·W. 厄尔温：《第二次世界大战后的西欧政治》，第177页。
②　王绳祖主编《国际关系史（1949—1959）》第8卷，世界知识出版社，1995，第145页。

国在欧洲军事一体化进程中起到关键的支柱作用，在戴高乐看来，欧洲防务
共同体的失败既是英国不想看到的结果，也是其无能为力或者躲避超国家主
义原则所致。

二　英国在北约框架下重新武装联邦德国

1954 年 9 月 1 日，在英国内阁召开的会议上，艾登提出了欧洲防务共
同体失败后应采取的行动：第一，使《波恩条约》与《欧洲防务共同体条
约》相分离并使之生效；第二，指定某种替代措施，使联邦德国在北约框
架下做出防卫贡献。具体说来，邀请欧洲防务共同体签字国以及美国同英
国召开会议，商讨下一步的计划，而且会议最好是在伦敦召开。如果会议
协商中法国与其他国家达不成一致，那么就撇开法国进行重新武装联邦德
国的相关进程。[1] 显然艾登很不满法国妨碍联邦德国重新武装，并且做出了
最坏的打算，即在德国问题上与法国分道扬镳。内阁讨论后的意见相对乐
观一点，认为法国否决《欧洲防务共同体条约》主要是因为该条约让法国
交出军队的控制权，而不是因为法国原则上反对联邦德国重新武装。如果
重新武装联邦德国的计划能够不涉及移交主权问题，那么法国方面是有可
能接受的。[2]

随后，英国外交部与阿登纳进行了沟通，得知联邦德国方面愿意就加
入北约进行相关谈判，同时阿登纳本人愿意在联邦德国军事方面做出相应
的安全保证。艾登在 9 月 8 日的内阁会议上提出，目前"除了让联邦德国加
入北约，没有任何替代方案让联邦德国做出防卫贡献"，并且艾登计划出访
有关西欧国家，就此事展开协商。[3] 他还进一步强调，如果要达成联邦德国
加入北约的计划，英国就必须长期在欧洲大陆驻扎四个半师的兵力，[4] 这样
做是为了平衡西欧各国的军事力量，让法国安心。艾登提出更重大的决策
建议：让联邦德国和意大利加入布鲁塞尔条约组织，使其从此改变针对和
防范联邦德国的性质，转变为"涵盖整个西欧的，并且其中任何一方在受
到外部势力侵略的时候其他各方能够提供帮助的组织"。[5] 丘吉尔和内阁其

---

① CAB128/27, C. C.（54）, 58th Conclusions, p. 2.

② CAB128/27, C. C.（54）, 58th Conclusions, p. 3.

③ CAB128/27, C. C.（54）, 59th Conclusions, p. 3.

④ 根据此前的协议，英国只需要在欧陆提供一个师的兵力参与欧洲防务共同体，其他三个半
师将撤回英国。

⑤ CAB128/27, C. C.（54）, 59th Conclusions, p. 3.

他成员基本上同意扩大布鲁塞尔条约组织，并让联邦德国加入其中的意见，但是对英国在欧洲大陆长期保持驻军则表示谨慎，他们还是不想让英国长期担负在欧洲大陆的军事责任。对此，艾登回应说，在相关会谈中他会"极力避免给外人造成英国会在欧洲大陆承担更多的军事责任的印象"。最终，英国内阁授权艾登前往西欧国家与各国商讨联邦德国加入北约以及扩大布鲁塞尔条约组织的事宜。① 随后，艾登动身出发访问比利时、卢森堡、荷兰、法国、联邦德国、意大利等国，推行他的布鲁塞尔－北约式的重新武装联邦德国的计划，并且召集有关国家在伦敦召开协商会议。

艾登出访回国后向内阁表示，西欧国家除了法国外，都对英国的解决联邦德国重新武装的方案表示欢迎，并且愿意听从英国的安排，这种情况甚至让艾登本人颇感意外。法国方面表现出一定的犹豫，法国总理孟戴斯－弗朗斯表示联邦德国可以加入布鲁塞尔条约组织以及北约，但其前提是这两个组织要进行相关的安排，实际上就是要求有特别的防范联邦德国的制度安排，而在没有确定这些安排之前法国不能决定是否让联邦德国加入其中。艾登向孟戴斯－弗朗斯表示，英国会尽力做出相应的安排，保证联邦德国重新武装保持在可控和安全的限度内。但是，关于英国是否长期承担西欧大陆的军事防卫责任，以及驻军问题，艾登没有给出明确的答复。② 内阁对艾登此次出访的结果比较满意，并请艾登继续推动联邦德国参加北约的相关活动。

在英国的倡议下，英国、美国、加拿大以及比利时、卢森堡、荷兰、法国、意大利、联邦德国决定于 9 月 28 日至 10 月 3 日在伦敦召开会议，商讨联邦德国加入北约以及确定其对西欧军事贡献的办法。联邦德国加入北约最大的障碍仍然在法国这边，在伦敦会议召开前不久，法国总理孟戴斯－弗朗斯在斯特拉斯堡发表演说，但仍没有明确表明是否同意联邦德国在加入布鲁塞尔条约组织的同时加入北约。③ 他还向美国方面表示："不想让德国加入北约，这对法国民众来说是不可接受的。"④ 但是他又暗示他本人是同意联邦德国加入北约的，只不过希望能得到安全上的保障，并且他

①　CAB128/27，C. C.（54），59th Conclusions，p. 4.
②　CAB128/27，C. C.（54），59th Conclusions，p. 2.
③　CAB128/27，C. C.（54），61th Conclusions，p. 3.
④　CAB129/70，C.（54）300，European Defence，p. 1.

告诉美国"伦敦会议不允许失败",要给专家们足够的时间来制定解决方案。[1] 此时法国政府需要一个安全保证,以便既能安抚法国的民意又能对未来联邦德国军事发展进行控制。能不能促成联邦德国加入北约,这时候需要看英国愿意付出什么样的代价,最关键的就是英国在欧洲的驻军问题。因此,艾登向内阁建议,维持英国现有的在欧洲大陆的四个师和一支战术空军部队的军事力量;未经布鲁塞尔条约组织大多数成员国的同意,不得撤离这些部队。这是英国史无前例的承诺,对于西欧防御体系的建立以及联邦德国能加入北约可以说是十分重要。最终,内阁接受了艾登的建议。[2]

英国在做出上述重大承诺以及联邦德国政府表示放弃制造和拥有核武器、生化武器的权利以及保证接受北约对其军事工业的监督后,法国方面的障碍消除。伦敦会议在 10 月 3 日做出以下决定:吸收联邦德国和意大利加入布鲁塞尔条约组织,将该组织扩大为西欧联盟,联盟有效期为 50 年;吸收联邦德国为北约成员国;英国、美国和加拿大继续保留在欧洲的驻军。欧洲防务共同体失败带来的棘手问题终于得到解决。

三 西方国家完成与联邦德国的关系调整

在伦敦会议上,各国还对《波恩条约》进行了审议和讨论,确定了"联邦德国在它的对内和对外事务方面,都拥有一个主权国家的充分权利"[3]。1954 年 10 月 23 日,参加伦敦会议的九国在巴黎举行会议并签署了《巴黎协定》,其主要内容有:正式同意联邦德国和意大利加入布鲁塞尔条约组织,同时同意联邦德国加入北约;联邦德国不得生产生化武器和核武器,承认《联合国宪章》的基本原则,承担维护北约的防务义务,声明不诉诸武力重新统一德国和改变现在的边界;废除对联邦德国的占领,同时保留西方国家在联邦德国的驻军,允许联邦德国建立一支人数 50 万到 52 万的正规军;法国和联邦德国一致同意,《巴黎协定》生效后 3 个月内萨尔地区的归属问题由当地居民通过公投决定。[4]《巴黎协定》不久之后被各国议会批准,于 1955 年 5 月 5 日正式生效,从此联邦德国完全恢复了主权。

联邦德国成立后,其归属在东西方之间悬置了 6 年之久,直到《巴黎

---

[1] CAB129/70, C. (54) 300, European Defence, pp. 1-2.
[2] 洪邮生:《英国对西欧一体化政策的起源和演变 (1945—1960)》,第 156 页。
[3] 〔德〕康拉德·阿登纳:《阿登纳回忆录 (1945—1953)》第 1 卷,第 409 页。
[4] 世界知识出版社编《国际条约集 (1953—1955)》,世界知识出版社,1960,第 275—350 页。

协定》才确定其加入西方联盟，从而使其在西方防御体系的保护下恢复了国家主权和在西方阵营内的平等地位。在这一过程中，德国人的主观作用固然重要，但是西方盟国特别是英国所起到的作用也是不能忽视的。英国以较为谨慎的方式处理联邦德国重新武装问题，并在这一复杂多变的问题上采取灵活务实的方针与政策，在美国等西方国家共同对其进行经济扶持和政治改造的背景下，恢复联邦德国的军事安全和国家主权。只有在军事上得到认同和平等对待，联邦德国才能真正融入西方，并在冷战中为西方防务做出贡献。

　　英国方面也为自己能够在联邦德国加入北约以及入盟西方中所起的作用甚为自豪。丘吉尔在伦敦会议达成协议之后向内阁说道："九国会议上取得了非常成功的结果，……联合王国在国际事务上的影响力由于此次达成的协议而大大增强。"① 英国在联邦德国加入北约这件事上取得主导权，这既有法国否决欧洲防务共同体的原因，也是因为美国在面对这一棘手的问题时候并没有拿出可行的办法。美国希望推进西欧的一体化，当英国提出扩大布鲁塞尔条约组织的时候，杜勒斯曾表示质疑：《布鲁塞尔条约》不是一个超国家条约，而且英国也是其中的成员，仅这两点就会阻挠未来的一体化。② 但杜勒斯也不得不承认他没有更好的办法。美国的束手无策也就给了英国展现外交手腕的机会。由于欧美国家对法国延宕欧洲防务一体化以及联邦德国重新武装的进程十分不满，艾登借助这种情绪以旧的国家间结盟方式把联邦德国重新武装问题带入了西方阵营。英国承诺在西欧大陆驻军，其显示出的联合西欧的态度要大于其驻军的实际意义，英国四个师加一支战术空军的规模根本不能起到抵挡苏东集团进攻的作用，但是这一承诺背离了英国的传统，让其他西欧国家看到了英国在促进西欧共同防御方面的决心。当然，英国的这一决心也不是很坚决，三年后它就因为财政吃紧而要求减少驻扎在欧洲大陆的英军。但毋庸置疑的是，英国当时做出的这一承诺确实起到了鼓舞西欧人心的作用。

　　从法国方面来说，联邦德国加入北约以及建立一支德国人自己的军队是其极力希望避免的，但是比起欧洲防务共同体，在北约框架下，联邦德国的军事力量能够受到英美两国的有效控制。这将对法国的威胁更小，联邦德国军事力量失控的可能性也大大降低，而且这也避免了国内政治派别

---

① CAB128/27，C. C.（54），63th Conclusions，p. 3.
② *FRUS*，*1952－1954*，Vol. 4，pp. 1216－1217.

对超国家主义，让渡军事主权的质疑和反对。特别是 1953 年之后，随着斯大林的去世、朝鲜战争的停火，东西方之间出现缓和的迹象，促使西欧在军事上团结一致的外部压力减轻了，于是法国人看到"如果欧洲防务共同体不能在法国议会获得通过，来自法国的盟国包括美国的抗议将不像一年以前那样强烈"。[①]

最终，二战结束十年后，联邦德国从昔日英国的敌人变为英国的盟友。自二战后期开始，在长达 12 年的时期内，在欧洲国际关系格局剧烈变化的背景下，英国对德政策不断朝着起初制定的目标发展。从结果上看，最终联邦德国加入北约，这实现了 1943 年 3 月 8 日艾登在《德国的未来》备忘录中对未来德国的期盼：成为一个联邦制国家、西欧的一员。

第四节　本章小结

从以上论述可见，保守党政府上台后仍然对欧洲防务共同体存在疑虑，特别是丘吉尔，他曾经鼓吹支持欧洲一体化，但是当选首相后主要还是从英国利益出发，认为欧洲防务共同体并不是符合英国利益的最优选择。外交大臣艾登虽然支持欧洲防务共同体，但是并不主张英国加入其中。即使是 1952 年有关国家政府代表签订了《建立欧洲防务共同体条约》，英国议会也批准了该条约，保守党政府仍然声明不会加入欧洲防务共同体，也不会派军队加入欧洲军。此时的英国政府仍然无法跨越北约框架下欧洲军事一体化的底线。

《建立欧洲防务共同体条约》签署之后，英国政府也在考虑今后应对欧洲防务共同体成立之后的问题：如何防止联邦德国军事实力的过度膨胀；减少因联邦德国加入欧洲防务共同体而给英国带来的财政负担；欧洲军与北约组织的关系协调等问题。英国之所以考虑以上问题，是因为看到建立欧洲防务共同体的尝试有可能成功，在与苏联冷战对抗的背景下，这对英国、西欧乃至整个西方世界无疑有着重要的影响，之后英国必须考虑如何处理与欧洲防务共同体的关系。从当时来看，英国对欧洲防务共同体也是若即若离，否则外交大臣艾登就不会提出一旦欧洲防务共同体失败，英国就需要考虑从北约框架下来完成联邦德国的重新武装。

---

① 〔英〕德里克·W. 厄尔温：《第二次世界大战后的西欧政治》，第 176 页。

虽然经过多次会商和马拉松式的谈判，欧洲防务共同体还是因为法国国民议会的否决而功败垂成，这给了英国一个机会去协调、联络西方有关国家同意将联邦德国的重新武装纳入北约的框架，并最终解决联邦德国与西方国家之间关系的问题。从后来艾登出访西欧六国的情况来看，英国推动在北约框架下重新武装联邦德国的建议得到了西欧国家较多的支持，这从另一个方面说明英国的北约框架方案确实容易被接受，而欧洲防务共同体也缺乏坚实的认同基础。西欧国家中只有法国仍然对联邦德国的重新武装心存忌惮，这无关乎是通过欧洲防务共同体还是通过北约来实现联邦德国的重新武装。但是，英国为了推动在北约框架下联邦德国的重新武装，做出了在欧洲大陆长期驻军的承诺，显然英国支持北约的力度要远远超过其支持欧洲防务共同体的力度。

从 1950 年法国提出普利文计划到 1954 年《欧洲防务共同体条约》被法国国民议会否决，前后历经近四年时间。从英国提出扩大布鲁塞尔条约组织并吸收联邦德国加入北约到《巴黎协定》签署、生效，前后仅仅用了半年多的时间。通过对比可以看出，没有英国大力支持的、带有超国家主义的欧洲防务共同体命运多舛，最终功败垂成；英国一直寻求在北约框架下重新武装联邦德国，从这一建议提出、谈判到签约，整个过程都十分顺利。这既反映了超国家主义的西欧军事一体化在当时不具备充分的条件，又说明英国虽然在二战后势力衰弱，但是对于西方国家特别是西欧来说，其在国际关系事务中的影响力仍旧不容忽视。

结　语

　　共同应对纳粹德国的出现及其发动的对外侵略战争，是英美等西方民主国家与苏联建立战时同盟关系的根本原因。然而，当德国这个共同的"敌人"成为共同的"俘虏"后，战时东西方之间的同盟关系迅速瓦解，转而进入长时间的对峙、敌视状态。这种情况的出现不仅仅是由于西方国家同苏联在战后德国问题上有着不同的政策，从当时冷战发生的大背景来看，也是东西方之间在意识形态、经济制度、国家利益等方面的严重矛盾和对立在德国问题上的具体体现。在这样一个特殊的时代背景下，德国问题具有极其特殊的性质。由于特殊的历史传统和发展道路，德国两次挑起争夺欧洲和世界霸权的战争，为此曾受到其他国家的联合制裁。二战结束后，一个统一的、完整的、强大的德国不复存在，而美、苏、英、法四国对德国的占领又将德国一分为四，在一段时期内，德国没有代表德国人民的政府。盟国原本以为战后要同忠于希特勒的纳粹分子进行长期的斗争，但是纳粹余孽或者民族主义者的反抗、暴动都没有发生，这就使战胜国可以完全按照自己的意图去处置德国。但是在这一过程中，昔日的盟友因为各自的利益越来越敌视和防范对方，而解决德国问题实际上就成为战胜国之间各自战略意图的直接对话和交锋。

　　二战期间，当英国开始制定战后对德政策时，它希望保留一个比较完整的德国。为此，在一些具体问题上，英国尽力争取其他盟国对战败的德国实行相对宽容的政策。从1943年起，在战后肢解德国、对德经济制裁、德国赔偿、德国经济复兴等问题上英国都是力争采取相对宽容的政策。总体上讲，战败的德国在英国眼中不再是罪无可恕的"恶棍"，只有对德国进行合理的改造才能使其成为欧洲的德国，确切地说是西欧的德国。所以，当英国认为出现了苏联有可能控制德国的形势时，它表现出巨大的焦虑和担忧。在这种情况下，英国从防止共产主义扩张的角度出发，加紧帮助和恢复西部德国的经济，而英国国内关于德国的复兴会再次威胁世界的看法也随着对苏联的强大力量的担忧变得不太被重视。总之，在东西方冷战对抗的背景下，苏联替代德国成了英国最为担心的对手。于是，英国在各种复杂因素的影响下最终选择了分裂德国的政策。尽管英国在任何时期都对外宣称德国的统一是其最终实现对德政策的一个重要方面，但是德国的分裂是东西方之间斗争的不可避免的结果，而且在这一斗争过程中，英国虽然不是起决定性作用的国家，但是它在对苏冷战中的推动和导向作用是不容忽视的。尽管最终德国的分裂不是英国最想看到的结果，但是要想既防止苏联控制整个德国，又不在德国问题上同苏联大打一仗是不现实的，因此德国的分裂对于英国来说是能够接受的结果。

　　分裂德国并不是英国的最终目的，而将联邦德国变为遏制苏联的桥头堡，使其成为西欧防御体系的重要成员才是其根本目的。在联邦德国重新武装过程中，英国一开始就在寻求北约框架下的解决方案。事实上，欧洲防务共同体依然没有脱离北约而单独存在，拟建立的欧洲军仍然是北约军事力量的组成部分，只不过法德起到的核心作用更加突出。然而，面对法国对德国军事复兴的强烈担忧，以及美国推动西欧紧密团结的愿望，英国一开始在这一问题上采取了谨慎态度，既没有拿出详细可靠的重新武装联邦德国的计划，也没有积极参与其他国家相关计划的讨论和制订。英国在联邦德国重新武装问题上一开始采取了积极推动的政策，后来这一问题要在欧洲一体化的超国家主义原则下进行，这导致英国采取了观望态度。当超国家主义的欧洲防务共同体成为当时重新武装联邦德国的"必选项"时，英国一方面守住"不加入其中"的政治底线，另一方面派出以艾登为首的外交力量积极给予欧洲防务共同体以支持。实际上，英国政府内部反对欧洲防务共同体的声音从来没有停息过，该共同体的超国家主义特点以及其所建立的欧洲军的战斗力都是被质疑的焦点。当欧洲防务共同体计划失败之后，英国迅速转变政策，在联邦德国加入北约的过程中起到了主导作用。

　　建立欧洲防务共同体计划的失败在当时被看作欧洲一体化运动遭遇的一个重大挫折。有人批评英国在推动欧洲军事一体化过程中缺乏积极性，诚然，无论是工党政府还是保守党政府，在欧洲联合的问题上都还是倾向于通过互相连接的有效的双边或多边条约体系来实现欧洲一体化，对超国家主义慎之又慎。然而，欧洲防务共同体的诞生并不同于欧洲煤钢共同体，它是法国迫于冷战需求以及英美等国要求联邦德国尽快做出防卫贡献的背景下的权宜之计，法国人认为"那是两害相权取其轻而已"，可见这种一体化的动力显然是不足的。另外，欧洲防务共同体建立的基础也不存在，正如阿登纳在 1953 年 4 月所说，一支统一的欧洲军队除非有一个与它相适应的统一的欧洲外交政策，否则就是不合逻辑的。然而，一个统一的军队和政策仍不可能在没有任何机构的情况下存在。① 在没有一个全面的政治共同体的情况下，这种一个部门一个部门地进行一体化的方式显然存在很多困难，尤其是军事一体化更需要一个坚实的政治共同体去推进。显然，英国对欧洲防务共同体的失败不负有主要责任。如果单纯从重新武装联邦德国的政策上来看，英国采取国家间主义，通过建立双边、多边条约体系来实现这一目标在当时是比较可行的方式，而且西欧各国在相关的理念以及具体程序、方法上也都驾轻就熟。

总体上来看，1943—1955 年英国对德政策主要有以下几个特点：第一，英国开始考虑并形成战后对德政策的时间比较早。英国政府早在 1941 年二战还在艰难进行时，就开始考虑战后对德国的处置以及相关的安排。1943 年下半年之后，盟军在各个战场上开始取得决定性胜利，纳粹德国的败亡命运已经注定，战后处置德国问题也成为包括英国在内的主要盟国所考虑的事情。但不得不承认，英国政府的做法体现了其外交政策"未雨绸缪"的特点。

第二，从这个时期来看，英国政府的对德政策有很强的一致性和稳定性，并将其与对苏联的政策联系在一起。虽然这个时期是欧洲乃至整个世界格局风云变幻、剧烈动荡的时期，但是英国无论是在战中还是在战后都主张不要过分削弱德国，不要再犯一战后惩罚德国的错误，而是希望通过对德国政治和经济制度的改造，使德国不再成为世界和平的威胁。一方面，虽然英国在追求这一目标的时候往往因为现实能力的不足而受到制约，甚至有时不得不屈从于苏美这两个超级大国的意愿，但是它从来没有放弃过这一目标；另一方面，通过德国遏制苏联也是英国一开始就考虑的问题。虽然二战期间英国为了维护与苏联的同盟关系以打败纳粹德国，不能表现出这种愿望，但是英国政府内部已经有了对这个问题的研究和讨论，甚至不同部门还就此还发生了争吵。英国对苏联一直是采取警惕和敌视态度的，而且很多英国政治家认为纳粹主义和共产主义在本质上是一样的，他们担

---

① 〔英〕德里克・W. 厄尔温：《第二次世界大战后的西欧政治》，第 168 页。

心战后的德国一旦被苏联控制，将会使苏联向西欧的扩张如虎添翼。因此，无论是战时的小范围讨论防止德国落入苏联之手，还是战后明确联合西方国家，拉拢德国使其加入针对苏联的西欧同盟的战略，从中都可以看到苏联一直是英国要防范和戒备的对象。但是，无论英国政府怎样想要在德国问题上针对苏联，它都没有明确提出要以武力或者战争的方式来同苏联"一决高下"，甚至在对抗最为激烈的第一次柏林危机时，英国也没有要用武力打破柏林封锁的打算。英国的基本政策是：在控制西部德国的前提下，在其他西方国家（主要是美国）的支持下，重建西部德国的政治和经济制度，以西方式的、繁荣的资本主义制度遏制苏联的扩张。由此可见，在战后反苏、反共的大背景下，改造联邦德国也成了英国遏制苏联的一种需要。

英国对德政策之所以具有这种延续性或者说一致性，其中一个很重要的原因是英国对德政策的制定往往集中于政府少数部门，特别是英国外交部，而英国的国家制度又使外交部在相关的活动中具有很大的权限和自由，其受制约的程度要低于美国、法国的外交部门。无论是战时内阁和战后保守党政府的外交大臣艾登，还是工党政府的贝文，他们对英国外交政策的掌控是十分牢固的，所以英国政府在对德政策的制定和实施过程中往往是以外交大臣为核心，当然，这也不能否定英国首相在整体上把握对外交政策导向的能力。如在战时内阁中，丘吉尔和艾登是对德政策的主要制定者，而在战后工党政府中，贝文在得到艾德礼的充分支持后，可以说基本上总揽了英国政府对德国问题的各方面的政策制定。保守党再次组阁之后，艾登承担了制定和掌握对德政策的主要任务。

第三，英国政府在考虑和制定战后对德政策时，往往将其与整个欧洲战后的重建和发展联系在一起。对于欧洲的发展来说，第二次世界大战是一个重要的标志性事件。欧洲丧失了数百年来的世界政治和经济中心的地位，西欧各国均被彻底削弱。英国虽然打赢了战争，但它自己无论如何也无法承担起恢复和重建欧洲的任务，希望联合美国及其他西欧国家，包括战败的德国，使西方国家彼此之间协调利益，相互依存，使欧洲避免民族主义的复仇和共产主义的扩张，最终实现欧洲的复兴和繁荣。在欧洲联合复兴的问题上，德国问题无疑是考验英国政府对欧政策的一个难题，尤其是怎样促使法德化解百年的仇恨，是战后初期能否实现西欧稳定和逐步联合的关键所在。因此在对待德国的问题上，英国便不想过分削弱德国，所以当战后法国积极要求铲除"德国的威胁"时，英国的反对态度非常坚决。

但是同时，英国也希望同法国建立更深入、更稳固的同盟关系，希望通过《敦刻尔克条约》这样的军事同盟条约给予法国的安全以军事上的保证，使其免除对德国复兴的担忧。从当时冷战的背景来看，一方面，借口苏联的威胁，无疑成为英国进一步拉拢法国并使其在德国问题上与英美达成一致的有效手段；另一方面，英国希望出现建立在政府间合作基础上的"团结的欧洲"，但对"一体化"的欧洲并不感兴趣。这是因为加入西欧一体化会让英国让渡部分主权，并让英国更加深入地参与欧洲大陆的事务，而这些都有违英国的国家利益和外交传统，这一点在今天英国对欧盟的政策中仍能体现出来。

第四，英国在对德政策的制定和实施上尽力实现"原则性"与"灵活性"的统一。二战期间英国就已经不再是世界一流强国，因此无论是它外交政策的主动性，还是它对国际事务的影响力，都已经大大地受到限制，这是1943年至战后初期英国想在德国问题上有所作为，却又在很多地方受到苏美两个大国掣肘的根本原因。但是英国的外交政策素来具有实用主义特色，这表现在英国就战后德国问题处理与其他大国的关系上，它并不是毫不退让地坚守自己的原则，而是在坚持其认定的重大核心利益的同时，采取一定的灵活方式，在大国关系的变化和互动中达成对自己最有利的结果。当美国、苏联和法国在战后要对德国采取严厉制裁措施的时候，英国虽然知道这不符合自身的政策但也没有强烈地进行反对，而是利用国际关系格局的变化，逐步实施自己的政策方案。在东西方冷战对抗的格局下，英国联合美国以及其他西欧国家，在改造德国、分裂德国、武装德国、使德国加入西方同盟上实现了其政策目标。

例如，在联邦德国重新武装的过程中，英国有着明确的外交战略目标，即将联邦德国紧紧地拉拢进西方同盟的阵营，并使之为西欧的军事防御以及对苏冷战发挥重要作用；有着鲜明的国家政治利益底线，即不让自己过多地参与欧洲一体化进程中，并在欧洲承担有限的责任；有着灵活的外交策略，即在联邦德国能否重新武装的关键时期明确做出军事保证，无论是在建立欧洲防务共同体上还是扩大布鲁塞尔条约组织上，英国都没有过于保守而是采取灵活反应的对策。英国没有过多地将联邦德国重新武装与当时的欧洲一体化以及如何防范德国军事复兴等内容捆绑在一起，重新武装联邦德国对于英国来说更多是在冷战背景下形成恢复联邦德国的主权地位并使其入盟西方的战略布局。正因为这一战略布局目标明确、手段灵活，英国在联邦德国重新武装以及加入北约过程中才没有像法国那样陷入犹豫不决、踌躇不前的境地。英国外交的这种将原则性和灵活性有机结合的特点，在近代以来的国际关系中是十分突出的，在 19 世纪英国作为世界一流强国的时候是如此，在 20 世纪特别是二战后英国失去世界一流强国地位的时候就更是如此。

最后，英国这一时期的对德政策从根本上仍旧沿袭了其长久以来所奉行的"大陆均势"和"光辉独立"的外交政策。英国想要保留德国一定的力量，要防止德国的彻底崩溃造成欧洲大陆均势格局的剧变。英国在德国问题上与苏联的矛盾日渐加深，在推动德国成为对抗苏联的桥头堡的同时积极奔走于西方大国之间，但是英国对西欧大陆的实质性援助特别是军事方面的援助并不多。对于法德两国战后共同推动西欧一体化进程，英国也并不感兴趣。这两点也说明英国对欧洲大陆事务仍旧有着"光荣孤立"的心态，即无论是苏联、法国还是德国都不能独自称霸欧洲大陆。因此，战后英国更加依靠美国的"大西洋同盟"，在欧洲问题上充当外部的利益攸关者。

参考文献

（一）中文文献

1. 专著

陈乐民：《战后西欧国际关系 1945—1984》，中国社会科学出版，1987。

刘同舜：《"冷战"、"遏制"和大西洋联盟：1945——1950 年美国战略决策资料选编》，复旦大学出版社，1993。

张锡昌、周剑卿主编《战后法国外交史（1944—1992）》，世界知识出版社，1993。

陈乐民：《战后英国外交史》，世界知识出版社，1994。

黄永祥：《不要忘记德国》，中国城市出版社，1997。

萧汉森、黄正柏：《德国的分裂、统一与国际关系》，华中师大出版社，1998。

赵怀普：《英国与欧洲一体化》，世界知识出版社，2004。

崔丕：《美国的冷战战略与巴黎统筹委员会、中国委员会（1945—1994）》，中华书局，2005。

王绳祖：《国际关系史》第 8 卷，世界知识出版社，1995。

王飞麟：《联邦德国重新武装与入盟西方战略：1949—1955》，武汉大学出版社，2009。

于振起：《冷战缩影——战后德国问题》，世界知识出版社，2010。

刘芝平：《联邦德国与北约发展》，江西人民出版社，2011。

2. 编著

丁建弘、陆世澄、刘祺宝编《战后德国的分裂与统一》，人民出版社，1996。

世界知识出版社编《国际条约集（1934—1944）》，世界知识出版社，

1961。

世界知识出版社编《国际条约集（1950—1952）》，世界知识出版社，1959。

世界知识出版社编《国际条约集（1953—1955）》，世界知识出版社，1960。

《战后世界历史长编》委员会主编《战后世界历史长编（1945.5—1945.12）》，上海人民出版社，1975。

刘同舜、姚春龄主编《战后世界历史长编》第8册，上海人民出版社，1992。

齐世荣、廖学盛主编《20世纪的历史巨变》，学习出版社，2005。

吴友法、邢来顺主编《德国：从统一到分裂再到统一》，三秦出版社，2005。

徐天新、沈志华主编《冷战前期的大国关系——美苏争霸与亚洲大国的外交取向（1945—1972）》，世界知识出版社，2011。

3. 译著

〔德〕康德拉·阿登纳：《阿登纳回忆录（1945—1953）》第1卷，上海外国语学院德法语系德语组等译，上海人民出版社，1976。

〔英〕麦克尔·鲍尔弗、约翰·梅尔：《第二次世界大战史大全（10）——四国对德国和奥地利的管制（1945—1946）》，安徽大学外语系译，上海译文出版社，1980。

〔美〕埃德温·哈特里奇：《第四帝国的崛起》，范益世译，世界知识出版社，1982。

〔美〕威廉·哈代·麦克尼尔：《第二次世界大战史大全（5）——美国、英国和俄国：它们之间的合作和冲突1941—1946年》，叶佐译，上海译文出版社，1995。

〔英〕温斯顿·丘吉尔：《第二次世界大战回忆录》（6卷本），吴万沈译，南方出版社，2003。

〔英〕德里克·W. 厄尔温：《第二次世界大战后的西欧政治》，章定昭译，中国对外翻译出版公司，1985.

〔美〕哈里·杜鲁门：《杜鲁门回忆录》（上下卷），李石译，东方出版社，2006。

〔美〕德怀特·艾森豪威尔：《远征欧陆：第二次世界大战回忆录》，樊迪译，三联书店，1975。

〔法〕让·莫内：《欧洲之父——莫内回忆录》，孙慧双译，国际文化出版公司，1989。

〔苏联〕萨纳柯耶夫、崔布列夫斯基编《德黑兰、雅尔塔、波茨坦会议文件集》，北京外国语学院俄语专业、德语专业1971届工农兵学员译，三联书店，1978。

〔苏联〕A. C. 阿尼金等编《外交史》第5卷，大连外国语学院俄语系翻译组译，三联书店，1983。

4. 期刊、论文

戴伟青：《论二次大战结束前后英美苏对德政策的演变》，《上海师范大学学报》（哲学社会科学版）1985年第1期。

司昆阳：《英国与冷战》，《西欧研究》1987年第3期。

黄亚红：《试论英国冷战政策的形成：1944—1946》，《世界历史》1996年第3期。

程佩璇、崔剑：《试论英国与"冷战"的起源》，《扬州大学学报》1998年第1期。

刘建飞：《从战后初期英国工党的对苏政策看冷战的起源》，《当代世界社会主义问题》1998年第1期。

李世安：《英国与冷战的起源》，《历史研究》1999年第4期。

兰鹏：《德波关系中的奥得－尼斯河边界问题》，《德国研究》2002年第1期。

洪邮生：《英国与德国的重新武装》，《史学月刊》2002年第12期。

田小惠：《麦尔金报告与英国对德战败赔偿政策》，《重庆教育学院学报》2003年第5期。

朱正梅：《论法国"普利文计划"的失败》，《世界历史》2003年第5期。

田小惠：《简析战后德国分区赔偿政策的执行》，《国际论坛》2005年第1期。

汪波、李晓涛：《论战后欧洲一体化中的英国外交》，《武汉大学学报》（哲学社会科学版）2005年第2期。

张莉清、陈竹君：《阿登纳与欧洲一体化的缘起》，《理论月刊》2005年第7期。

褚怡敏：《战后初期英国的欧洲一体化政策（1945 – 1951）》，《浙江师范大学学报》2008 年第 3 期。

韩长青：《罗伯茨电报和英国对苏政策方针的转折（1946—1947）》，《历史教学》（高校版）2008 年第 12 期。

岳伟：《战后鲁尔问题与德国北莱茵 – 威斯特伐伦州的建立》，《德国研究》2009 年第 1 期。

吴友法：《"德国问题"与早期欧洲一体化——第二次世界大战后欧洲为什么走上联合道路》，《武汉大学学报》（人文科学版）2009 年第 4 期。

王飞麟：《1951 年欧洲防务集团方案的缘起与意义》，《武汉大学学报》（人文科学版）2009 年第 4 期。

滕淑娜：《浅析柏林危机中艾德礼政府的政策导向作用》，《聊城大学学报》（社会科学版）2009 年第 5 期。

童建挺：《德国联邦制的"欧洲化"——欧洲一体化对德国联邦制的影响》，《欧洲研究》2009 年第 6 期。

徐轶杰：《浅谈〈英国内阁档案〉》，《历史教学》（高校版）2009 年第 8 期。

杨捷：《美国在第一次柏林危机中的决策研究》，博士学位论文，华东师范大学，2009。

（二）英文文献

1. Archival Documents

Cabinet Memoranda 1945 to 1951.

Cabinet Memoranda 1951 to 1955.

Cabinet Conclusions 1945 to 1951.

Cabinet Conclusions 1951 to 1955.

Paul Preston and Michael, eds., *British Documents on Foreign Affairs：Reports And Papers From The Foreign Office Confidential Print* (*BDFA*), Part Ⅲ, Series F, Vol. 4 – Vol. 8, 1997, 1998, University Publications of America.

Paul Preston and Michael, eds., *British Documents on Foreign Affairs：Reports And Papers From The Foreign Office Confidential Print* (*BDFA*), Part Ⅲ, Series L, Vol. 1 – Vol. 5, 1998, University Publications of America.

Paul Preston and Michael, eds., *British Documents on Foreign Affairs：Re-*

ports And Papers From The Foreign Office Confidential Print (*BDFA*), Part Ⅳ, Series F, Vol. 1 – Vol. 2, 2000, University Publications of America.

Paul Preston and Michael, ed. , *British Documents on Foreign Affairs*: *Reports And Papers From The Foreign Office Confidential Print* (*BDFA*), Part Ⅳ, Series F, Vol. 7, 2001, University Publications of America.

Paul Preston and Michael, ed. , *British Documents on Foreign Affairs*: *Reports And Papers From The Foreign Office Confidential Print* (*BDFA*), Part Ⅳ, Series F, Vol. 13, Vol. 18, 2002, University Publications of America.

Paul Preston and Michael, ed. , *British Documents on Foreign Affairs*: *Reports And Papers From The Foreign Office Confidential Print* (*BDFA*), Part IV, Series F, Vol. 23, 2003, University Publications of America.

Paul Preston and Michael, ed. , *British Documents on Foreign Affairs*: *Reports And Papers From The Foreign Office Confidential Print* (*BDFA*), Part V, Series F, Vol. 1, Vol. 5, Vol. 10, 2005, 2006, 2007, University Publications of America.

Rohan Butler, M. E. Pelly and H. J. Yasamee, eds. , *Documents on British Policy Overseas* (*DBPO*), Series Ⅰ, Vol. Ⅰ (London: Her Majesty's Stationery Office, 1984).

Rohan Butler, M. E. Pelly, eds. , *Documents on British Policy Overseas* (*DBPO*), Series Ⅰ, Vol. Ⅱ (London: Her Majesty's Stationery Office, 1985).

M. E. Pelly and H. J. Yasamee, eds. , *Documents on British Policy Overseas* (*DBPO*), Series Ⅰ, Vol. V (London: Her Majesty's Stationery Office, 1990).

Rohan Butler, M. E. Pelly, eds. , *Documents on British Policy Overseas* (*DBPO*), Series II, Vol. Ⅰ (London: Her Majesty's Stationery Office, 1986).

Rohan Butler, M. E. Pelly, eds. , *Documents on British Policy Overseas* (*DBPO*), Series II, Vol. 3 (Her Majesty's Stationery Office, 1989).

Foreign Office Files: United States Of America, Series Three: The Cold War (Public Record Office Class FO 371 and Related Files), Part 1: The Berlin Crisis, 1947 – 1950, reel1 -reel30, Adam Matthew Publication.

PREM 3: Papers Concerning Defence and Operational Subjects, 1940 – 1945, Winston Churchill, Minister of Defence, Secretariat Papers: reel 15, reel 61 – 64, reel 116, Adam Matthew Publication.

United States Department of State, ed. , *Foreign Relations of The United States Diplomatic Papers* (*FURS*) , U. S. Government Printing Office.

United States Department of State, ed. , *Foreign Relations of The United States Diplomatic Papers* (*FURS*) , *The Conferences at Cairo and Tehran* , *1943* , U. S. Government Printing Office.

United States Department of State, ed. , *Foreign Relations of The United States Diplomatic Papers* (*FURS*) , *Conference at Quebec*, *1944* , U. S. Government Printing Office.

United States Department of State, ed. , *Foreign Relations of The United States Diplomatic Papers* (*FURS*) , *European Advisory Commission* , *Austria* , *Germany* , *1945* , Vol. III , U. S. Government Printing Office.

United States Department of State, ed. , *Foreign Relations of The United States Diplomatic Papers* (*FURS*) , *Diplomatic papers* , *1945* , *Europe* , Volume IV , U. S. Government Printing Office.

United States Department of State, ed. , *Foreign Relations of The United States Diplomatic Papers* (*FURS*) , *Diplomatic papers* , *1945* , Europe , Volume V , U. S. Government Printing Office.

United States Department of State, ed. , *Foreign Relations of The United States Diplomatic Papers* (*FURS*) , *The Conference of Berlin* (*the Potsdam Conference*) , 1945 , Vol. I , U. S. Government Printing Office.

United States Department of State, ed. , *Foreign Relations of The United States Diplomatic Papers* (*FURS*) , *Conferences at Malta and Yalta* , 1945 , U. S. Government Printing Office.

United States Department of State, ed. , *Foreign Relations of The United States Diplomatic Papers* (*FURS*) , *Council of Foreign Ministers*; *Germany and Austria* , 1947 , Volume II , U. S. Government Printing Office.

United States Department of State, ed. , *Foreign Relations of The United States Diplomatic Papers* (*FURS*) , *The British Commonwealth* , *Europe* , 1947 , Volume III , U. S. Government Printing Office.

United States Department of State, ed. , *Foreign Relations of The United States Diplomatic Papers* (*FURS*) , *Germany and Austria* , 1948 , Volume II , U. S. Government Printing Office.

United States Department of State, ed. , *Foreign Relations of The United States Diplomatic Papers* (*FURS*) , *Council of Foreign Ministers*; *Germany and Austria*, 1949, Volume III, U. S. Government Printing Office.

United States Department of State, ed. , *Foreign Relations of The United States Diplomatic Papers* (*FURS*) , *Western Europe*, 1949, Volume IV, U. S. Government Printing Office.

United States Department of State, ed. , *Foreign Relations of The United States Diplomatic Papers* (*FURS*) , *Central and Eastern Europe*; *The Soviet Union*, 1950, Volume IV, U. S. Government Printing Office.

United States Department of State, ed. , *Foreign Relations of The United States Diplomatic Papers* (*FURS*) , *European security and the German question* (*in two parts*) , 1951, Volume III, Part 1, Part 2, U. S. Government Printing Office.

United States Department of State, ed. , *Foreign Relations of The United States Diplomatic Papers* (*FURS*) , *Germany and Austria* (*in two parts*) , 1952 – 1954, Volume VII, Part 1, Part 2, U. S. Government Printing Office.

Declassified Documents Reference System (DDRS) , Cabinet: Defence Committee: Minutes and Papers (DO, D and DC Series) , http://www. nationalarchives. gov. uk/cabinetpapers/.

HANSARD, 1943 – 1949, http://hansard. millbanksystems. com/.

2. Monograph

Alec Cairncross, *The Price of War: British Policy on Germany Reparations*, 1941 – 1949 (New York: Basil Blackwell, 1986).

Anne Deighton, *The Impossible Peace : Britain, the division of Germany and the Origins of the Cold War* (New York : Oxford University Press, 1990).

Bullock, Alan, *Ernest Bevin: Foreign Secretary* 1945 – 1951 (New York: Oxford University Press, 1985).

Dean Acheson, *Present at the Creation, My Years in the State Department* (New York: W. W. Norton & Co. , 1969).

D. C. Watt and James Mayall, eds. , *Current British Foreign Policy, Documents, Statements, Speeches* (London: Teple Smith, 1974).

Detlef Junker, *The United States and Germany in the era of the Cold War*,

1945 – 1990（New York：Cambridge University Press，2004）.

Elizabeth Barker，*Churchill and Eden at War*（London：Palgrave Macmillan，1978）.

Frank A. Ninkovich，*Germany and the United States：The Transformation of the Germany Question since 1945*（New York：Twayne Publishers，1995）.

F. S. Northedge，*Descent from power：British foreign policy，1945 – 1973*（London：George Allen & Unwin，1974）.

John Baylis，*The Diplomacy of Pragmatism：Britain and the Formation of NATO，1942 – 49*（London：Palgrave Macmillan，1993）.

John H. Backer，*The Decision to Divide Germany*（Durham：Duke University Press，1978）.

John Maynard Keynes，*Collected Writings，Vol. xxvl，Activities，1940 – 1946：Shaping the Post – war World：Bretton Woods and Reparations*（London：Palgrave Macmillan，1980）.

John Saville，*The Politics of Continuity ：British Foreign Policy and the Labour Government，1945 – 46*（New York ：Verso Books，1993）.

Keith Sainsbury，*Churchill and Roosevelt at War：The War They Fought and the Peace They Hoped to Make*（New York：New York University Press，1994）.

Klaus Larres and Elizabeth Meehan，eds. ，*Uneasy Allies：British-German relations and European integration since 1945*（New York ：Oxford University Press，2000）.

Llewellyn Woodward，*British Foreign Policy in the Second World War*，Vol. 1 – Vol. 5 （London ：Her Majesty's Stationery Office，1971）.

Lucius D. Clay，*Decision in German*（New York：Garden City，1950）.

Manfred Malzahn，*Germany，1945 – 1949*（London：Routledge，1991）.

Norman M. Naimark，*The Russians in Germany ：A history of the Soviet Zone of Occupation，1945 – 1949*（Belknap Press of Harvard University Press，1997）.

R. Gerald Hughes，*Britain，Germany and the Cold War：the search for a European Détente，1949 – 1967*（London；New York：Routledge，2007）.

Saki Dockrill，*Britain's Policy for West German Rearmament，1950 – 1955*（Cambridge；New York ：Cambridge University Press，1991）.

Sidney Aster，*British Foreign Policy，1918 – 1945：A Guide to Research and*

Research Materials (Wilmington: Scholarly Resources, 1991).

Spencer Mawby, *Containing Germany: Britain and the Arming of the Federal Republic* (London: The Macmillan Press, 1999).

Victor Rothwell, *Britain and the Cold War, 1941 – 47* (London: Jonathan Cape, 1982).

William Strang, *Home and Abroad* (London: Andre Deutsch, 1956).

W. R. Smyser, *From Yalta to Berlin: the Cold War Struggle over Germany* (London: Palgrave Macmillan, 1999).

Beate Ruhm von Oppen, ed., *Documents On Germany Under Occupation, 1945 – 1954* (London: Oxford University Press, 1955).

George Mcjimsey, ed., *Documentary History of The Franklin D. Roosevelt Presidency*, Vol. 41, *The Morgenthau Plan of 1944* (Washington, D. C. : University Publication of America, 2001).

Ian D. Turner, ed., *Reconstruction in Post-War Germany: British Occupation policy and the Western Zones, 1945 – 1955* (Oxford: Berg Publishers, 1989).

James S. Corum, ed., *Rearming Germany* (Leiden; Boston : Brill, 2011).

Klaus Larres, Elizabeth Meehan, ed., *Uneasy Allies: British-German relations and European integration since 1945* (Cambridge, New York: Oxford University Press, 2000).

3. Journal

Anne Deighton, "The 'Frozen Front': The Labour Government, the Division of Germany and the Origins of the Cold War, 1945 –7," *International Affairs* 3 (1987).

Avi Shlaim, "Britain, the Berlin Blockade and the Cold War," *International Affairs* 1 (1983 – 1984).

Axel von dem Bussche, "German Rearmament: Hopes and Fears," *Foreign Affairs* 1 (1953).

Barbara Marshall, "The Democratization of Local Politics in the British Zone of Germany: Hanover 1945 – 47," *Journal of Contemporary History* 3 (1986).

David Clay Large, " 'A Gift to the German Future?' The Anti-Nazi Resistance Movement and West German Rearmament," *German Studies Review* 3 (1984).

Deborah Welch Larson, "The Origins of Commitment: Truman and West Berlin," *Journal of Cold War Studies* 1 (2011).

Frank King, "Allied Negotiations and the Dismemberment of Germany, " *Journal of Contemporary History* 3 (1981).

Frederick H. Gareau, "Morgenthau's Plan for Industrial Disarmament in Germany," *The Western Political Quarterly* 2 (1961).

Frederick L. Schuman, "The Soviet Union and German Rearmament," Annals of the American Academy of Political and Social Science, Vol. 312, The Future of the Western Alliance (1957).

John L. Chase, "The Development of the Morgenthau Plan Through the Quebec Conference," *The Journal of Politics* 2 (1954).

Josef Foschepoth, "British Interest in the Division of Germany after the Second World War," *Journal of Contemporary History* 3 (1986).

J. E. Farquharson, "Anglo-American Policy on German Reparations from Yalta to Potsdam," *The English Historical Review* 448 (1997).

Keith Sainsbury, British Policy and German Unity at the End of the Second World War, " *The English Historical Review* 373 (1979).

Lawrence S. Kaplan, "NATO and Adenauer's Germany: Uneasy Partnership," *International Organization* 4 (1961).

Lothar Kettenacker, "The Anglo-Soviet Alliance and the Problem of Germany, " *Journal of Contemporary History* 3 (1982).

R. Gerald Hughes, "Unfinished Business from Potsdam: Britain, West Germany, and the Oder-Neisse Line, 1945 – 1962, " *The International History Review* 2 (2005).

Sean, Bevin Greenwood, "the Ruhr and the Division of Germany: August 1945-December 1946," *The Historical Journal* 1 (1986).

Thomas A. Schwartz, "The 'Skeleton Key': American Foreign Policy, European Unity, and German Rearmament, 1949 – 54," *Central European History* 4 (1986).

Trevor Burridge, "Great Britain and the Dismemberment of Germany at the End of the Second World War, " *The International History Review* 4 (1981).

后　记

　　此书是我对自己的博士论文和博士后出站报告进行修改、整合后的成果。我感到很幸运，首先是能够进入首都师范大学历史学院师从徐蓝教授，进行国际关系史的学习和研究。首都师范大学的历史学院有着丰富的外文档案文献资源，国际关系史学科的老师们有着收集、整理和运用原始档案文献的扎实功底，以及开阔的国际关系史研究视野。这些都让我受益颇深。在首都师范大学我接受了全面的学术训练，并在学习中对冷战史特别是欧洲冷战史研究产生了兴趣。此外，博士毕业后我进入中国社会科学院欧洲研究所进行博士后研究工作，继续此前的英国对德政策研究。作为国内欧洲研究的顶级机构，欧洲研究所让我有机会接触到更多的关于欧洲国际关系、国际政治的前沿研究领域，使我对战后英国对德政策在欧洲一体化进程中的作用有了更深刻的体会，对其研究更加深入。

　　此书是我近几年学习和研究的成果，在成书的过程中我得到了众多专家老师的指导。首先，我要感谢我的博士生导师徐蓝教授，徐蓝老师广博的知识、深厚的学术功底和严谨的治学态度让我受益颇多。在我博士论文的选题、理论框架构建以及论文的修改完善中，徐蓝老师都付出了巨大的精力，这里再次向徐蓝老师表示感激。中国社会科学院欧洲研究所的孔田平教授、刘作奎教授对我的相关研究给予了重要指导，开阔了我对欧洲冷战史研究的视野。此外，在此书的写作过程中我也得到了众多专家老师的指点，在此一并致以最诚挚的感谢。同时，感谢首都师范大学的姚百慧老师在此书出版过程中给予的重要帮助。

　　最后，我要感谢我的父母和爱人，他们对我生活上的关爱以及无私奉献，使我有足够的精力从事研究工作，没有后顾之忧。此书也有他们的功劳。

　　本书难免有不足之处，欢迎读者、专家给予建议和指正。

鞠维伟

2016 年 5 月　北京

图书在版编目(CIP)数据

从敌人到盟友：英国对德政策研究：1943—1955 /
鞠维伟著. -- 北京：社会科学文献出版社，2016.12
　（20世纪国际格局的演变与大国关系互动研究丛书）
　ISBN 978 - 7 - 5097 - 9983 - 3

　Ⅰ.①从…　Ⅱ.①鞠…　Ⅲ.①英德关系 - 国际关系史
- 研究 - 1943 - 1955　Ⅳ.①D856.19②D851.69

　中国版本图书馆 CIP 数据核字(2016)第 272379 号

·20世纪国际格局的演变与大国关系互动研究丛书·

从敌人到盟友
　　——英国对德政策研究(1943—1955)

著　　者／鞠维伟

出 版 人／谢寿光
项目统筹／赵　薇
责任编辑／赵　薇　肖世伟　王春梅

出　　版／社会科学文献出版社·近代史编辑室（010）59367256
　　　　　　地址：北京市北三环中路甲29号院华龙大厦　邮编：100029
　　　　　　网址：www.ssap.com.cn
发　　行／市场营销中心（010）59367081　59367018
印　　装／三河市东方印刷有限公司

规　　格／开　本：787mm×1092mm　1/16
　　　　　　印　张：17.5　字　数：293千字
版　　次／2016年12月第1版　2016年12月第1次印刷
书　　号／ISBN 978 - 7 - 5097 - 9983 - 3
定　　价／79.00元

本书如有印装质量问题，请与读者服务中心（010 - 59367028）联系